BASTEI
LÜBBE

Von Christel Zachert erschien bei Bastei Lübbe
61351 Wie treffen uns wieder in meinem Paradies

Über das Buch:
Dies ist die Geschichte einer echten Berlinerin, die von klein auf durch Pfiffigkeit, Schlagfertigkeit und Mut auffällt. Als Kind des Kaufmannes Otto Fournes erfährt Christel schon früh, wie weit man es im Leben bringen kann, wenn man Fantasie und Courage hat. Auch wenn sie ihre Eltern schon früh verliert, so erfüllt sich das, was ihr Vater ihr prophezeit hat: »Puppchen, aus dir wird noch was.«

Über die Autorin:
Christel Zachert, geboren 1940 in Berlin, lebt mit ihrem Mann, Professor Hans-Ludwig Zachert, in Bonn. Sie ist als Regionaldirektionsleiterin einer Finanzberatungsgesellschaft tätig. Nach dem überwältigenden Welterfolg ihres ersten Buches »Wir treffen uns wieder in meinem Paradies« das in 29 Sprachen übersetzt wurde, gründete sie im Jahr 1994 die Isabell-Zachert-Stiftung zur Unterstützung krebskranker Kinder.

Christel Zachert

»Puppchen, aus dir wird noch was«

BASTEI LÜBBE

BASTEI LÜBBE TASCHENBUCH
Band 14663

1. Auflage: Januar 2002

Überarbeitete Taschenbuchausgabe
der im Gustav Lübbe Verlag erschienenen Hardcoverausgabe

Bastei Lübbe Taschenbücher und Gustav Lübbe Verlag
sind Imprints der Verlagsgruppe Lübbe

Lektorat: Christiane Landgrebe
Titelillustration: DYADESIGN, Düsseldorf
unter Verwendung eines Fotos aus dem Privatarchiv
der Familie Zachert. Sofern nicht anders vermerkt,
kommen die Fotos im Tafelteil aus dem Privatarchiv
der Familie Zachert.
Einbandgestaltung: Tanja Østlingen
Satz: Dörlemann Satz, Lemförde
Druck und Verarbeitung: Ebner, Ulm
Printed in Germany
ISBN: 3-404-14663-8

»Mädchen, was die Jungs können, kannst du schon lange!«, pflegte mein Vater immer zu mir zu sagen, wenn ich mich darüber beklagte, dass ich ein Mädchen war.
Heute bin ich froh und dankbar, dass ich als Mädchen auf die Welt kam und die Chance hatte Mutter zu werden. Das ist für mich immer noch die schöpferischste Art zu leben und die tiefste Form des Glaubens an die Schöpfung, da der Geist auch nach dem Tod weiterwirkt.

Ich widme dieses Buch meinen Eltern, die mir in der Kindheit und Jugend die Werte für das Leben vermittelt haben.
Ich danke meinem Mann, der mich zum Schreiben dieses Buches motiviert hat, für seine Unterstützung.

TEIL I

JUGENDJAHRE IN BERLIN

»NACHHER KOMMT DANN SO EIN KERL UND KLAUT SIE EINEM DOCH!«

Mit diesen Worten hat mein Vater mich begrüßt, als ich im Mai 1940 in Berlin-Charlottenburg das Licht der Welt erblickte. Daran kann ich mich selbst natürlich nicht erinnern, aber meine Mutter erzählte mir das so. Auch, dass ich nach kurzer Zeit schon sein Prinzesschen wurde, was wahrscheinlich für meine beiden großen Brüder, Gustav und Ulrich, nicht so einfach war. Gustav war damals schon acht Jahre alt, Ulrich ganze drei. Mein Vater liebte Kinder über alles, war aber nur auf Söhne fixiert. Vielleicht war das mein Glück, dass er mich zwar als Mädchen liebte, mich aber genauso wie einen Jungen behandelte, mir nichts nachsah aufgrund der holden Weiblichkeit, mich auch nicht schonte, mir in jedem Fall dasselbe zutraute und abverlangte wie den Söhnen.

Das alles konnte meine liebe Mutter nach der Entbindung noch nicht wissen. Sie hatte sich so sehr ein Mädchen gewünscht und hoffte, dass ihr Mann sich ihr zuliebe doch über dieses Mädchen, also mich, freuen würde. Aber wie der Otto, mein Vater, halt so war, er stürmte in das Zimmer meiner Mutter, ich bin sicher, ohne anzuklopfen, eilte auf seine Frida, meine Mutter, zu, überschüttete sie mit seiner Liebe, überglücklich, dass sie lebte, aber auch enttäuscht, dass ich kein Junge geworden war, und sagte eben diese Worte: »Nachher kommt dann so ein Kerl und klaut sie einem doch!« Dass dieser Kerl später ganz in seinem Sinne war, das konnte er noch nicht wissen.

Ich war ein Wunschkind – wie alle meine Geschwister. Wie mutig müssen meine Eltern doch gewesen sein, mich in einer Zeit zu zeugen, als Hitler den Krieg vorbereitete. Und meine Mutter hat mich in dieser Zeit des Krieges ausgetragen, unter Lebensgefahr, wie alle ihre Kinder. Als junge Frau, am Anfang ihrer Ehe, war sie an offener TBC erkrankt. Zu jener Zeit, es muss um 1928 gewesen sein, war das eine fast immer tödlich verlaufende Krankheit. Mutter erzählte mir davon erst, als ich selbst siebzehn oder achtzehn Jahre alt war. Über Krankheiten wurde bei uns nicht viel gesprochen.

Als meine Eltern von der Erkrankung meiner Mutter erfuhren, sammelte mein Vater, der sich gerade als Weinhändler selbstständig gemacht hatte, alle Gelder zusammen und schickte Frida in die Schweiz. Die Liebesbriefe meiner Eltern von und nach Davos zeugen von der Schwere dieser Krankheit und der tiefen Liebe meiner Eltern zueinander. Meine Mutter hat dort mit großer Leidensfähigkeit um ihr Weiterleben gekämpft. Viele Male hat man vergeblich versucht, ihren kranken Lungenflügel auszutrocknen und stillzulegen, bis es endlich gelang. Über ein Jahr musste sie in der Luft und der Höhe der Schweizer Alpen bleiben. Die Schönheit der Berge half ihr dabei zu genesen. Mein Vater schrieb viele Briefe, schickte auch Telegramme und besuchte sie ab und zu.

Wie er den Sanatoriumsaufenthalt meiner Mutter in der Schweiz finanzierte, ist mir bis heute nicht ganz klar. Aber als ich ein junges Mädchen war und ihn hätte fragen können, kamen mir solche Fragen nicht in den Sinn.

Nach ihrer Genesung hatten die Ärzte meiner Mutter abgeraten, Kinder zu bekommen. Jede Schwangerschaft sollte sie abbrechen lassen. Sie lief von Pontius zu Pilatus, bis sie einen Arzt fand, der ihr Mut machte und ihr half, ihre Kinder gesund zur Welt zu bringen. Sieben Mal wurde sie schwanger und brachte vier Kinder lebend zur Welt, jedes einzelne unter Einsatz ihres Lebens, und die Nummer drei war ich. Als sie mir das erzählte, gestand sie: »Ohne Kinder zu haben, wäre ich aus Kummer gestorben.« Da mein Vater ein sehr leidenschaftlicher Mensch war und seinen Erfolg als Familienoberhaupt auch an der Anzahl seiner Kinder maß, glaube ich ihr das auch.

OTTO UND FRIDA

Otto, mein Vater, stammte aus einem »feinen« Elternhaus mit langem Stammbaum: alte Hugenotten, aus Frankreich vertrieben, Fournes der Familienname. Sie wurden nach Österreich verschlagen, wo mein Vater 1898 in Perchtoldsdorf bei Wien zur Welt kam. Die Familie war vielseitig und vor allem künstlerisch begabt. Mein Vater, eines von sechs Geschwistern, wurde Otto genannt, weil er am 3. August 1898 geboren wurde, drei Tage nachdem Otto von Bismarck gestorben war. Ursprünglich sollte er Ingomar heißen, doch da seine Eltern glühende Bismarck-Verehrer waren, beschlossen sie, ihn auf den Namen Otto zu taufen. Mich überzeugt das wenig, da meine Großeltern später auch glühende Verehrer Hitlers wurden. Wie viele Menschen waren sie seiner Demagogie verfallen. Dies führte zu einem tiefen Bruch innerhalb der Familie, denn Otto, mein Vater, hatte als junger Mann Hitlers *Mein*

Kampf gelesen und Hitler von Anfang an misstraut, später dann gehasst. Das brachte nicht nur für viele Jahre den Bruch mit seinem Elternhaus mit sich, sondern auch höchste Gefahr für ihn und damit auch für meine Mutter und uns Kinder. Da er mit seiner Meinung nicht hinter dem Berg halten konnte, hat er sich oft in Gefahr begeben.

Mein Vater hat die Nazis gehasst. In einem Brief, den ich noch von ihm fand, schrieb er im Juli 1940 an seine Tante Anna: »Ich bin immer noch ein glühender Idealist und Freund für Ehre, Wahrheit und Gerechtigkeit. Auch ich hoffe, dass das unermesslich große Verbrechen, diesen Krieg begonnen zu haben, bei den wirklich Schuldigen einmal eine furchtbare, aber gerechte Sühne finden wird.« Ein solcher Brief hätte nicht in die Hände der Nazis fallen dürfen.

Mutter erzählte, dass sie oft versuchte, ihn zu bremsen und ihn zum Beispiel unter dem Tisch mit dem Fuß anstieß, wenn er über die Nazis schimpfte. Mein Vater entgegnete ihr: »Warum trittst du mich? Hier sitzen nur Freunde am Tisch!« Die Atmosphäre war aber schon so vergiftet, dass Freund und Feind nicht mehr zu erkennen waren. Ein angeblicher Freund verpfiff ihn denn auch bei der Gestapo, die ihn daraufhin abholte und einsperrte. Ein mutmaßlicher Feind wiederum, ein einflussreicher Nazi, hat für seine Freilassung gesorgt. Wahrscheinlich ist er in der Wappenschänke, der Weinstube, die meine Eltern in Schöneberg betrieben, oft als Privatmann verkehrt und hat aus persönlicher Sympathie zu meinen Eltern diese gute Tat vollbracht.

Frida, meine Mutter, wurde im November 1904 in Thorn in Westpreußen geboren, als ältestes von fünf Kindern. An ihre Mutter, die Oma Urbanski, eine gütige und ehrenwerte Frau, habe ich noch deutliche Erinnerungen. Als meine Mutter fünfzehn Jahre alt war, verlor sie allzu früh ihren Vater. Er muss etwa Ende dreißig gewesen sein, hatte ein Handwerk gelernt und war als engagierter Bürger in den Stadtrat gewählt worden. Meine Mutter erzählte oft, dass sie ihm morgens immer nachgewinkt habe, wenn er zur Arbeit ging. An einem Tag wie jedem anderen, als sie ihm morgens wieder nachgeschaut hatte, brachten sie ihn mittags tot nach Hause. Ein Herzschlag soll es gewesen sein. Oma Urbanski stand 1919 als Witwe mit fünf Kindern da – vier Mädchen und einem Jungen –, wobei das jüngste zwei Jahre alt war.

Meine Mutter hat also schon mit fünfzehn Jahren lernen müssen, dass das Leben über Nacht ein anderes sein kann. Frida ging damals in Thorn zur Schule und wollte Lehrerin werden. Ihr Traum war es, später einen Oberförster zu heiraten, der Geige spielte. Als ihr Vater starb, war dieser Traum zu Ende. Sie musste Geld verdienen und ihrer Mutter helfen, die kleinen Geschwister zu ernähren. Sie arbeitete in einer Arztpraxis als Helferin. Doch es zog sie unbedingt in eine große Stadt. Berlin war ihre ganze Sehnsucht. Ehrgeizig war sie sicher auch, und so hat sie ihre Mutter schließlich bewegen können, als Witwe mit fünf Kindern 1920 nach Berlin zu ziehen. Dort fand meine Mutter eine Stelle als Sekretärin bei der Firma Kantorowicz, der größten Berliner Spirituosenfirma nach dem Ersten Weltkrieg.

Ottos Familie hatte es bereits vor dem Ersten Weltkrieg von Wien nach Berlin verschlagen. Dabei spielten wirtschaftliche Gründe eine Rolle. Großvater Fournes war ein künstlerisch begabter Mann, der eines der ersten Modejournale Europas gegründet hatte. Ich habe in meiner Jugend noch einige Exemplare seiner Modemagazine gesehen. Es gibt ein Foto von seinem vierzigsten Geburtstag im Kreise seiner Mitarbeiter, zirka fünfzig an der Zahl. Das war schon ein beachtliches Unternehmen in der damaligen Zeit, was aber letztlich nicht viel besagen will, denn aufwändig, wie die Großeltern in Wien wohl lebten – schließlich war man ja vornehm! –, ging das Unternehmen auch in Konkurs. Das war der Anlass zur Übersiedelung nach Berlin, in eine Weltstadt, die eine Zukunft versprach.

Mein Vater ging in Berlin-Friedenau in die Rheingauschule, aufs Gymnasium. Nebenbei half er seinen Eltern, die Familie mit harter Arbeit durchzubringen. In den Morgenstunden pflückte er Obst in irgendwelchen Plantagen und verkaufte es noch vor dem Gang zur Schule, auch an eine reiche jüdische Familie. Das sollte ihm später zugute kommen.

Als er 1916 die Unterprima besuchte, wurden die Jungs direkt von der Schule an die Front geschickt, nachdem sie zuvor noch das Notabitur gemacht hatten. Zum Glück wurde mein Vater im Krieg nicht verwundet. Er kam zwar heil wieder, stand aber vor dem Nichts! Das Notabitur war nicht viel wert und berechtigte nicht zum Studium. Mit Unterstützung der jüdischen Familie, der er Jahre zuvor Obst verkauft hatte, und einigen engagierten Lehrern seiner alten Schule holte er den Unterrichtsstoff von zwei Jahren nach und machte das staatlich anerkannte Abitur. Dafür war er diesen Menschen sehr dankbar.

All dies weiß ich aus Erzählungen meines Vaters, wenn er an gemeinsamen Familienabenden uns Kindern aus seinem Leben berichtete – ein guter Brauch, den es heute kaum noch gibt.

Über die Jahre zwischen seinem zwanzigsten und

fünfundzwanzigsten Lebensjahr hat mein Vater dagegen nie gesprochen. Ich wusste nur, dass er Kaufmann werden wollte. Zu diesem Zweck hat er nach dem nachgeholten Abitur eine Lehre bei der Firma Kantorowicz gemacht. Dort fiel er positiv auf, erwarb sich Vertrauen und reüssierte schnell. Mit fünfundzwanzig Jahren bereits erhielt er Prokura. Doch dies alles reichte ihm nicht. Er begann nebenbei ein Studium und schrieb seine Doktorarbeit über ein Thema, das einen Bezug zu seiner täglichen praktischen Arbeit haben sollte: »Die wirtschaftliche Auswirkung der Likörindustrie in Europa«. Wichtig war ihm dabei vor allem der Doktortitel.

In der Firma Kantorowicz lernte mein Vater meine Mutter kennen, in die er sich hoffnungslos verliebte. Wie es bei meiner Mutter war, weiß ich nicht. Sicherlich war sie von ihm beeindruckt, doch für sie gab es ein offenkundiges Hindernis: Otto Fournes war verheiratet und Vater zweier Kinder. Nachdem er als zwanzigjähriger Soldat 1918 aus dem Krieg heimgekehrt war, hatte er eine Frau getroffen, die ihn wohl liebte und sich ihm hingab. Kurz vor der Geburt der Tochter heirateten die beiden. Für meinen Vater war es Anstand, für seine Frau die große Liebe. Zwei Jahre später wurde das zweite Kind, ein Sohn, geboren. Das war die Situation meines Vaters, als er Frida traf, die er begehrte wie einen Engel, die für ihn die Inkarnation des Guten war.

Für Frida, meine Mutter, war es unvorstellbar, sich mit einem verheirateten Mann einzulassen. Das erste, was Otto also betrieb, war die Scheidung von seiner Frau, das zweite die Eroberung der heiß begehrten Frida. Mit allen Mitteln! Selbst mit Erpressung, wie mir meine Mutter einmal in einer vertrauten Stunde berichtete, hat er gearbeitet: Er würde sich erschießen, wenn sie ihn nicht erhöre.

Oma Urbanski hat ein Jahr mit ihrer Tochter kein Wort gesprochen, weil sie mit diesem Otto ging. Erst als mein Vater alle Schwierigkeiten überwunden, das Jawort meiner Mutter hatte und die Heirat feststand, durfte er sie zu Hause besuchen. Er muss wohl etwas »Leben« in diesen vaterlosen Haushalt gebracht haben, denn nach der reservierten und skeptischen Verabschiedung durch Mutter Urbanski beim ersten Besuch des zukünftigen Schwiegersohns sagte die jüngere Schwester meiner Mutter: »Kommen Sie bitte recht bald wieder, lieber Herr Otto!«

Nun hatte er gesiegt. Er bestellte das Aufgebot, und meine Eltern suchten sich eine möblierte Wohnung. Dann kündigte er in seiner Firma und gab damit die angesehene Prokuristenposition auf. Meine Mutter fiel aus allen Wolken. Denn das war für sie ein Stück wirtschaftliche Sicherheit, die sie bei ihrem Otto zu finden hoffte.

Mutter Urbanski stand dieser Heirat sehr skeptisch gegenüber. Die Eltern meines Vaters waren erbost, dass er seine erste Frau verlassen hatte. Das einzige Umfeld, in dem beide geachtet und anerkannt wurden, war die Firma Kantorowicz, wo Otto als Prokurist und Frida als Mitarbeiterin geschätzt waren. Und ausgerechnet dort kündigte er noch vor der Hochzeit. Er erklärte Frida, er werde sich jetzt selbstständig machen, als »Sklave« könne er nicht weiterarbeiten und -leben. Auch müsse jetzt, wenn er meine Mutter heirate, etwas aus ihm werden. Eine Kellerei in der Motzstraße habe er schon gemietet, er würde selbstständiger Weinhändler werden. Ein Fahrrad mit Anhänger habe er auch schon, damit er die Kunden beliefern könne.

Im Mai 1927 heirateten meine Eltern. Das Hochzeitsfoto zeigt meinen Vater im Cut und meine Mutter im weißen Brautkleid mit Schleier. Die Hochzeitsfeier fand offensichtlich in der Familie meines Vaters statt. Eine Begebenheit von diesem Hochzeitstag hat mich als junges Mädchen immer sehr beeindruckt. Meine Mutter berichtete, dass sie mit einer Kutsche zur Kirche fuhren, mein Vater auf dem Weg zur Kirche den Kutscher aber noch bat, einen Umweg zu machen, um bei einem Kunden zwei Kisten Wein abzuliefern. Meiner Mutter schwante, dass ihr Leben kein langweiliges werden würde, ein leichtes aber auf gar keinen Fall!

Später erfuhr ich von meiner Mutter, die ganz puritanisch erzogen und aufgewachsen war, dass sie erst sechs Wochen nach ihrer Hochzeit Ottos Frau wurde. Für mich ist das schon unvorstellbar, für die junge Generation von heute noch viel mehr. Sowohl die puritanische Einstellung meiner Mutter als auch die Leidenschaftlichkeit meines Vaters haben mich geprägt.

Mehr will ich an dieser Stelle nicht von meinen Eltern berichten. Sie waren so verschieden wie Feuer und Wasser – und haben sich doch sehr geliebt.

MÄDCHEN, DIE PFEIFEN,
UND HÜHNERN, DIE KRÄHEN,
DEN' SOLL MAN BEIDEN
DEN HALS UMDREHEN!

Ich war aus der Verbindung meiner Eltern Kind Nummer drei. Als viertes wurde im November 1943 Siegfried, mein jüngster Bruder, geboren. In Berlin war der Zweite Weltkrieg allgegenwärtig. Die Stadt wurde bombardiert. Die Sirenen heulten. Die Gedächtniskirche brannte ab. Ausreichend zu essen gab es schon lange nicht mehr. Meine Eltern brachten uns mit unserem Kindermädchen, Fräulein Emmi, von uns nur »Detta« genannt, nach Schlesien auf das Gut Lampersdorf bei Stein an der Oder. Eine Schwester von Detta arbeitete dort bei Baron von Hammacher als Mamsell. Diesem Umstand habe ich es zu verdanken, dass ich – trotz Krieg – ein Jahr lang fast angstfrei und unbeschwert aufwachsen konnte. Meine Eltern hatten die Hammachers mit unserem Kommen wohl ziemlich überrascht. Die Idee, dass Detta mit uns vier Kindern nur ihre Schwester besuchen sollte, war ursprünglich der Vater des Gedankens. Doch die Hammachers hatten ein offenes Herz und nahmen uns »Berliner Kriegskinder« alle bei sich auf.

Gustav, mein ältester Bruder, kam ins Internat nach Breslau, Ulrich ging in Lampersdorf in die Volksschule, Siegfried, das Baby, stand im Kinderwagen vor der Schlosstreppe, und ich eroberte den großen Park, der von einer steinernen Mauer umgeben war. Detta half bei der Bewirtschaftung des Schlosses, die Eltern kamen uns von Berlin aus mit dem Auto alle paar Wochen besuchen und freundeten sich mit Hammachers an. Bis in diese Zeit gehen meine ersten eigenen Erinnerungen zurück.

Ich sehe noch heute das Schloss vor mir, umgeben von einem großen Park. Ein junger Pole, der Kutscher auf diesem Gut war, schenkte mir den ersten Ring, gefertigt aus einem Kupferpfennig. Es war beinah wie im Märchen. Ich hatte lockiges Haar, und Detta meinte immer, ich hätte ein sonniges Gemüt. Die schönste Erinnerung aus dieser Zeit habe ich an eine Pferdeschlittenfahrt, an der das ganze Dorf teilnahm. Es war ein strenger Winter, und alle hatten die Pferde angespannt. Wir waren in

Felldecken eingehüllt, und die Sterne blinkten schon, als sich abends ein großer Zug aus Pferdeschlitten formierte. Die schneebedeckten Wiesen leuchteten im Schein der Fackeln.

In dieser Zeit war ich schon sehr unternehmungslustig und habe meinen Spielraum genutzt. Ulrich ging jeden Tag zur Dorfschule. Er war sieben Jahre, ich aber erst vier und durfte deshalb noch nicht in die Schule. Der Park war mit einem Tor verschlossen, doch an einer Stelle gab es ein Loch in der Mauer. So manches Mal »besuchte« ich daher meinen Bruder Ulrich in der Schule, was ihm sehr peinlich war. Von meinem Bruder Gustav habe ich nicht viel gesehen, er lebte ja im Internat. Ab und zu, wahrscheinlich wenn auch unsere Eltern da waren oder er Ferien hatte, besuchte er uns.

An ein weiteres Erlebnis kann ich mich erinnern. Ich spürte so große Angst, dass sie mir noch heute gegenwärtig ist, weil ich zum ersten Mal physische Gewalt erlebte. Gustav ging mit mehreren jungen Herren durch das Schloss, ich glaube, es waren die jungen Hammachers. Er muss ungefähr zwölf Jahre alt gewesen sein, ich selbst war vier. Ich scharwenzelte wahrscheinlich um diese jungen Männer herum. Gustav war das lästig, was zu verstehen ist. Er packte mich und setzte mich auf einen hohen Schrank. Dort saß ich völlig hilflos und konnte nicht herunterspringen. Die jungen Herren gingen weiter und erfreuten sich an meiner Angst. Es muss doch etwas Böses im Menschen sein. In meiner Erinnerung war dieser Schrank mindestens drei Meter hoch, und mein Martyrium dauerte in meiner Vorstellung mindestens eine Stunde. So lange wird es bestimmt nicht gewesen sein. Vielleicht war der Schrank zwei Meter hoch, und meine Pein währte wohl nur ein paar Minuten. Meine unermessliche Angst, dass ich von dem hohen Schrank nie wieder runter könnte, war jedoch riesengroß. Wahrscheinlich hat diese Angst, die mir mein Bruder damals einjagte, mein geschwisterliches Verhältnis zu ihm getrübt.

Ich wollte gern auch pfeifen können wie die Jungs. Doch es misslang mir schier. Vielleicht stand Detta mit ihrem Spruch dazwischen: »Mädchen, die pfeifen, und Hühnern, die krähen, den' soll man beiden den Hals umdrehen!« Dies entsprach wahrscheinlich ihrer Vorstellung von der Rolle der Frau. Abgesehen davon, dass ich bis heute nicht pfeifen gelernt habe, hat das aber mein Frauenbild zum Glück nicht geprägt. So klein, wie ich war, ging ich meiner Wege und strolchte allein durch den Park, und wenn ich meine Grenzen sprengen wollte, entschlüpfte ich durch das Loch in der Mauer ins Dorf.

So war dieses Jahr 1944 in Schlesien ein großes Glück für mich. Vom Krieg bekam ich, außer einem Besuch im Lazarett, nichts mit. Der junge Aribert von Hammacher war an der Front verletzt worden und lag in einem Lazarett in der Nähe von Breslau. Ich durfte mitfahren, um ihn zu besuchen, allerdings nur gegen das Versprechen, dass ich meinen Mund hielte und nur redete, wenn ich gefragt wurde. Zum Glück stellte Aribert auch mir eine Frage. Nun durfte ich ja sprechen. Ich unterhielt die Soldaten wohl recht gut, denn als wir gingen, sagten sie: »Die Christel soll bald wiederkommen.«

Unser Aufenthalt in Lampersdorf ging zu Ende. Die Nachrichten überschlugen sich. Die Russen würden kommen. Detta hatte es gehört. Sie hatte große Angst. Man hörte die schlimmsten Dinge. Die Frauen würden vergewaltigt, die Häuser abgebrannt. Die Eltern konnte sie nicht fragen, denn Telefone gab es damals dort noch nicht. Sie schickte ein Telegramm nach Berlin, dass wir kommen würden, und setzte sich mit uns vier Kindern in den nächsten Zug. Dies danke ich ihr noch heute, denn es war die einzig richtige Entscheidung. Ein oder zwei Tage später gab es keine Zugverbindungen mehr. Detta, die sonst immer Angst hatte, wuchs über sich hinaus und brachte die ihr anvertrauten Kinder – mein Bruder Siegfried war erst ein Jahr alt – in letzter Minute wieder gesund zurück.

Am Schlesischen Bahnhof in Berlin holten meine Eltern uns ab. In der gleichen Nacht, in der wir aus Schlesien kamen, fuhr Vater noch mit dem Auto nach Lampersdorf zurück, um den Hammachers zu helfen, noch einige wertvolle Bilder aus dem Schloss vor den Russen in Sicherheit zu bringen.

MAIKÄFER FLIEG,
DEIN VATER IST IM KRIEG!

Während wir Kinder mit Detta in Lampersdorf lebten, wurde die Wohnung der Eltern in Berlin-Schöneberg bei einem Bombenangriff bis auf die Brandmauern zerstört. Zum Glück waren sie einen Tag vorher mit den wichtigsten Dingen in unser Ferienhäuschen nach Karolinenhof bei Grünau, einem Vorort südöstlich von Berlin, gezogen. Dorthin fuhren wir jetzt. Das Holzhäuschen hatte nur zwei Zimmer und eine kleine Veranda. Eine Diele gab es nicht. Wenn man die Haustür öffnete, befand man sich sofort in der kleinen Küche, in der der Herd stand und wo es fließendes Wasser gab. Ein Kachelofen, mit dem wir heizen konnten, befand sich im großen Zimmer. Das kleine Zimmer war kalt. Das ganze Haus hatte etwa zweiundvierzig Quadratmeter, stand aber auf einem Grundstück von zweitausend Quadratmetern. Dort überlebte die Familie die letzten Jahre des Zweiten Weltkrieges: Vater, Mutter, Detta, wir vier Kinder. Später wohnte auch Oma Urbanski für ein paar Monate bei uns.

Die Lebensmittel waren knapp. Das Grundstück war die Rettung. Hühner, Gänse, Kaninchen und eine Ziege lieferten uns Fleisch. Aus dem Ziergarten wurden Gemüsebeete. Auch Obstbäume hatten wir zum Glück. Mein Vater baute mit Gustav Kaninchenställe, einen großen Stall mit Zaun für die Hühner und die Gänse. Ulrich war unser großer Sammler. Er hat die Familie oft ernährt. Bereits mit acht oder neun Jahren war er auf Pilze, Krebse und Muscheln spezialisiert. Ich musste mit Handschuhen Brennnesseln pflücken, das gab Spinat; und aus gesammelten Lindenblütenblättern kochten wir Tee. Im Herbst feierten wir dann ein großes Erntefest. In einem Weinfass wurde Sauerkraut gestampft, und wir kleinen Kinder wurden mit gewaschenen Füßen zum Trampeln hineingesteckt. Uns machte das einen Heidenspaß. Zum Abschluß gab es ein Foto mit den geernteten Früchten, nach Größe sortiert. Wir Kinder wurden wie die Orgelpfeifen davor aufgestellt.

Den Rest der Nahrungsmittel, die wir zum täglichen Leben brauchten, gab es nur auf Lebensmittelkarten oder auf dem Schwarzen Markt. Man fuhr mit einem Rucksack aufs Land und tauschte bei den Bauern. Einmal kam mein Vater von einer solchen »Hamstertour« zurück. Er erzählte von einer Bauernfamilie, bei der er zum Tauschen gewesen war. Die saßen gerade am Mittagstisch vor einer großen Schüssel Pellkartoffeln mit Quark. Mein Vater hatte einen solchen Kohldampf, dass ihm das Wasser im Mund zusammenlief. Doch der Bauer bemerkte das nicht und bot ihm nichts an, und mein Vater war zu stolz, ihn um eine Kartoffel zu bitten.

Ulrich trank irrsinnig gerne Milch. Milch war aber sehr knapp und nur für die Babys da. Ich wurde als kleines Mädchen oft zu einer alten Frau geschickt, um Ziegenmilch für Siegfried zu erbitten. Siegfried war unterernährt, und die Eltern machten sich Sorgen. Meine Mutter erzählte, wie sehr es sie geschmerzt hätte, als Ulrich Siegfried versprach, ihn mit dem Fahrrad spazieren zu fahren, wenn Siegfried ihm einen Schluck Milch übrig ließe.

Eine Flasche Lebertran war in der Vorstellung der Erwachsenen eine Kostbarkeit, für uns eher ein Graus. Es ging nur mit Nasezuhalten: Mund auf, Augen zu und rein! Runter bekam man ihn nur mit Schütteln. Ich hatte den Eindruck gewonnen, ohne Lebertran müsste man sterben, und schluckte ihn mit Todesverachtung. Den Luxus, irgendetwas Essbares nicht zu mögen, konnte sich damals keiner leisten. Einmal gab es Pflaumen mit Milchreis, was mir fremd war, und ich behauptete, keinen Hunger zu haben. Vater machte kurzen Prozess, nahm mich auf den Arm und setzte mich auf seinen Schoß. Mit der linken Hand hielt er mir die Nase zu, mit der rechten Hand schob er mir den Brei löffelweise in den Mund. Vielleicht ist das der Grund, warum ich heute noch alles aufesse.

Wann immer es möglich war, saßen wir draußen im Garten am runden Tisch unter der großen Kiefer. Dort hatten wir Platz, es war das schönste Speisezimmer! Draußen in der freien Natur, das war und ist auch heute noch der schönste Essplatz für mich.

Unser Holzhäuschen war klein. Trotzdem lebten wir teilweise mit drei Generationen darin. In dem kleinen Zimmer, das im Winter kaum zu heizen war, schlief Detta mit uns beiden Jüngsten. Im Frühjahr hatten wir noch die Küken dabei. Das waren für uns die Eier und die Suppenhühner des nächsten Jahres. Kein Mensch hätte sich darüber beschwert, mit Küken in einem Zimmer zu schlafen. In feuchte Taschentücher eingepackt, lagen Gurkenkerne zum Keimen auf dem Fensterbrett. Marmeladengläser und eingewecktes Obst standen unter den Betten. Der größere Raum, in dem der Kachelofen stand, war Wohn-, Ess- und Schlafzimmer zugleich. In der Küche wurde stundenweise eine Zinkwanne aufgestellt, und dann diente sie als Badezimmer und täglicher Waschraum.

Am Abend wurden hölzerne Notbetten aufgebaut. Da man sie zusammenschieben konnte, nannten wir sie »Ziehharmonika«. Auf jede Pritsche wurde eine zusammengerollte Decke gelegt. Das war dann die Matratze, sechzig Zentimeter breit. Wenn alle Pritschen aufgestellt waren, konnte man die Tür zum Ausgang nicht mehr öffnen. Ich kann mich nicht erinnern, dass einer mal »Mama, Pipi!«, geschrien hätte. Dies wäre auch ein irrsinniger Umstand gewesen.

Größere Geschäfte erforderten einen längeren Gang in den hinteren Teil des Gartens. Dort hatten wir ein komfortables Plumpsklo mit Donnerbalken, ohne Licht, aber mit Toilettenpapier aus zurechtgeschnittenen alten Zeitungsblättern, aufgespießt auf einen Nagel. Für Entlüftung war durch ein ausgeschnittenes Herz in der Holztür gesorgt. Dieses Plumpsklo hatte eine wichtige Bedeutung. Es füllte die Jauchetonne um die Ecke hinter dem Haus. Zum einen lieferte sie Dünger für den Garten, zum anderen hatte sie, wie ich von meiner Mutter später hörte, nach dem Krieg auch eine Schutzfunktion. Mein Vater hatte die Devise ausgegeben, wenn ein Russe sich an meiner Mutter oder Detta vergreifen wollte, sollten sie durch die Veranda direkt in die gefüllte Jauchetonne steigen. Vor den Soldaten seien sie dort sicher. Das ist kein Witz, so waren die Zeiten!

Ein großes Problem stellte das Feuerholz dar, denn wir brauchten es zum Kochen und Heizen. Die Eltern holten es aus dem Wald. Hin und wieder halfen auch Ulrich, Gustav und Detta. Ich selbst habe daran keine Erinnerung, denn ein vierjähriges Kind konnte man bei dieser harten Arbeit nicht brauchen. Unsere Mutter erzählte mir aber später, dass sie im Wald Bäume fällten und die Stämme auf Leiterwagen oder Schlitten nach Hause beförderten. Einen Winter soll es gegeben haben – ich glaube, es war 1945 –, der bitter kalt war. Das geschlagene Holz war verheizt, und meine Eltern mussten bei vierundzwanzig Grad Kälte in den Wald und neues schlagen. Mutter sagte bei dieser Gelegenheit oft, sie hätte nie gedacht, dass man bei vierundzwanzig Grad Kälte schwitzen könnte.

Auch in Karolinenhof waren wir vor Bombenangriffen nicht sicher. Wenn wir aus dem Bunker kamen, hielten wir Ausschau nach Feuersbrünsten und Rauchsäulen. Wo hatten die Bomben eingeschlagen? Hatten sie unser Häuschen erwischt oder das des Nachbarn? Einmal war der ganze Himmel rot von Feuer. Das war, wie mein Vater erklärte, der Bombenangriff auf Potsdam. Zum Glück haben wir die Angriffe überstanden, ohne dass eine Bombe unser Holzhäuschen traf. Auch ist mein Vater den deutschen Häschern entgangen, die in den letzten Tagen vor Kriegsende noch Jagd auf Männer für den Volkssturm machten. Selbst wenn sie schon älter als fünfundvierzig Jahre waren, sollten sie noch »für den Endsieg« in den Krieg ziehen. Mein Vater musste sich so manches Mal hoch oben in der Tanne verstecken.

Einen kleinen Bunker hatte Vater in unserem Garten gebaut, direkt gegenüber dem Häuschen. Es war ein Notbunker, nur für den Fall, dass der Bombenangriff so plötzlich kam, dass wir nicht mehr in den großen Bunker im Wald gehen konnten. Wenn es rechtzeitig Alarm gab, so nahm Vater uns auf den Arm und zeigte uns die »Tannenbäume« am Himmel. Die bunten Positionslichter, die die Piloten vor dem Bombardement abwarfen, um das Zielgebiet zu markieren, nannten wir »Tannenbäume«. Für uns war das schön, wie ein Feuerwerk, für meine Eltern bedeutete es tödliche Gefahr.

Die Stunden im Bunker waren schlimm. Wenn wir zusammengepfercht mit vielen fremden Menschen dasaßen, hatte meine Mutter immer Angst, dass mein Vater sich hinreißen lassen und über die Nazis schimpfen könnte. Er hoffte, dass die Alliierten Deutschland bald befreien würden. Noch durfte man das aber nicht sagen. Das nächtliche Abhören des Londoner Rundfunks, des deutschsprachigen Senders der BBC, am kleinen Volksempfänger war für meine Eltern wie für zwei Millionen andere Deutsche ein großes Risiko. Es war nur nachts möglich, wenn die Kinder schliefen.

Mein Vater glaubte den Briten gewöhnlich und war entsetzt, als die BBC gegen Ende des Krieges das erste Mal von der massenhaften, systematischen Vergasung der Juden in den Konzentrationslagern berichtete. Dass die Juden von den Nazis verfolgt und in Konzentrationslagern gefangen gehalten wurden, wusste er zwar, denn er hatte ja Hitlers *Mein Kampf* gelesen. Er hatte es auch in Berlin miterlebt und versucht, der Familie Kantorowicz bei der Flucht zu helfen. Dass Hitlers teuflische Gräueltaten jedoch so weit gingen, lag außerhalb seiner Vorstellungskraft. Als er das hörte, wollte er es nicht glauben und meinte, die Briten würden jetzt auch lügen.

An das Ende des Krieges, den 8. Mai 1945, kann ich mich nicht erinnern. So viel änderte sich dadurch nicht für uns Kinder. Es gab zwar keine Bombenangriffe mehr, aber der Hunger, die Kälte und die Angst blieben. Nach dem Krieg gab es russische Patrouillen, die nach verwendbaren Gütern suchten: Schnaps für die Soldaten und Autos für die Kommandantur. Mein Vater hatte beides und wollte beides behalten. Er wusste, das war der Grundstock für den Wiederaufbau seiner Firma nach dem Krieg. Am gefährlichsten war der Besitz von Schnaps. Denn wenn die Soldaten ihn fanden, betranken sie sich und wurden unberechenbar. Mithilfe meiner älteren Brüder, Gustav und Ulrich, vergruben Vater, Mutter und Detta nachts bei Mondschein die Kartons mit Bols-Likör und Cognac in dem großen Blumenbeet vor dem Haus. Ulrich und auch Detta erzählten mir später, sie hätten die Blumen in Ballen ausgestochen, darunter die Erde ausgehoben, die Schnapsflaschen vergraben und die Blumenballen wieder daraufgesetzt. Die ausgegrabene Erde haben sie auf den Bunker geschichtet, und dies alles in einer Nacht. Ein paar übrig gebliebene Flaschen legte Vater in die Regenrinne auf dem Dach. Darüber hinaus musste Ulrich mit seinen sieben oder acht Jahren in dem fünfzig Zentimeter hohen Kriechkeller unterhalb der Küche weitere Flaschen verstecken. Und wenn die russischen Soldaten kamen und mit ihren feinen Lanzen nach vergrabenen Schätzen suchten, hatten sie immer in die aufgeschüttete Erde über dem Bunker gestochen. Mein Vater nahm die Soldaten dann ins Haus und führte sie durch unsere eineinhalb Zimmer. Im kleinen Zimmer lag Siegfried in seinem Babybettchen. Das rührte die russische Seele.

»Uri, Uri, Schnaps, Schnaps«, war ihr Wunsch. Die Uhren, die wir besaßen, hatte mein Vater den Russen fast alle schon gegeben. Nur eine letzte hatte er noch: seine goldene Taschenuhr, ein Geschenk seines Vaters. Die hielt er versteckt im Kinderbettchen bei Siegfried. Meistens stand auf dem Tisch eine alte Schnapsflasche. Die hatte mein Vater extra für die Soldaten hingestellt, aber gefüllt mit Apfelsaft. Er bot ihnen zu trinken an. Apfelsaft wollten sie aber nicht trinken und gingen. Manchmal kamen die russischen Soldaten auch wieder und brachten für uns Kinder Bonbons. Ein deutscher Nachbar hatte meinen Vater denunziert und den Russen verraten, dass hinten im Garten, versteckt hinter Holzscheiten, ein alter Wagen, ein Adler, stand. Vorsichtshalber hatte Vater aber schon früher alle vier Reifen mit Felgen abmontiert und den Wagen aufgebockt. Die Räder hatte er verschwinden lassen. Wo der Wagen herkäme, wollten die Soldaten wissen. Mein Vater meinte: »Vom Himmel.«

Von vielen dieser Gefahren wusste ich damals noch nichts, durch das großartige Talent meiner Eltern, die Angst von uns Kindern fern zu halten und uns trotz der schwierigen Zeiten das Schöne im Leben zu zeigen. Mein Vater war darin ein Künstler. Aber einmal spürte ich, was Angst ist, tiefe, lebensbedrohende Angst. Die russischen Soldaten hatten gehört, dass mein Vater Schnaps besäße, und wollten ihn zur Herausgabe zwingen. Er wusste, wenn er nur eine Flasche preisgab, hätte er alles verloren. Die bewaffneten Soldaten stellten meine Eltern an den Zaun, gegenüber unserem Grundstück, und befahlen, uns Kinder zu holen. Wir mussten uns neben sie stellen, den Eltern gegenüber. Sie sagten, sie würden die Eltern erschießen, wenn diese nicht verrieten, wo der Schnaps sei. Die Mutter rief der Nachbarin über den Zaun zu, sie möge den russischen Kommandanten informieren. Dies muss wohl eine Art Zauberwort gewesen sein, denn die Soldaten zogen unverrichteter Dinge ab. Diese Angst spüre ich noch heute, wenn ich daran denke.

Noch einmal gerieten wir wegen der versteckten Schnapsflaschen in Gefahr. Mein Vater hatte die Flaschen in der Regenrinne vergessen. Unter der Hitze der Sonnenstrahlen gingen die Korken hoch, und es duftete unverkennbar nach Cognac. Zum Glück konnten die Spuren beseitigt werden, bevor ein russischer Soldat kam und wieder einmal nach Schnaps und Uhren suchte.

Einmal hat Vater Gustav schlimm verdroschen, weil er eine Schnapsflasche nicht wieder in das alte Versteck zurückgebracht hatte. Er hatte ihn danach gefragt, und Gustav hatte ihn angelogen. Das war ein Vergehen, das doppelt bestraft wurde. Durch seine Nachlässigkeit hatte Gustav die Familie in Gefahr gebracht, und für eine Schnapsflasche hatte er gelogen. Aber auch ich bekam einmal eine Tracht Prügel, an die ich mich noch erinnern kann. Vater fragte mich einmal, was ich gerade trinke. Ich antwortete: »Muckefuck«, unser Kinderkaffee-Ersatz, den ich hätte trinken dürfen. Es war aber der von allen heiß begehrte Kirschsaft. Mein Vater lag auf der Couch und las eine Zeitung, mir war nicht wohl. Meine Mutter kam ins Haus und sagte, sie gehe einkaufen. Auf Vaters Frage, was in dem blauen Krug sei, entgegnete Mutter: »Kirschsaft!« Sofort wollte ich mit meiner Mutter zum Einkaufen mitgehen, aber mein Vater befahl: »Nein, die Christel bleibt hier.« Als meine Mutter fort war, rief er mich zu sich und fragte: »Sollst du lügen, mein Kind? Damit du das nie vergisst, bekommst du jetzt eine Strafe.« Ich musste mich über seine Knie legen und bekam den Hintern versohlt. Mein Vater wollte uns zu aufrechten Menschen erziehen und nutzte die Gelegenheit im Krieg, wo er Zeit für uns hatte. Ich habe es mir für mein Leben gemerkt, und zwar in zweierlei Hinsicht: Ich habe mich in meinem ganzen Leben um die Wahrheit bemüht – und meine Kinder ohne Schläge erzogen.

Meinem Vater habe ich auch meine deutliche Aussprache zu verdanken. Als ich aus Schlesien kam, hatte ich gelispelt. Erst vor ein paar Jahren erfuhr ich, dass Lispeln zum Breslauer Dialekt gehört. Ich jedenfalls sagte: »Ich heithe Chrithtel Fourneth.« Dies missfiel meinem Vater sehr. Er übte mit mir jeden Tag: »Fischers Fritz fischt frische Fische, frische Fische fischt Fischers Fritz.«

Oft nannte mich mein Vater Prinzesschen, was meinen Bruder Gustav sehr erboste. Er fing mich dann in einer Ecke ab und zischte mir zu: »Du bist kein Prinzesschen. Wenn du eine Prinzessin wärst, dann müsste ich ja ein Prinz sein.« Er hat, so glaube ich, sehr darunter gelitten. Unser Verhältnis blieb immer ein gespanntes. Er hat es wohl nie verwunden, dass er nach fünf Jahren als einziger »Kronsohn« noch weitere Geschwister bekam.

Die Jahre in Karolinenhof habe ich in angenehmer Erinnerung, obwohl wir Kinder keine Spielsachen hatten. Dazu war das Häuschen viel zu klein. Die Winterabende waren oft wunderschön. Wegen der Enge der Hütte saßen wir alle um den runden Tisch. Oft sangen wir zusammen Lieder. Auch das traurige Kriegskinderlied vom Maikäfer, der fliegen soll, obwohl der Vater im Krieg ist und die Mutter im abgebrannten Pommerland. Wir haben uns damals nichts dabei gedacht. Für uns waren das nur Reime. Vater erzählte uns oft ganze Abende aus seinem Leben. In der Vorweihnachtszeit falteten wir Sterne für den Tannenbaum. Mutter kochte manchmal aus Rübenzucker Bonbons, und später gab es auch Plätzchen aus Haferflocken.

Im Sommer fuhr ich mit Hannchen, meiner Ziege – die Eltern hatten sie mir geschenkt –, und einem Leiterwagen durch den Garten. Da Hannchen mir gehörte, war ich auch für sie zuständig und verantwortlich – bis zum Schluss! Zunächst einmal für ihr Futter. Löwenzahnblätter fraß sie am liebsten. Das war für mich ein Spiel.

Wir hatten auch eine Schaukel im Garten, auf die ich mich gerne schwang, manchmal zum Träumen im gleichmäßigen Schwung und manchmal verwegen mit aller Kraft. Ich träumte vom Fliegen, von der Freiheit der Vögel! Ein Vogel wollte ich so gerne sein, dabei vergaß ich mich und die Schwerkraft. Ich ließ die Seile los und landete mit dem Rücken auf der Steinplatte vor dem Eingang des Hauses. Es war ein kühner Flug für ein kleines Mädchen, allerdings mit schmerzhaften Folgen. Ich musste lange im Bett liegen. Mehr konnte man für mich nicht tun. – Erst viele Jahre später, als ich meine Kinder bekam, hat man meine Wirbelsäule geröntgt, weil ich große Schmerzen hatte, und man stellte fest, dass mein fünfter Lendenwirbel nicht geschlossen ist. Entweder angeboren oder durch eine Verletzung im Kindesalter. Von Höhenflügen zu träumen kann sehr gefährlich sein!

Als Berlin in vier Sektoren aufgeteilt wurde, versuchte Mutter sofort wieder, in Schöneberg – im Amerikanischen Sektor – eine Wohnung zu finden. Das war sehr schwer. Berlin war ausgebombt. Es gab kaum ein Haus, das noch stand, und wenn, dann waren die Fenster oder die Wände zerstört. Es durfte sowieso nur nach Berlin ziehen, wer nachweisen konnte, dass er schon vor dem Krieg dort gewohnt hatte.

Meine Mutter fand 1947 eine Wohnung in der Eisenacher Straße, ganz in der Nähe der Martin-Luther-Straße, wo meine Eltern vor der Ausbombung gewohnt hatten. Diese Wohnung befand sich nahe der Kellerei meines Vaters in der Motzstraße. Sie war groß, die Fensterscheiben aber waren zerbrochen und eine Brandmauer so zerstört, dass man durch sie vom Zimmer aus auf die Ruinen des Nachbargrundstücks sehen konnte. Dies war natürlich keine Wohnung für kleine Kinder wie Siegfried und mich. Zuerst nahmen die Eltern nur Gustav mit nach Berlin, 1947 kam Ulrich nach. Der Rest der Familie blieb mit Detta in Karolinenhof. Durch diesen Umzug war die Aufenthaltserlaubnis für die Familie im Westen sichergestellt.

Seit 1946 ging ich in Schmöckwitz zur Volksschule. In meiner Erinnerung war das Schulleben völlig normal; viel aufregender erschien mir der tägliche Weg zur Schule. Am anderen Ende von Karolinenhof befand sich die Straßenbahnhaltestelle, dort fing das Abenteuer des

Tages an. Welcher Straßenbahnschaffner war wohl heute im Wagen? War es mir möglich, auf dem Trittbrett zu stehen? Die großen Jungs betrieben das als Sport, warum sollte ich das nicht auch? Es ist zum Glück immer gut gegangen. Jahrzehnte später, als ich mit meinem Mann San Francisco besuchte, habe ich mit der Cablecar-Bahn alles nachgeholt. Durch die halbe Stadt bin ich auf dem Trittbrett gefahren und habe an meinen abenteuerlichen Schulweg gedacht. Einmal hatte ich meinen Schulranzen in der Straßenbahn vergessen. Ich merkte es erst, nachdem ich ausgestiegen war. Was sollte ich tun? Ohne Schulranzen nach Hause zu gehen schien mir unmöglich. Die Bahn fuhr von Schmöckwitz über Karolinenhof nach Köpenick und wieder zurück. Also wartete ich so lange, bis »meine« Bahn mit »meinem« Schaffner und »meinem« Ranzen wieder in Karolinenhof angekommen war. Dass man Dinge, die man verloren glaubt, nicht so leicht und mutlos aufgeben soll, habe ich schon damals begriffen.

Ein Ereignis habe ich aus meinen ersten beiden Volksschuljahren noch glasklar im Gedächtnis: meinen ersten Auftritt als Christkind. In der Schule lernten wir das schöne Weihnachtsgedicht:

»Von drauß' vom Walde komm ich her;
Ich muss euch sagen, es weihnachtet sehr!
Allüberall auf den Tannenspitzen
Sah ich goldene Lichtlein sitzen;
Und droben aus dem Himmelstor
Sah mit großen Augen das Christkind hervor;
›Knecht Ruprecht‹, rief es, ›alter Gesell,
Hebe die Beine und spute dich schnell!‹«
usw.

Ich fand dieses Gedicht fantastisch und war der Meinung, es müsste nicht nur aufgesagt, sondern auch aufgeführt werden. Ich übernahm die Initiative. Ein Schultag wurde zur Weihnachtsfeier erklärt, und ich verteilte die Rollen. Ich selbst war natürlich das Christkind. Ein weißes Laken wurde zum Christkindlkleid, aus Pappe und weißem Papier wurden Flügel gebastelt (ein Christkind muss schließlich Flügel haben), und silberne Sternchen (mit Gold hatte man es noch nicht so, das kam erst später) wurden auf das Christkindgewand geklebt. Knecht Ruprecht wurde auch kostümiert und mit Rute und Sack versehen. Und wer dann noch von meinen lieben Klassenkameraden mitspielen wollte, der durfte eine Tanne sein.

Diese Kostüme waren die einfachsten. Die Statisten wurden einfach mit Tannenzweigen dekoriert, auf deren Spitzen auch silberne Sternchen blitzten. Das Ganze sprach sich bis zu meinen Eltern herum, und mein Vater bekam panische Angst, dass ich einmal Schauspielerin werden wollte. In sein Weltbild hätte das nicht gepasst, zumal er der Meinung war, dass Schauspieler, die ständig in andere Charaktere schlüpfen müssen, unmöglich sich selbst und den eigenen Grundsätzen treu bleiben könnten. Seine Furcht war unbegründet. Ich bin manches geworden, nur keine Schauspielerin. Aber auf der Bühne zu stehen und beachtet zu werden, das macht mir auch heute noch Freude.

Nach diesem Winter entdeckte ich auch mein Verkaufstalent. Ich wollte zu Geld kommen, um meiner Mutter zum Muttertag etwas zu schenken. Taschengeld oder Geldgeschenke aus der Verwandtschaft gab es noch nicht. Also musste ich etwas verkaufen. Aber was? Es war Mai. Ich ging in den Wald und pflückte Maiglöckchen und band sie zu kleinen Sträußen. Ich hatte damals eine herrliche Freiheit. Detta merkte von allem nichts, und die Eltern waren in Berlin. Mit den Sträußen fuhr ich mit der Straßenbahn nach Grünau zum S-Bahnhof. Dort kamen immer viele Menschen aus Berlin an. Ich stellte mich mit meinen Maiglöckchensträußen an den S-Bahneingang, direkt neben einen russischen Soldaten. Ich verkaufte ganz gut. Auf einmal standen meine Eltern vor mir und waren zutiefst erschrocken. Sie waren mit der S-Bahn nach Karolinenhof gekommen und hatten nicht mit ihrer Tochter als Maiglöckchenverkäuferin neben einem bewaffneten russischen Soldaten gerechnet. Ich wusste jetzt aber, wie man auf anständige Weise gut zu Geld kommen kann, und habe noch viel in meinem Leben verkauft.

Von diesem selbst verdienten Geld bekam meine Mutter zum Muttertag eine bemalte Porzellanschale »à la Meißen«. Ich erstand sie bei einem Händler, der allen möglichen Tand anbot. Sie war mit rosa Blümchen bemalt, und ich fand sie wunderschön. Für meinen Vater war es Kitsch, was ich damals nicht verstand. Noch heute habe ich große Freude an schönem Porzellan, freilich sieht es etwas anders aus als diese Blümchenschale »à la Meißen«.

Meine Eltern kamen oft aus Berlin, um uns in Karolinenhof zu besuchen und nach dem Rechten zu sehen. Der Garten war zu jener Zeit immer noch unsere Vorratskammer, und in Berlin sollte der Rest der Familie ja auch leben. Also musste der Garten auch weiter bestellt werden. Detta konnte das allein nicht schaffen. Mein Vater war stolz darauf, dass er den schönsten Gemüsegarten in ganz Karolinenhof hatte. Wir mussten ihm bei der Pflege helfen. Selbst Siegfried musste ran und die kleinen überflüssigen Blatttriebe aus den Tomatenpflanzen knipsen. Wenn die Eltern wieder nach Berlin zurückfuhren, schleppten sie Taschen voller Lebensmittel mit. Das war aber nicht ungefährlich, denn die S-Bahn wurde von russischen Soldaten kontrolliert. Und wenn jemand beim Hamstern erwischt wurde, wurden ihm die Sachen abgenommen, er selbst wurde bestraft.

Am strengsten waren die Kontrollen, wenn man den Sowjetischen Sektor verließ und in den Teil Berlins fuhr, der von den Westalliierten kontrolliert wurde. Da saß einem das Herz immer ganz tief in den Knien. Da Kinder weniger gründlich kontrolliert wurden, durfte ich meine Eltern auf ihren Fahrten nach Berlin manchmal begleiten. Dann wurde mir ein Huhn oder ein geschlachtetes Kaninchen in den Schulranzen gesteckt. Die Taschen mit den Kartoffeln und dem Gemüse versteckten die Eltern nach Möglichkeit unter der Bank. Das Schlimmste für mich war, als meinem Hannchen, der Ziege, irgendwann die letzte Stunde schlug. Nicht nur, dass sie geschlachtet wurde, ich musste auch noch die Fleischstücke in meinem Ranzen nach Berlin schleppen. Aber Hunger tut weh!

Auf diese Weise lernte ich, auf welchem Weg man von Karolinenhof nach Schöneberg in die Eisenacher Straße gelangte. Berlin war viel aufregender als Karolinenhof! Noch musste ich dort bleiben. Zum Trost bekam ich eine Puppe geschenkt und eine Puppenstube. Das war aber nicht mein Ding. Mit Puppen hatte ich nichts im Sinn. Ich war ja auch von meinem Vater wie ein Junge erzogen worden und wollte wie meine Brüder draußen spielen in der freien Natur.

Ein großer Wunsch von mir war es, schwimmen zu lernen. Meine Mutter war eine kluge Frau. Sie wusste, dass der sicherste Weg, ihre Tochter vor dem Ertrinken zu bewahren, der war, meinem Wunsch nachzugeben. In Karolinenhof wohnten wir zweihundert Meter von der Dahme entfernt, einem Fluss, der in den Müggelsee mündet. In Grünau gab es ein Schwimmbad mit Schwimmmeister, wo sie mich zum Schwimmunterricht anmeldete. Erst musste ich im Trockenen üben, danach band man mir einen Brustgurt um, und ich kam an den Haken. Der Schwimmmeister ging mit einer langen Stange neben mir her und hielt mich mit dem Brustgurt am Haken, als wäre ich ein Fisch. Ich lernte trotzdem Schwimmen! Wieviel leichter haben es meine Kinder schon im jüngsten Alter gelernt. Auf meinem Arm und mit Schwimmflügelchen!

Als ich schwimmen konnte, durfte ich in die Dahme, obwohl der Fluss von Schiffen befahren wurde und seine Tücken hatte. Das war mir aber nicht genug. Ich wollte rüber ans andere Ufer. Mein Vater hat mir einmal diesen Gefallen getan. Er besorgte ein Boot und ruderte neben mir her. Das war für mich ein großes Erlebnis, das mein Zutrauen zum Wasser sehr stärkte. Noch heute schwimme ich gern und gut!

ABER SO WAR OTTO EBEN

Irgendwann nach dem Krieg konnte mein Vater seinen alten Adler, das »Auto ohne Räder«, wieder aktivieren. Die Reifen waren wieder montiert, und wenn Vater Benzin bekam, konnte er auch fahren. Gelegentlich tauschte er gegen eine ausgebuddelte Flasche Schnaps Lebensmittel ein. Einmal wollte er einen Sack Mehl nach Karolinenhof bringen, natürlich mit dem Auto. Auf den Straßen gab es damals immer noch unvorhersehbare Kontrollen durch bewaffnete sowjetische Soldaten. Ich weiß nicht, ob wir Kinder zufällig im Auto waren oder ob es mit Vorbedacht geschah. Der Sack Mehl lag im Kofferraum. Wir fuhren mit offenem Verdeck, denn mein Vater liebte es, im Cabrio zu fahren. Die Kontrolle im Sowjetischen Sektor hatten wir schon überstanden. Wir waren bereits südlich von Grünau und mussten nur noch den Weg durch den Wald nach Karolinenhof zurücklegen. Da kamen plötzlich zwei bewaffnete sowjetische Soldaten hinter einem Baum hervor und hielten uns auf der Straße an. Sie fragten meinen Vater, ob er etwas im Kofferraum habe. Der Innenraum des Autos war voll mit Mutter und vier Kindern. Das sahen sie. Mein Vater stieg ruhig aus dem Auto aus, ging zum Kofferraum nach hinten, öffnete ihn, schlug mit der flachen Hand auf den Sack Mehl und sagte: »Gips!« Mit Gips konnten die Soldaten nichts anfangen und ließen uns weiterfahren. Wenn sie geahnt hätten, dass es Mehl war, wären wir alle nicht so glimpflich davongekommen. Zum Glück hatte mein Vater Nerven wie Drahtseile, wie meine Mutter oft sagte.

Mit diesem Adler sind wir 1947 mit der ganzen Familie sogar bis Bad Kissingen gefahren. Meine Eltern mussten dort kuren, meine Mutter wahrscheinlich wegen ihrer Lunge, mein Vater wegen seiner Zuckerkrankheit. Ich habe sie nicht gefragt, mit meinen sieben Jahren war ich auch noch zu jung. Diese Fahrt mit dem alten Adler werde ich jedoch nie vergessen. Wir konnten sechs Mann hoch und mit Gepäck für vier Wochen nur mit offenem Verdeck fahren. Zwei Koffer lagen auf dem aufgeklappten Verdeck, die mussten Gustav und Ulrich, die jeweils in den Ecken hinten saßen, mit einer Hand am Griff halten, damit sie während der Fahrt nicht herunterfielen. Der Rest Schuhe und Wäsche war in Taschen und Kopfkissenbezügen im Kofferraum verstaut. Mutter erklärte mir, dass so das Fassungsvermögen des Kofferraums am größten sei.

Lebensnotwendig für alle Berliner, die verreisen wollten, war eine große Tasche mit Proviant, denn wir wussten nie, wie lange wir von der Berliner Grenze durch die Sowjetische Besatzungszone und alle Kontrollen unterwegs brauchten, bis wir im Westen waren. In den Stoßzeiten der Ferien konnte das vierundzwanzig Stunden und länger dauern. Dafür wurden nicht nur harte Eier gekocht, es wurden ganze Hühner gebraten und Thermoskannen mit Kaffee mitgenommen. Noch heute nehme ich gerne ein Picknick mit, wenn wir mit dem Auto auf Reisen gehen.

Aber wir deckten uns nicht nur mit Proviant ein, wir mussten auch an das Auto denken. Benzin war ein kostbares Gut, das man nicht überall bekam. Daher hatten wir mindestens zwei gefüllte Benzinkanister dabei, wenn wir durch die »Zone« fuhren. Diese standen vor den hinteren Sitzen. Wir Kinder mussten sehen, wo wir unsere Beine ließen. Gustav und Ulrich tauschten ab und zu die Plätze, damit ihre Hände und Beine nicht einschliefen. Schlimm wurde es, wenn es anfing zu regnen. Das Verdeck des Autos konnten wir nur schließen, wenn wir die Koffer draußen hinstellten. Aber es gab schließlich Autobahnbrücken zum Unterstellen, und außerdem konnte man ja als freier Kaufmann den Tag der Abfahrt auf gutes Wetter legen.

Das eigentliche Problem war das Auto. Wenn man damals das große Glück hatte, ein Gefährt mit vier Rädern sein Eigen nennen zu können, war man König oder fühlte sich doch so. Dann durfte man auch nicht so kleinlich sein und sich darüber ärgern, dass nicht alles bestens funktionierte, zum Beispiel, dass der erste Gang immer raussprang. Auch mit dem Bremsen war es so eine Sache. Auf der Fahrt nach Kissingen war in Fulda die Autobahnbrücke gesprengt, und wir mussten einen Umweg über einen Hohlweg nehmen, der recht steil war. Der erste Gang sprang raus. Mein Vater zog die Bremse, aber die tat es nicht. Für diesen Fall hatte Vater bereits vorher Gustav und Ulrich je einen Holzblock gegeben. Die Jungs sprangen sofort aus dem offenen Wagen und schoben die Holzblöcke hinter die Räder, zum Glück! Mutter verließ entsetzt das Auto. Da setzte sich Gustav auf den Beifahrersitz und hielt den ersten Gang mit beiden Händen fest, und Ulrich lief hinten neben dem Wagen her, um notfalls mit den Holzblöcken zu bremsen. Meine Mutter stieg erst wieder auf ebener Strecke ein. Es soll Menschen gegeben haben, die sagten, der Otto sei verrückt.

In Bad Kissingen, das wir trotz aller Schwierigkeiten wohlbehalten erreichten, fand mein Vater offenbar eine Werkstatt, die den Wagen reparierte, denn wir kamen ohne weitere Zwischenfälle wieder heil in Berlin an. Diese Autofahrten waren für meine Mutter immer ein Graus. Sie bangte um uns Kinder, nicht nur während der Fahrt, sondern auch hinterher. Wir waren danach fast immer erkältet. Aber so war Otto eben! Für ihn war es das höchste Glück, im offenen Wagen zu fahren, und das sollten auch seine Kinder genießen. Er konnte sich gar nicht vorstellen, wie stark der Wind blies im offenen Cabrio, wenn man hinten saß. Wenn ihm jemand gesagt hätte, dass er ein Egoist sei, hätte er es glatt abgestritten.

Heute bin ich selbst begeisterte Cabriofahrerin – aber nur auf dem Vordersitz!

Eine weitere Liebe habe ich von meinem Vater mitbekommen: die Liebe zur Musik. Noch heute kann Musik meine Seele zum Schwingen bringen, Spannungen in mir auflösen oder ein Glücksgefühl hervorrufen. Mein Vater kommt aus einer sehr musikalischen Familie. Schon in Wien hatten die Fournes-Kinder musiziert. Sein Bruder Siegfried spielte Geige, und das sehr gut, eine Schwester Klavier, die übrigen sangen. Später in Berlin traten sie bei Hauskonzerten als Fournes-Sextett auf. Siegfried wurde später erster Geiger der Berliner Philharmoniker, kam jedoch mit nur sechsunddreißig Jahren auf tragische Weise bei einem Sturm in der Ostsee ums Leben, nachdem er seine Kinder und die Kinder seines Freundes gerettet hatte. Mein Vater konnte kein Instrument spielen, er hatte nur seine Stimme, einen kräftigen Tenor. Nach dem Krieg sangen die Fournes-Geschwister nur noch bei Familienfesten bei der Großmutter Fournes. Auch in meinem Elternhaus wurde zu Weihnachten viel gesungen.

Durch seine Liebe zur Musik und über seinen Bruder Siegfried hatte mein Vater schon vor dem Krieg den Dirigenten Wilhelm Furtwängler kennen gelernt und wurde sein glühender Verehrer. Nach dem Krieg fanden die Konzerte im Titania-Palast in Steglitz statt, der damals der kulturelle Mittelpunkt Berlins war, da die großen Theater und Opernhäuser alle zerbombt waren. Mein Vater bekam von Furtwängler zu jedem Konzert sechs Karten. Das war ein kostbarer Schatz. Furtwängler dirigierte dasselbe Programm immer drei Mal hintereinander: Samstagabend, Sonntagvormittag und Sonntagabend. Meine Eltern gingen zu allen drei Konzerten. Oft nahmen sie am Sonntagvormittag uns Kinder mit. Ich konnte mit der Musik nicht viel anfangen, war aber trotzdem fasziniert.

Der Dirigent kehrte mir zwar den Rücken zu, doch die vielen Musiker nicht. Da ich immer auf dem Schoß meines Vaters saß, konnte ich sie sehr gut sehen. Ich suchte mir unter den vielen Männern einen jungen Bassisten aus, der mir gefiel, und erklärte ihn zu »meinem« Philharmoniker und freute mich jedes Mal wieder, wenn ich ihn bei einem Konzert entdeckte. Vierzig Jahre später habe ich ihm das sogar einmal selbst gesagt.

Dass mein Vater, wenn er uns auf unsere Plätze gebracht hatte, wieder hinausging und mit ein oder zwei »fremden Erwachsenen« wieder hereinkam, störte mich nicht, denn dann kam ich auf seinen Schoß und konnte besser sehen. Die Erklärung für sein Verhalten fand ich später in dem Berliner Kulturmagazin *Roland* vom 15. Juni 1947, Heft 3, auf Seite 8: Dort schreibt ein Thomas Josef Peterhans einen offenen Brief an Furtwängler – er war so ein »fremder Erwachsener« – mit folgendem Text in dem damals üblichen theatralischen Pathos:

»Sehr verehrter Herr Furtwängler!

Ich sehe Sie die Kritiken lesen, die jetzt über Ihr erstes Auftreten in Deutschland geschrieben wurden, und ich sehe Sie diese Kritiken müde beiseite legen. Sie kennen die Klaviatur der Musikkritik zu genau, um noch irgendeine Hoffnung auf eine Überraschung zu haben. Sie aber, der Sie ein Künstler sind und einer der von Gott besessenen, einer, der eine Sendung in sich fühlt, Sie warten innerlich auf etwas, was Sie vielleicht nicht laut aussprechen möchten: Sie warten auf das Wunder. Sie möchten einmal über die Tageskritik hinaus, die voll des Lobes ist, hören, dass Sie mit Ihrer Kunst ein Wunder gewirkt haben! Denn Sie müssten kein Künstler sein, wenn Sie nicht innerlich des Glaubens wären, irgendwie und wann einmal ein Wunder zu wirken. Das ist nicht unbescheiden, sondern so muss es sein!

Nun geben Sie Acht! Ich möchte heute etwas berichten, was einem dieser Wunder gleichkommt. Es tritt allerdings ein heutiges Wunder in einer anderen Gestalt und in einem anderen Gewand auf als ehedem. Man darf sich durch das Zeitgewand nicht irritieren lassen, sondern muss hinter die Dinge sehen und das Wesentliche, den Geist, erkennen. Die Geschichte beginnt ganz alltäglich: Ich stand am Pfingstsonntag auf mit dem Bewusstsein, keine Karte zum Furtwängler-Konzert zu besitzen. Ich überlegte und rechnete meine sämtlichen Kalorien durch, was ich eventuell entbehren könnte, um mir auf dem Schwarzen Markt eine Karte zu erstehen. Und ich kam zu dem heroischen Entschluss, eventuell zwei Brote zu opfern. – Vor dem Titania-Palast angekommen, sank mir mein Kalorienherz in die Hosentasche, denn ich vernahm dort, dass andere viel mehr Kalorien übrig hatten. Da kam ich nicht mit. Nun hatte mich ein Herr schon einige Male von oben bis unten begutachtet, und da er zwei Karten in der Hand hielt, redete ich ihn an: ›Können Sie mir eine Karte verkaufen?‹

Er lächelte und sagte: ›Verkaufen? Nein!‹ (Ich hätte ihm am liebsten eine heruntergehauen.) ›Aber‹, fuhr er fort, ›ich habe das Gefühl, dass Sie ein Berufener sind, und ich glaube, ich irre mich nicht. Kommen Sie, ich nehme Sie mit hinein.‹ Mir versagten die Knie, die Erde öffnete sich vor mir, das Wunder schlug blitzartig vor mir ein, und ich war nahe daran, einen Freudentanz aufzuführen. Und dann kam etwas, was mich noch mehr erstaunte: ›Ich vermute in Ihnen nämlich einen alten Furtwängler-Verehrer. Stimmt's?‹ Ich konnte nur heftig nicken, da waren wir auch schon im Saal, und er führte mich zu meinem Platz. Dieser Platz gehörte seiner kleinen Tochter. Die Mutter saß daneben. ›Sehen Sie, so macht man das! Die Kleine wird auf den Schoß genommen. Sie müssen nämlich wissen, dass ich außer dieser Kleinen noch meine beiden Jungens mitgenommen habe. Die sitzen dort hinten. Sie verstehen allerdings von der Musik noch nichts, aber um die Karten nicht den Unberufenen und den Schiebern in die Hände kommen zu lassen, habe ich sie für meine Kinder erstanden. Und da ich heute den zwanzigsten Jahrestag unserer Hochzeit feiere und überglücklich bin, dass ich ihn in Gegenwart Beethovens und Furtwänglers feiern darf, will ich, dass auch noch andere glücklich sind. Deshalb schaute ich mich draußen um, um mir die Menschen auszulesen, von denen ich annahm, dass sie meine Verehrung für Beethoven und Furtwängler teilen. Sie müssen wissen, Sie sind nicht der einzige, den ich heute so hereingeschmuggelt habe. Jetzt hole ich noch einen herein, einen Armen, Abgerissenen, vor vielen Jahren Mitglied der Philharmonie. Ich handle übrigens ganz im Sinne Furtwänglers!‹

Lieber Herr Furtwängler! Sehen Sie, das sind Wunder über Wunder, wie sie schöner und menschlicher nicht gedacht werden können, und diese Wunder haben Sie bewirkt! Wenn heute alle Güte zerfetzt unter Trümmern liegt, Sie haben diese Güte zum Leben erweckt! Und der eine Satz des Herrn: ›Ich bin heute glücklich, und ich will, dass auch andere glücklich sind‹, ist so biblisch groß, dass man darauf eine ganze Religion aufbauen kann.

Um aber diese wunderliche Begebenheit abzurunden, muss ich noch erwähnen, dass ich den Namen dieses Herrn nicht erfahren konnte. Er sagte mir: ›Ich werde Ihnen meinen Namen nicht nennen, denn ich will nicht, dass Sie sich irgendwie erkenntlich zeigen. Ich möchte meine Freude, einen anderen Menschen glücklich gemacht zu haben, nicht verkleinern.‹

Ihr
Thomas Josef Peterhans«

In dem Heft lag noch eine Postkarte mit dem Porträt von Herrn Peterhans und seiner Adresse, die sich mein Vater wohl vom Roland-Verlag besorgt hatte, und die Kopie seines Briefes:

»Sehr geehrter Herr Peterhans!

Berlin, den 24. Juni 1947

Ihr offener Brief an Furtwängler hat mich tief gerührt, er vergrößert noch nachträglich meine Freude, aus der großen Zahl der noch Einlass-Begehrenden gerade Sie herausgefunden zu haben. Ich finde aber, dass Sie meinen guten Einfall, die Plätze meiner musikalisch noch unreifen Kinder ein zweites Mal mit wirklichen Musikenthusiasten zu besetzen, gar zu sehr in den Himmel heben.

Mein Gedanke war doch nur, meine Kinder das Wiederauftreten Furtwänglers miterleben zu lassen, ganz davon überzeugt, dass ein solches Ereignis gerade in jungen Herzen für immer als großartige Erinnerung weiterleben wird, umso mehr, als ich selbst voller Sehnsucht und Ungeduld so lange Zeit und immer wieder enttäuscht darauf warten musste, sodass mir das erste Furtwängler-Konzert schließlich zum historischen Geschehen wurde.

Natürlich dachte ich auch daran, dass ich die Plätze möglicherweise wirklichen Musikkennern wegnahm, doch tröstete mich der Gedanke, dass die Karten für das erste Furtwängler-Konzert wohl nur zum geringsten Teil in berufene Hände gelangen würden. Ein wenig war es also auch mein schlechtes Gewissen, das mir den glücklichen Gedanken eingab, wahrhaft Berufene einzuschmuggeln, um sie auf den Plätzen meiner Kinder die feierlichen Stunden miterleben zu lassen. Dass ich dabei gerade an einen Dichter geraten würde, konnte ich natürlich nicht ahnen.

Der Inhalt Ihres offenen Briefes an Furtwängler hat mir große Freude gemacht und mich zugleich auch tief beschämt, sodass es mir nun erst recht unmöglich geworden ist, mich Ihnen zu erkennen zu geben. Ich muss schon eine geraume Zeit verstreichen lassen, bis der Inhalt Ihres offenen Briefes wieder in Vergessenheit geraten ist.

Genau wie Sie beschäftigt mich seit Jahren nichts so sehr wie der Gedanke, wie man dem deutschen Volk helfen könne, damit ihm die Welt, ob sie will oder nicht, wieder Achtung entgegenbringen muss. Ich war mir immer bewusst, dass das nur im Geiste Beethovens und am allerehesten im Banne seiner Musik würde geschehen können. Ebenso war ich mir über die Voraussetzungen im Klaren, die alleine geeignet sind, dem deutschen Volk wieder zu Ansehen und Würde zu verhelfen, diese Voraussetzungen sind unlösbar verbunden mit dem Geiste absoluter Anständigkeit und unbedingter Wahrhaftigkeit.

Ihr offener Brief zeigte mir, welch tiefes Erlebnis das erste Furtwängler-Konzert auch für Sie geworden ist. Das hat mich sehr gefreut. Für mich bedeutete Furtwänglers Wiederkehr so etwas wie das eigentliche Kriegsende und den Beginn einer neuen Zeit. Hierfür sind Ihre ganz ähnlichen Gefühle ein sichtbares Zeichen. Ich sage Ihnen dafür meinen ganz besonderen Dank, vorläufig weiter

als ›Der fremde Herr‹.«

SCHNAPS,
DAS WAR SEIN LETZTES WORT –
DANN TRUGEN IHN DIE ENGLEIN FORT!

Diese intensiven Eindrücke und die tägliche Nähe meines Vaters vermisste ich in Karolinenhof sehr. Er hat mich schon als Kind stark geprägt, und meine Liebe zu ihm war besonders groß! Ostern 1948 hielt mich nichts mehr in Karolinenhof. Ich wollte wieder bei meinen Eltern leben, ich wollte nach Berlin. Also packte ich meinen Ranzen und meine Siebensachen und machte mich auf den Weg dorthin, den ich ja schon von unseren »Schmuggeltouren« kannte. Meiner Mutter sagte ich, ich hätte mich in der Volksschule in Schmöckwitz abgemeldet. Sie meinte daraufhin, dann müsse sie mich eben in Schöneberg anmelden. So einfach war das! Nach den Osterferien fiel mein Fehlen in der alten Klasse in Schmöckwitz zunächst gar nicht auf. Alle dachten, ich wäre krank, und erst nach drei Wochen fragte die Lehrerin bei Detta an, wo ich denn bliebe. Jetzt fiel mein Schwindel auf, und es gab ein großes Geschrei. Wo denn die Schulbücher seien, und überhaupt, wo käme man denn hin, wenn alle Kinder selbst bestimmen könnten, wo sie zur Schule gingen! Das Problem für mich waren die Schulbücher, denn die mussten zurück. Ich hoffte, meine Eltern würden diese Aufgabe Detta übertragen. Aber da hatte ich mich geirrt. Meine Mutter schrieb einen Brief und meldete mich offiziell ab. Diesen Brief musste ich selbst mit den Schulbüchern in meine alte Schule bringen. Entscheidungen alleine zu treffen, das reiche nicht aus, erklärte sie. Ich müsse auch selbst zu den Folgen stehen! Das habe ich mir gemerkt.

Nun war ich also in Berlin, im Amerikanischen Sektor bei meinen Eltern. Die Wohnung war inzwischen notdürftig repariert worden, die Fenster mit Pappe und Igilit, einem Kunststoff, der in der Nachkriegszeit Blech und Glas ersetzte. Wir hatten vor allem Platz. Ich hatte sogar ein richtiges Bett für mich und mehr Raum als in den Jahren zuvor. Ein Traum!

Unsere Wohnung lag in einem typischen Altberliner Haus mit großem Eingang für die »Herrschaften« und einem eigenen Lieferanteneingang. Vor dem Krieg muss es wohl ein elegantes Treppenhaus besessen haben; jetzt wirkte es sehr nüchtern, beinahe traurig. Auch einen Teppich gab es nicht mehr auf der Marmortreppe. Die Fenster waren zerstört, und die Lampen brannten nicht. Aber man konnte sich glücklich schätzen, wenn man in diesem Haus eine Wohnung hatte. Durch eine schöne große Eingangstür kam man in die Diele. Die Räume waren herrschaftlich groß und hatten eine imposante Höhe von mehr als dreieinhalb Metern. Die Decken waren an den Rändern mit Stuck verziert. Links das erste Zimmer war unbewohnbar. Es hatte keine Fensterscheiben. Die Fensterrahmen waren mit Pappe vernagelt. Der Raum stand voller Kartons und Möbel. Die hatte mein Vater gleich nach dem Krieg gekauft, als meine Eltern schon nach Schöneberg gezogen waren. Die Währung war Schnaps – »Schnaps, das war sein letztes Wort, dann trugen ihn die Englein fort«, sang man damals. Auf viele solcher Menschen muss mein Vater wohl gestoßen sein und Schnaps gegen Möbel getauscht haben.

Das nächste Zimmer war das so genannte Herrenzimmer, in dem ein Sofa mit zwei schweren Ledersesseln sowie ein großer runder Marmortisch standen. Dort arbeitete mein Vater. Überall lagen Stapel von Zeitungen und Stöße beschriebenen Papiers. Ein großes Grammophon mit Schalltrichter stand an der Seite. »His Master's Voice« stand darauf. Dieses Grammophon musste man mit einer Handkurbel aufziehen. Dann spielte es etwa sechs Minuten lang. Danach war die große Schellackplatte aber auch zu Ende. Eine Beethoven-Symphonie bestand, wenn ich mich richtig erinnere, aus fünf bis zehn Platten. Aber es war Musik!

Die nächste Tür führte in eine lange Diele. Rollschuhlaufen hätte ich können, wenn ich nur gedurft hätte. Diese langen Dielen waren typisch für die Altberliner Wohnungen. Auf der linken Seite führten zwei große Zimmer zur Straße hinaus. Das erste Zimmer war das Esszimmer, in dem auch ein kleiner Flügel stand. Diesen Flügel gab es schon, als ich mit acht Jahren beschloss, nach Berlin umzusiedeln. Er war jedenfalls für mich ein starkes Argument, denn in Karolinenhof hatte ich mit dem Klavierspielen angefangen. Das heißt, meine Mutter hatte in der Nachbarschaft eine Dame entdeckt, die ein Klavier besaß und auch noch gut darauf spielen konnte. Da durfte ich hingehen und erhielt meine ersten Weihen im Klavierspiel. In Schöneberg war alles besser. Gegenüber unserer Wohnung lebte eine ausgebildete Klavierlehrerin, bei der ich lernen durfte, und ich hatte einen Flügel zum Üben.

Das Esszimmer war unser Hauptaufenthaltsraum. Darin standen ein Buffet, wie man die Anrichte nannte, eine schöne Glasvitrine und ein ausziehbarer Tisch. Das wichtigste an diesem Zimmer aber war der Kachelofen, den man heizen konnte. Die anderen Räume, bis auf die Küche, waren mehr oder weniger kalt. Auch gab es eine Schiebetür zum Zimmer unseres Vaters. Auf der anderen Seite der Diele gab es ein Kinderzimmer, ein Badezimmer und eine Küche, die alle zum Hof hinaus gingen. Im Bad stand eine Wanne mit fließendem Wasser, und man konnte, dank eines hohen Boilerofens, sogar das Badewasser heizen. Das war ein unvorstellbarer Luxus! Da störte es nicht, dass die Wand zur Diele reparaturbedürftig war und jeder durch die Schlitze in der Wand von der Diele ins Badezimmer sehen konnte.

LOBET DEN HERRN!

Am 3. August 1948 wurde Vater fünfzig Jahre, und meine Mutter wollte ihm eine große Freude bereiten. Es war das erste Familienfest, an das ich mich bewusst er-

Der Konkurs im Jahr 1956 war für die gesamte Familie ein existenziell einschneidendes und sehr bedrückendes Ereignis. Für meine Mutter war es mit Abstand am schlimmsten. Sie hatte an ihren Otto geglaubt, und für sie brach eine Welt zusammen. Gesundheitlich ohnehin nicht die Robusteste, hat sie sich davon nie wieder richtig erholt. Trotzdem hielt sie fest zu meinem Vater und half ihm, die Firma auf niedrigerem Niveau neu aufzubauen. Bei einigen Geschäften konnte sie die Mietverträge übernehmen und mit einigen treuen Mitarbeitern wieder neu anfangen.

Obwohl Ulrich nach seinem glänzenden Abitur unbedingt Betriebswirtschaft studieren wollte, erwarteten die Eltern, dass er in der Firma arbeitete und mithalf. Es gab große Auseinandersetzungen. Man einigte sich schließlich darauf, dass er zu Hause wohnen bleiben durfte, in dem Zimmer, in dem die Jungs nach wie vor zu dritt lebten (Gustav war dreiundzwanzig, Ulrich neunzehn, Siegfried dreizehn Jahre). Dafür musste er jedoch bei Eggebrecht jeden Abend von neunzehn bis dreiundzwanzig Uhr »Dienst machen«. Die Eggebrecht-Weinstuben waren nach dem Konkurs zu einer gutbürgerlichen Hähnchenbraterei mit Flaschenverkauf umfunktioniert worden. Tagsüber studierte Ulrich.

Ich ging weiter zur Schule und kämpfte mich die restlichen drei Jahre bis zum Abitur durch. Früher in der Luisenstiftung war ich zwar auch keine besondere Schülerin gewesen, hatte aber nebenher viele Dinge gemacht, die mir Spaß machten, wie Tennisspielen und Tanzen. Jetzt war ich schlecht in der Schule, weil mir die Schule egal und nebensächlich war, denn zu Hause spielte sich so viel Bedrohliches ab, das meine ganze Aufmerksamkeit in Anspruch nahm. Ich musste neben der Schule den Abendverkauf am Innsbrucker Platz übernehmen. Das Abitur sollten wir nach Möglichkeit alle vier machen, doch an ein Studium für mich hätten meine Eltern damals nie gedacht. Als ich das Abitur 1959 geschafft hatte, habe ich es selbst nicht ernsthaft in Betracht gezogen.

Die Atmosphäre zu Hause wurde immer bedrückender. Die Zuckerkrankheit meines Vaters verschlimmerte sich. Er verlor oft die Beherrschung und reagierte unkontrolliert. Gemeinsame Familienessen gab es fast nur noch am Sonntag, und das beherrschende Thema war stets das Geschäft. Detta kochte für alle und richtete die Wäsche. Die Eltern arbeiteten im Geschäft, um die Familie zu ernähren. Die hohen Prämien für die Lebensversicherungen, die vor Jahren für meinen Vater abgeschlossen worden waren, mussten unbedingt bezahlt werden. Sie waren die einzige Altersversorgung unserer Eltern. Krankenversicherungen bestanden damals schon nicht mehr. Ein existenzieller Wahnsinn!

ABER DAS LEBEN GEHT WEITER!

Ulrich hatte sich 1955 mit Friedel, der älteren Schwester von Hans, angefreundet. Die beiden waren ein verliebtes Paar. Sie gingen oft gemeinsam in die »Theater der Schulen«, eine hervorragende Berliner Einrichtung der damaligen Zeit. Dies war für Ulrich und Friedel eine schöne Möglichkeit, sich abends zu treffen. Meine Eltern fanden, Ulrich könnte doch seine Schwester mitnehmen, und Friedels Eltern meinten, auch Hans würde es nicht schaden, mitzukommen. So gingen wir dann, mit dem

Segen der Eltern, zu viert aus, wobei Hans und ich immer nur die Begleitung spielten. Hans hat in seinem Kalender am 14. 12. 1955 notiert: »*Biberpelz* im Maxim-Gorki-Theater mit Fournette gesehen.« Am 20. 12. 1955: »*Don Carlos* im Deutschen Theater Berlin.«

Ich kannte Hans schon seit meinem vierzehnten Lebensjahr, als ich ihn in meiner ersten Tanzstunde in der Tanzschule Sommer traf und als Ulrichs Freund und Klassenkameraden wiedererkannte. Doch damals hat er nicht einmal mit mir getanzt.

Im Januar 1956 waren Friedel, Ulrich, Hans und ich das erste Mal chinesisch essen, im Kanton am Stuttgarter Platz. Hans weiß noch heute, welches Kleid ich trug, und sogar, welche Form der Ausschnitt hatte. Doch mir gegenüber verhielt er sich damals so, als interessiere er sich nicht besonders für mich. Und ich selbst habe ihn zu dieser Zeit noch gar nicht als Jungen bemerkt. Wir waren halt die Begleitung für unsere Geschwister, und der Abend machte uns Spaß. Ende Januar 1956 veranstalteten wir eine Party zu Hause, zu der wir ein paar Freunde eingeladen hatten. Friedel und Hans waren natürlich auch da. Wahrscheinlich wollte meine Mutter Friedel kennen lernen. Es war das erste und letzte Fest unserer Jugend zu Hause, denn mit dem Konkurs war unsere Jugend schlagartig zu Ende.

Am 2. August 1956 weckte Hans mein Interesse. In meiner Rede zu seinem fünfzigsten Geburtstag im Jahr 1987 habe ich das wie folgt geschildert:

»Als ich dich in deiner Studentenzeit näher kennen lernte, waren es so ganz andere Eigenschaften, die mir an dir gefielen. Einen tiefen Eindruck hat der 2. August 1956 bei mir hinterlassen. Damals ist mein Herz das erste Mal über dich gestolpert! Du erinnerst dich, es war der Vorabend des Geburtstages meines Vaters. Deine Eltern und Schwestern waren verreist, bei uns zu Hause herrschten große Sorgen, und du hattest Ulrich eingeladen, um ein paar Jazzplatten zu hören. Ich weiß nicht, aus welchem Grund du ihn gebeten hattest, seine jüngere Schwester, also mich, mitzubringen! Ich hielt diesen Vorschlag jedenfalls für einen sozialen Zug. Aber dass ich dich an diesem Abend noch als einen furchtlosen, aufrechten und mutigen jungen Mann kennen lernen sollte, das habe ich mir am Anfang noch nicht träumen lassen. Was war geschehen? Mein Vater rief abends gegen 22.00 Uhr bei dir an und verlangte Ulrich zu sprechen, der schnellstens nach Hause kommen sollte. Da es regnete, zog er deinen Anorak an und fuhr mit deinem Rad, er hatte ja auch die Absicht, bald wieder zurückzukommen. Wir beide merkten gar nicht, dass er nicht kam, so spannend waren die Jazzplatten! Um zehn Minuten vor Mitternacht klingelte abermals das Telefon. Ulrich fragte, ob ich nicht nach Hause kommen wolle, der Vater habe doch gleich Geburtstag. Mir war sofort klar, dass es ein kaum gutzumachender Frevel war, um Mitternacht nicht zu Hause zu sein und Vater im Kreise der Familie hochleben zu lassen. Tatkräftig und entschlossen griffst du Ulrichs Mantel – als Ersatz für deinen Anorak –, dieser Mantel reichte dir bis zu den Knöcheln, suchtest einen Schirm, da es immer noch fürchterlich regnete, fandest aber nur einen japanischen Papyrusschirm und brachtest mich schnellstens nach Hause. Die Berliner Nachtschwärmer, die uns damals begegneten, müssen uns für ein drolliges Paar gehalten haben. Du sahst aus wie ein japanischer Landpfarrer, der fürsorglich ein kleines Mädchen beschirmte.

Als wir an unserer Haustür ankamen, bestandest du darauf, mich hinaufzubegleiten. Mein Vater öffnete sehr erbost die Tür, er hatte wohl mit meinem, aber nicht mit deinem Erscheinen gerechnet. Noch ehe er etwas sagen konnte, gratuliertest du ihm zum Geburtstag. Und das als erster Gratulant, zehn Minuten nach Mitternacht! Denn alle anderen waren ob des väterlichen Zorns verstummt. Die Situation war gerettet!

Mir imponierte dein Verhalten damals sehr. Es zeugte von Mut und Aufrichtigkeit. Welche deiner vielen Charaktereigenschaften mich nun wirklich an dich fesselten, das kann ich gar nicht so genau sagen. Du warst anders als die anderen Jungens.«

In den Wochen danach sahen Hans und ich uns öfter. Friedel und Ulrich waren auch immer dabei. Unsere Eltern glaubten noch immer, dass wir nur die Begleitung der beiden älteren Geschwister waren. Und das waren wir ja auch. Friedel und Ulrich gingen zärtlich zusammen voraus, wir beide verständnisvoll in diskretem Abstand hinterher. Aber wir träumten beide schon damals von mehr!

Wann immer wir konnten, gingen wir ins Kino oder spazieren, in Konzerte oder ins Theater, ins Museum oder auf Schülerbälle. Später besuchten Hans und ich uns auch gegenseitig zu Hause. Ich fühlte mich in seiner Nähe immer geborgener und sicherer. Auch übte sein Elternhaus eine große Anziehungskraft auf mich aus. Seine Eltern wohnten zwar in einer noch kleineren Wohnung als wir, aber es herrschte dort eine ruhige, ausgeglichene und liebevolle Atmosphäre. Hans' Vater war Professor für Japanologie an der Humboldt-Universität in Ost-Berlin, wohnte aber mit seiner Familie in West-Berlin in Friedenau – zirka zwei Kilometer von meinem Elternhaus entfernt – und fuhr jeden Tag zur Arbeit in den Ostteil der Stadt. Hans' Mutter, die in Korea geboren war und eine japanische Mutter hatte, kümmerte sich ausschließlich um die Familie. Sie war immer ein ruhender Pol im Haus. Nach dieser Harmonie sehnte ich mich sehr.

1957, mit siebzehn, musste ich mich an den Mandeln operieren lassen. Ich weiß noch, dass ich ganz allein ins Krankenhaus gefahren bin. Mein Vater schrieb mir von einer Geschäftsreise eine Karte, meine Mutter kam mich in diesen sechs Tagen nur ein Mal besuchen. Ich habe versucht, es zu verstehen, aber es war doch schmerzlich für mich. Umso mehr habe ich mich gefreut, dass Hans mich regelmäßig besuchte.

In diesem Sommer sind wir oft alle zusammen – Ulrich, Friedel, Hans und seine jüngste Schwester Eva, Siegfried sowie Detta und ich – mit der S-Bahn zum Gartengrundstück nach Karolinenhof gefahren. Das waren immer unbeschwerte und glückliche Wochenenden. Mitte Juni 1957 waren meine anderen Geschwister mit Detta und den Zachert-Geschwistern dort. Es wurde viel Federball gespielt. Ich durfte wegen der eben überstandenen Mandeloperation nicht gleich mitfahren. Am nächsten Tag aber hielt mich nichts mehr zu Hause, und ich fuhr, ohne den Eltern Bescheid gegeben zu haben, zu den anderen nach Karolinenhof. Wenige Stunden später kam mein Vater mir nachgefahren. Wir hörten ihn schon von weitem, da er den unverwechselbaren »Fournes-Pfiff« hören ließ. Nach dem Konkurs hatte er kein Auto mehr und kam deshalb von Berlin mit der S-Bahn, um seine Tochter zurückzuholen. Ich hatte trotz meiner siebzehn Jahre eine furchtbare Angst, dass er mich schlagen würde, weil ich ihn nicht um Erlaubnis gefragt hatte! Doch mein Vater kehrte ganz ruhig mit mir zurück und erzählte mir in der S-Bahn, dass meine Mutter so traurig sei, dass keines ihrer Kinder am Sonntag zu Hause gewesen sei, um mit ihnen zu frühstücken, und ich nicht einmal vorher Bescheid gesagt hätte. Meine Eltern und ich fuhren anschließend gemeinsam in die Eggebrecht-Weinstuben zum Mittagessen. Am Nachmittag durfte ich dann endlich wieder nach Karolinenhof zurück, zu den anderen und vor allem zu Hans! Da der nächste Tag der 17. Juni war, damals ein Feiertag, konnten Hans und ich den lauen Sommerabend unter dem Sternenhimmel verbringen. Dieses Wochenende hat uns noch enger verbunden. Wir waren beide noch halbe Kinder, die gemeinsam eine neue Welt entdeckten. Dieser Abend ist auch so eine Perle in der Perlenkette meines Lebens.

Damals schrieben wir uns sehr viele Briefe. Wenn Ulrich Friedel besuchte, spielte er oft den Kurier. Ich wartete sehnsüchtig auf ein paar Zeilen von Hans, und er freute sich über meine. Unsere ersten Briefe waren noch backfischmäßig verklemmt und ungelenk, auch oberflächlich und ohne tieferen Gehalt. Je mehr mein Vertrauen zu Hans aber wuchs, desto ehrlicher und ernsthafter wurden sie.

Hans erzählte mir auch viel über Japan. Seine Verbundenheit mit dem Land, in dem er geboren und die ersten zehn Jahre seines Lebens aufgewachsen war, war sehr stark. Er war mit dieser Kultur eng vertraut, da er von einem japanischen Kindermädchen erzogen worden war und durch sie die Sprache gelernt hatte. Er machte mir hin und wieder kleine Geschenke, einen Fächer oder ein japanisches Bild. Ich lernte auch einige japanische Vokabeln und versuchte, mit Stäbchen zu essen. Als Hans zwei der heiß begehrten Karten für den »Springenden Punkt« – den Faschingsball der Berliner Studenten – bekam, stand für uns fest, dass wir beide, als Japaner verkleidet, dorthin gehen würden. Hans' Mutter kleidete mich in einen Yukatan mit einem schönen Obi, und meine Mutter spendierte mir großzügig eine Sitzung bei einem Spitzenfriseur, der mir meine langen Haare hochsteckte wie bei einer kleinen Geisha. Friedel schminkte mich, und Hans' Vater lieh uns seinen Wagen. Hans und ich schwebten auf Wolke sieben durch diese Faschingsnacht. Wir tanzten und schmusten weltverloren in großer Harmonie. Als wir am Morgen nach Hause kamen, dachte ich in meinem Innern, wenn ich einmal einen Mann heiraten sollte, dann nur diesen!

Die ersten Monate des Jahres 1958 waren für uns beide sehr glücklich. Hans studierte noch unbekümmert vor sich hin. Ich bekam Anfang des Jahres allerdings wieder einen blauen Brief wegen meiner Leistungen in Französisch, Latein und Mathe. Meine Versetzung in die Oberprima war stark gefährdet. Da meine drei Freundinnen aus der Luisenstiftung – Anka, Katrin und Dackel – in den Osterferien nach Paris fahren wollten, versprach mir mein Vater: »Christel, wenn du die Versetzung schaffst, darfst du nach Paris fahren.« Das war für mich ein großer Ansporn, und die Versetzung gelang – wieder einmal!

Paris machte auf uns Mädchen einen riesigen Eindruck. Wir wohnten in einer Klosterschule für drei Mark die Nacht, inklusive Frühstück! Eine mit Katrins Eltern befreundete Französin fuhr mit uns nach Chartres und sogar an die Schlösser der Loire. Am meisten aber beeindruckte mich das Rodin-Museum. Ich schrieb nach dem Betrachten der Rodin-Skulpturen voller Pathos an Hans: »Ich habe noch nie so stark empfunden, wie sehr ich Dich liebe und wie ich mich nach Dir sehne. Und dass ich nur Dich liebe, Dich allein, und keinen anderen Mann lieben könnte. Und das beunruhigt und ängstigt mich manchmal sehr, diese Ausschließlichkeit.« Diese Ausschließlichkeit hat mich in meinem Leben begleitet und ist zu meiner Stärke geworden.

Als ich aus Paris zurückkam, ging Ulrich für ein halbes Jahr nach Düsseldorf zur Firma Henkel, um dort ein Praktikum zu machen, das er für sein BWL-Studium brauchte. Dies sollte sein endgültiger Auszug aus dem Elternhaus sein. Die beengte Situation im Zimmer der Jungs zu Hause entspannte sich dadurch etwas, aber das Verhältnis meiner Eltern wurde immer gespannter. Mein Vater schrieb Schriftsätze zu seiner Verteidigung im anhängigen Konkursverfahren. Die Akten stapelten sich und lagen überall herum, nicht nur in seinem Arbeitszimmer, sondern auch im Ess- und sogar im Schlafzimmer. Es herrschte Unordnung innen und außen. Wo sollten da Friede und Harmonie herkommen, die man als junger Mensch so dringend braucht? Ich versuchte, das Arbeitszimmer meines Vaters aufzuräumen – und nach drei Wochen harter Arbeit wurde das Ende des Chaos gebührend gefeiert. Nach sechs Wochen sah es allerdings wieder genauso aus wie vorher!

Im Juli fuhren meine Eltern gemeinsam zur Kur in den Schwarzwald. Siegfried und ich blieben mit Detta zu Hause, sollten später jedoch nachkommen, um Vaters sechzigsten Geburtstag zu feiern. Mitte Juli reisten Hans' Eltern mit Friedel und Epi, ihrer jüngsten Tochter, nach Grömitz. Hans hatte zu Hause eine sturmfreie Bude. Diese fünf gemeinsam verlebten Tage waren für uns von großer Bedeutung. Ich kam morgens zum Frühstück und blieb den ganzen Tag bei ihm. Spät abends brachte er mich dann nach Hause. Ich war achtzehn Jahre und er einundzwanzig, und wir lebten tagsüber wie ein junges Ehepaar. In der Liebe allerdings haben wir uns das Entscheidende versagt. Auch Hans war von seinen Eltern nicht aufgeklärt worden. Und wir hätten damals beide kein Kind großziehen können. Es war für uns selbstverständlich, dass man auch zu den Konsequenzen stehen muss. Schwanger durfte ich nicht werden, und von Empfängnisverhütung hatten wir beide keine Ahnung. So nahmen wir diese fünf Tage als Schicksalsprobe und bestanden sie. Für mich hatte sich am Horizont ein künftiges Leben aufgetan, aber es war noch so weit hin bis zu seiner Erfüllung. Später nannten wir diese Tage unsere Flitterwochen auf Probe.

Ende Juli fuhren Siegfried und ich mit dem Bus über Nacht nach Stuttgart zu meinen Eltern. Mein Vater hatte in der Zwischenzeit wieder ein gebrauchtes DKW-Cabrio gekauft, mit dem sie uns abholten. Ich schrieb aus dem Schwarzwald an Hans:

»27. Juli 1958

Als ich gestern Morgen um drei Viertel sieben in Stuttgart ankam, warteten meine Eltern schon, und aus lauter Freude darüber, dass ich da war, wollte mein lieber Vater mir etwas ganz Besonderes zuteil werden lassen und mir sogleich die Gegend zeigen, was er dann auch tat. So fuhr ich nicht einmal nach Freudenstadt, um mich nach der Nachtfahrt zu waschen und umzuziehen, sondern über Pforzheim nach Mainz, wo wir das Grab meines Großvaters besuchten! Ursprünglich wollte Vater sogar bis Frankfurt fahren, um dort noch einen Freund zu besuchen, aber da unser Auto mit einer Glühzündung auf diese ›schonende Behandlung‹ reagierte, kamen wir leider nicht so weit. In einer dürftigen Reparaturwerkstatt stellte man fest, dass die Feder, die die Benzinzufuhr reguliert, gebrochen war, beziehungsweise nicht mehr vorhanden war, sodass das Benzin immer weiterlief. Mein Vater schloss daraus auf ›Fournische Art‹, dass man jetzt halt einfach nur mit Vollgas zu fahren braucht, damit das Benzin, das hineinläuft, immer gleich verbraucht wird. Na ja, die Fahrt kannst Du Dir vorstellen. Ich hab es vorgezogen zu schlafen, dann wäre die Beförderung in den Tod nicht ganz so aufregend gewesen. Aber das Tollste war, dass wir es bis Freudenstadt geschafft haben und sogar noch weiter bis nach Alpirsbach zu einem festlichen Konzert, das uns für die Aufregung entschädigt hat. Es war wirklich das Schönste, was ich jemals gehört habe. (Es war das Kammerensemble I Musici di Roma). Es wurde im Kreuzgang eines alten Klosters gespielt, nur bei Kerzenbeleuchtung. Die Künstler traten im weißen Dinnerjacket auf. Allein das Bild war berauschend schön. Es sollen die besten Solisten Italiens gewesen sein, die italienische Kammermusik von Corelli, Vivaldi und Puccini gespielt haben. Es war überwältigend. Das war wieder das Rührende und Liebenswerte an meinem Vater: Er wollte unbedingt, dass ich dies miterlebe, obwohl die Karten ein kleines Vermögen gekostet hatten.«

Meiner Mutter wurde dies alles zu viel, was ich heute gut verstehen kann. Sicherlich war nicht dieser Tag allein der Grund für ihre tiefe Verzweiflung, wie es mit ihrem Mann weitergehen würde. Auch mein Vater sah seinem sechzigsten Geburtstag sehr niedergeschlagen entgegen. Als junger Mann hatte er sich diesen Lebenshöhepunkt einmal ganz anders vorgestellt. Mit seinen beiden ältesten Söhnen lebte er nicht gerade in großer Harmonie. Beide hatte er bis jetzt nicht zu seinem Geburtstag eingeladen. Seine geliebte Frida fühlte sich offensichtlich nicht glücklich an seiner Seite, und als Geschäftsmann konnte er zwei Jahre nach dem Konkurs zwar seine Familie wieder ernähren, aber nicht so, wie er sich das gewünscht hätte. Mit sechzig Jahren hatte er ursprünglich als wirtschaftlich und finanziell unabhängiger Kaufmann in die Politik gehen wollen. Ich versuchte in diesen Tagen, meinem Vater ein wenig aus seiner Untergangsstimmung herauszuhelfen, und konnte ihn davon überzeugen, dass auch seine beiden großen Söhne ihn lieb hätten und sich freuen würden, wenn er sie einladen würde. Er telefonierte am gleichen Abend mit Gustav in Berlin und mit Ulrich in Düsseldorf. So trafen wir uns alle am 2. August 1958 in München und feierten einen Tag später Vaters sechzigsten Geburtstag. Keiner von uns ahnte, dass es sein letzter war.

Als wir von der Reise zurückkamen, merkten meine Eltern, dass die Beziehung zwischen Hans und mir ernster geworden war. Wir trafen uns jetzt immer häufiger und unabhängig von Ulrich und Friedel. Meine Eltern schlugen vor, mich mit Hans um unser verwahrlostes Grundstück in Berlin-Lichtenrade zu kümmern. Dieses

Grundstück mit Haus hatte mein Vater vor dem Krieg für seine alten Eltern gekauft, aber das Haus wurde zerbombt, noch bevor es bezogen wurde. Das herrliche Obstgrundstück lag seit der Zeit brach und verwilderte zusehends. Hans war von der Idee genauso begeistert wie ich. Von nun an fuhren wir jedes Wochenende mit dem Fahrrad nach Lichtenrade, um umzugraben, zu pflanzen, Unkraut zu jäten und uns in einer langen Mittagspause zwischen schützenden hohen Sträuchern ausgiebigst von unseren Strapazen zu erholen. Mutter hatte uns immer ein herrliches Picknick mitgegeben und eine Flasche Wein. Wir fuhren mit dem Segen meiner Eltern. Dass Hans in dieser Zeit für sein Studium und ich für mein Abitur hätten arbeiten müssen, kam uns immer nur dann in den Sinn, wenn wir mit unseren Rädern an der Bushaltestelle vorbeifuhren und dort einen Freund trafen, der auf dem Weg zur Unibibliothek war. Aber wir verdrängten solch unliebsame Gedanken und freuten uns lieber darauf, dass mein Vater mit uns in die Oper gehen wollte, wenn wir in Lichtenrade die ersten Pflanzen gesetzt hätten, was er auch tat. Das Grundstück war für uns ein kleines Paradies, und meine Eltern freuten sich an unserem Glück. Bis in den Oktober fuhren wir jedes Wochenende nach Lichtenrade.

Im September 1958 zog Gustav aus dem Elternhaus aus. Ulrich kam Anfang November von Düsseldorf nach Berlin zurück, um sein Studium fortzusetzen. Er suchte sich ein eigenes Zimmer und zog nicht wieder zu Hause ein. Auf der einen Seite reagierten die Eltern beleidigt, auf der anderen Seite konnte ich meine Brüder verstehen, denn sie hatten nie ein eigenes Zimmer gehabt, in das sie sich ihrem Alter entsprechend zurückziehen konnten.

Für Siegfried und mich entkrampfte das die häusliche Situation entschieden. Jetzt hätte für die ganze Familie wieder eine bessere Zeit anbrechen können. Die Eltern hatten wirtschaftlich wieder Boden unter den Füßen, ich stand ein halbes Jahr vor dem Abitur. Da wurde ich krank. Ich klagte über Kopfschmerzen, meine Beine, mein Rücken, meine Knochen, alles schmerzte, und ich hatte oft Fieber. Mein Blutbild war beunruhigend schlecht, und ich kam Anfang Dezember 1958 ins Krankenhaus. Die Ärzte stellten mich buchstäblich auf den Kopf und untersuchten alles, was für meinen Zustand ursächlich hätte sein können. Ich hatte eine schwere Entzündung im Körper, aber die Ärzte wussten nicht wo. Zuletzt stießen sie auf eine vereiterte Nasen- und Stirnhöhle, die Rheuma und Herzbeschwerden ausgelöst hatten. Unabhängig von meiner körperlichen Verfassung stand ich auch seelisch stark unter Druck. Zum einen bedrückte mich mein Abitur, das immer näher rückte, wobei mir meine Wissenslücken von Tag zu Tag stärker bewusst wurden, zum anderen sehnte ich mich nach einem harmonischen Zusammenleben mit Hans, das aber auf Jahre nicht zu realisieren war, wobei ich noch nicht einmal wusste, ob er es auch so ausschließlich wünschte wie ich.

Die Spannungen, verbunden mit meiner schlechten körperlichen Verfassung, führten zu einer schweren Krise. Heute würde man sagen, dass ich unter Depressionen litt. Zum Glück besuchte mich Hans jeden Tag im Krankenhaus und hörte sich meine neurotischen Ideen an. Er nahm sie sogar in Briefform mit nach Hause. Dass er damals vor mir, diesem übergeschnappten Mädchen, keine Angst bekommen und das Weite gesucht hat, spricht für seine Belastbarkeit. Als die Ärzte endlich nach mehr als zwei Wochen meine chronisch vereiterten Nasen- und Stirnhöhlen fanden, wurden diese fast täglich gespült. Mangels HNO-Fachpersonals machten das Dentisten, wohl zum erstenmal, denn es war eine blutige Angelegenheit, bei der sie immer wieder ins Lehrbuch sahen. Am Heiligen Abend holten mich meine Eltern über die Feiertage nach Hause.

Dieses Weihnachtsfest war das letzte, das wir in meinem Elternhaus feierten. Es war sehr schön und besinnlich. Wir waren alle versöhnt und als Familie vereint. Ulrich und Gustav waren ebenfalls gekommen. Das Geschäft ernährte die Familie zum Glück wieder recht gut. Nach dem Abendessen und der Bescherung saßen wir alle dankbar um den runden Biedermeiertisch, ich lag mit Bettzeug auf dem Sofa. Mit einem Mal hatte ich die Vorstellung, dass es das letzte Weihnachtsfest mit meinem Vater wäre, und ich musste furchtbar weinen. Meine Eltern konnten mich gar nicht beruhigen. Ich konnte auch nicht darüber sprechen, was mich so verzweifelt sein ließ. Meine Mutter brachte mich ins Bett und rief Hans an, ob er nicht am ersten Weihnachtsfeiertag zu uns kommen könnte. Sie bat auch Hans' Eltern und Friedel und Epi zu uns, aber da sich unsere Eltern noch nicht kannten, kam Hans allein. Ich erzählte ihm von meiner Angst, meinen Vater zu verlieren, und er tröstete mich und versprach, niemandem davon zu erzählen.

Bevor sie mich nach den Weihnachtsfeiertagen wieder ins Krankenhaus brachte, ging meine Mutter mit mir zu dem bekannten HNO-Arzt Professor Döderlein und ließ mich von ihm untersuchen. Er spülte meine Nebenhöhlen, was ich bei ihm als eine Wohltat empfand im Vergleich zu den Spülungen im Auguste-Victoria-Krankenhaus. Ich habe früh am eigenen Körper gespürt, dass es »so ne« und »solche« Ärzte gab. Professor Döderlein meinte, man müsste wohl die Nasen- und Stirnhöhlen operieren, aber zunächst einmal sollte ich in die Berge verreisen, über fünfzehnhundert Meter hoch, damit die ultravioletten Strahlen die alten chronischen Eiterherde auflösten. Vielleicht komme man so um eine Operation herum. Anfang Januar fuhr ich also für vier Wochen nach Pedraces in die Dolomiten. Dort erholte ich mich sehr gut. Der Eiter löste sich. Ich lernte auch Skilaufen, und die schneebedeckten Berge faszinierten mich und ließen mich alle Sorgen und Ängste vergessen. Seitdem weiß ich, wie heilsam Bewegung, Sonne und eine schöne Landschaft für die Seele sind.

Nach vier Wochen kam ich wieder gesund nach Hause und besprach mit meinem Klassenlehrer die Situation. Ich wollte das Abitur machen, obwohl ich beinahe drei Monate nicht in der Schule gewesen war und meine Klasse die schriftlichen Abiturarbeiten schon geschrieben hatte. Er sagte mir, entweder könnte ich das Schuljahr wiederholen und dann im nächsten Jahr zum Abitur antreten oder die Arbeiten in Deutsch, Englisch, Mathe und Latein in zwei Wochen nachschreiben und würde dann vier Tage später mündlich geprüft. Ich musste mich auf der Stelle entscheiden. Ich wählte das sofortige Abitur – zum Glück! Ich arbeitete konzentriert und hart, wie ich es auf der Sophie-Scholl-Schule noch nie getan hatte. Meine Klassenkameraden, die ihre mündliche Prüfung schon bestanden hatten – die offizielle Abiturfeier war schon Ende Februar –, halfen mir dabei. Sie gaben mir Hefte und Manuskripte, übten Englisch und Latein mit mir. Am schwierigsten war Mathematik. Ich schrieb an Hans, der zu dieser Zeit in Praxma in Tirol zum Skilaufen war:

»6. März 1959

Vielen Dank für Deine Briefe. Ich habe mich über beide sehr gefreut. Es ist immer ein kleiner Lichtblick in meiner irrsinnigen Büffelei. Deutsch und Englisch habe ich gut überstanden. In Deutsch habe ich sehr schöne Themen gehabt. Ich habe das dritte genommen, ein Zitat von Saint-Exupéry: ›Die Menschen haben keine Zeit mehr, sie kaufen alles fertig in Warenhäusern, und da es keine Freunde zu kaufen gibt, haben sie keine Freunde mehr.‹ Ich glaube, ich habe ganz gut abgeschnitten. In Englisch habe ich eine Geschichte von Somerset Maugham bekommen. Ich hoffe, es ist einigermaßen gut gelaufen. Bei Englisch kann man das nie so sicher sagen. Die Lehrer sind hundert Prozent korrekt, sagen nichts! Hoffentlich komme ich in Mathe und Latein gut über die Runden. Ich arbeite so viel, wie ich seit mindestens vier Jahren nicht mehr gearbeitet habe. Morgen muss ich noch die gesamte Differenzial- und Integralrechnung machen. In Mathematik ist im letzten Vierteljahr noch viel neuer Unterrichtsstoff durchgenommen worden, und meine Mathematiklehrerin hatte mir ausdrücklich gesagt, dass auch das für mich Prüfungsstoff ist.«

Als ich am 9. März 1959 von der Mathearbeit nach Hause zurückkam, fühlte ich mich sehr befreit und war glücklich. Meine Eltern kamen aus dem Büro, zusammen mit Gustav – der ja bei uns arbeitete – und Siegfried, damit ich berichtete. In Deutsch, das hatte ich im Gefühl, hatte ich eine sehr gute Arbeit geschrieben. Englisch und Mathe dürften ausreichend gewesen sein, und morgen Latein würde schon irgendwie gehen!

Mein Vater machte schon Pläne mit mir. Er wollte aus Anlass des bestandenen Abiturs mit seiner Tochter eine Reise machen: zu den großen Restaurants und in die schönsten Gegenden Deutschlands, und er erzählte mir von den Doctor-Weinstuben in Bernkastel an der Mosel und von der Krone in Assmannshausen am Rhein und vom Erbprinzen in Ettlingen im Schwarzwald. Dorthin wollte er mit mir mit dem Cabrio fahren. Während er redete, fing er plötzlich an zu lallen. Seine Zunge war ganz schwer. So kannte ich meinen Vater gar nicht. Ich konnte ihn kaum noch verstehen. Gustav reagierte zuerst. Er meinte, Vater hätte Unterzucker und falle ins Koma. Mutter versuchte, unseren Hausarzt zu erreichen. Aber es war Mittag, und niemand ging ans Telefon. Irgendjemand rief den Notarzt an, und die Feuerwehr kam. Mein Vater konnte nicht mehr das Gleichgewicht halten und kaum stehen, geschweige denn gehen. Auch konnte er kaum noch sprechen. Aber er ließ sich nicht auf einer Trage aus der Wohnung bringen und schickte die Feuerwehrleute wieder weg. Vielleicht hätte man gleich am Anfang seines Schlaganfalls noch helfen können, aber die Chance hatte er selbst vertan. Er war zu eigensinnig und stolz – und wir zu schwach, um uns gegen ihn durchzusetzen.

Wir legten ihn ins Bett. Um drei Uhr kam der Hausarzt und gab ihm eine Spritze. Er meinte, mein Vater wäre nicht mehr transportfähig, es würde wohl schnell zu Ende gehen. Meine Mutter sagte, ich solle jetzt nicht Latein lernen, sondern lieber ein bisschen spazieren gehen. Ich ging zu meiner Französischlehrerin und erzählte ihr, was passiert war.

Als ich nach Hause zurückkam, berichtete mir meine Mutter, was inzwischen geschehen war. Vater hatte eine Weile geschlafen, aber dann wachte er auf und glaubte, er wäre gesund, und ließ sich von niemandem abhalten, sich wieder anzuziehen, mit Anzug, Krawatte und Schuhen. Er ging rüber ins Büro und diktierte wichtige Geschäftsbriefe. Die Sekretärin und die Büroangestellten waren bisher noch nicht informiert, sie merkten alle nichts. Das einzige, was der Sekretärin auffiel, war, dass Vater immer daneben griff, wenn er einen Gegenstand in die Hand nehmen wollte. Danach kam er wieder in die Wohnung, zog sich mit Mutters Hilfe aus, und die Jungs legten ihn ins Bett. Es war natürlich ein großer Fehler der Familie zuzulassen, dass er aufstand. Aber keiner von uns hatte den Mut, sich seinem unbändigen Willen entgegenzusetzen. Von nun an ließen wir ihn nicht mehr allein. Der Arzt kam am Abend noch einmal und sagte uns, dass das ein Wahnsinn gewesen sei. Vater dürfe das Bett nicht mehr verlassen. Inzwischen war er halbseitig gelähmt, und trotzdem hatten wir Angst, dass er versuchte, sich aus dem Bett zu rollen. Die ganze Nacht wechselten wir uns an seinem Lager ab. Am Morgen küsste ich meinen Vater, sagte ihm alles Liebe und ging zur Schule, um meine letzte Abi-Arbeit, Latein, hinter mich zu bringen. Auf dem Flur traf ich meine Französischlehrerin. Sie fragte mich nur: »Lebt Ihr Vater noch?«

»Ich weiß es nicht«, war meine Antwort, »als ich ging, lebte er noch!«

Ich saß vor meinem Lateintext, als ob es Chinesisch wäre. Nicht nur, dass ich alles vergessen hatte, was ich je gelernt hatte, ich verlor auch meinen gesunden Menschenverstand und schrieb Sätze nieder, die jeder Vernunft entbehrten. An einen Satz kann ich mich heute noch erinnern: »Cäsar, der auf einem Pferd geboren war…«, schrieb ich doch allen Ernstes hin, ohne den Blödsinn zu bemerken, statt: »Cäsar, der in den Reiterstand geboren war…«. Mein Lehrer merkte nach kurzer Zeit, dass ich nicht fähig war, mich zu konzentrieren. Ich sagte ihm den Grund, und er bot mir an, das Abitur im nächsten Jahr zu wiederholen. »Nein«, sagte ich, »jetzt oder nie!« Ich mühte mich noch um ein paar Sätze und gab dann nach kurzer Zeit ein mehr oder weniger leeres Blatt ab. Ich eilte nach Hause zu meinem Vater; er lebte noch.

Inzwischen hatten meine Brüder mit meiner Mutter die Musiktruhe mit dem Plattenspieler ins Schlafzimmer geschleppt und spielten ihm seine Lieblingssymphonien vor. Das zähmte seinen unbändigen Willen und weckte viele Erinnerungen. Als ich nach Hause kam, hörte ich Musik. Ich ging zu meinem Vater und berichtete ihm von meiner Lateinarbeit. Er sagte: »Das macht nichts, ich prüfe dich jetzt in Musik.«

Ich sollte ihm die ersten drei Töne aus dem dritten Satz von einem Mozart-Divertimento vorsingen. »Mädchen, bei mir hast du das Abitur bestanden, und nur das ist wichtig.« Das alles konnte er nur noch lallend und mit schwerer Zunge sprechen.

Mutter kochte ihm seine Lieblingsspeisen und schob

sie ihm in kleinen Häppchen in den Mund. »Das schmeckt wie Engelsbrüstchen«, pflegte er zu sagen, wenn etwas besonders gut war. Mutter und ich legten uns abwechselnd neben ihn ins Bett. Die Familie war wieder ganz eng beisammen. Als er die zweite Nacht auch überlebte, kam er auf ärztliche Empfehlung ins Krankenhaus.

Drei Tage später musste ich zur mündlichen Prüfung. Meine Lateinarbeit hatte natürlich die Note Fünf. Hans brachte mich zur Schule und wartete auf mich. Ich wurde in Französisch geprüft und bestand. Mein Abitur hatte ich geschafft, wenn auch ohne Latinum. Im Traum hat mich diese Abiturprüfung noch oft verfolgt.

Wie gut, dass ich das Abitur damals trotz allem gemacht habe, denn das Jahr 1959 sollte noch Schweres bringen. Ein Jahr später hätte ich es nicht mehr gepackt. Und das Abitur war wichtig für mein weiteres Leben, auch wenn ich nicht studiert habe.

Die Zeit nach dem Abitur war bestimmt von der Sorge um meinen Vater. Wir wollten ihn nicht allein im Krankenhaus lassen, und er wollte auch nicht allein sein. Er war nach wie vor auf der rechten Seite gelähmt und versuchte immer, sich mit der gesunden Seite aus dem Bett zu werfen. Wenn niemand bei ihm war und aufpasste, mussten die Krankenschwestern ein Gitter vor seinem Bett anbringen. Durch den Schlaganfall war auch sein Gehirn in Mitleidenschaft gezogen worden. Er sprach nur noch von der Familie, das Geschäft gab es für ihn nicht mehr. Meine Mutter fand eine ältere Krankenschwester für die Nacht, Eleonore, eine sehr lebenserfahrene und gebildete Frau, die von acht bis acht, also zwölf Stunden, bei unserem Vater blieb. Ich kam am Morgen und löste sie ab und blieb dann bis zum Abend.

Denn ich war die einzige, die damals noch ohne berufliche Verpflichtungen war.

Meine Mutter sorgte dafür, dass ich sofort von den Berliner Weinkellereien Eggebrecht & Fournes einen Ausbildungsvertrag als Großhandelskaufmann bekam, der bei der Industrie- und Handelskammer (IHK) gemeldet wurde. Von der Berufsschule wurde ich vorerst befreit. So hatte ich Zeit für meinen Vater und tröstete mich damit, dass ich später alles nachholen dürfte. Meine Mutter und Gustav wurden im Geschäft gebraucht, auch Ulrich half dort neben dem Studium. Sie kamen oft, manchmal täglich für ein paar Stunden, um Vater zu besuchen oder mich abzulösen.

In diesen Stunden am Krankenbett meines Vaters habe ich viel fürs Leben gelernt. Sehr beeindruckend war für mich, dass für diesen sechzigjährigen Mann in den letzten Wochen seines Lebens ausschließlich seine Familie von Bedeutung und Interesse war. Damals erzählte er mir auch von seinen Kindern aus erster Ehe. Er wusste gar nicht, dass ich davon keine Ahnung hatte. Am 25. Mai 1959 feierten meine Eltern ihren zweiunddreißigsten Hochzeitstag. Mutter brachte einen guten Wein und gebratene Täubchen mit. Eleonore sagte zu meinem Vater – sie duzten sich, da sie sich zum Glück so gut verstanden wie Geschwister:

»Otto, nicht wahr, heute Nacht vor zweiunddreißig Jahren hast du mit deiner Frau etwas Großartiges erlebt.« Meine Mutter antwortete, wie aus der Pistole geschossen: »Nein, der Otto musste noch sechs Wochen warten!«

Uns allen war klar, dass mein Vater nicht mehr gesund werden würde. Ulrich sagte einmal voll Sorge zu Hans, wenn Vater noch lange lebe, müsste Mutter auch noch in den Konkurs gehen, denn die immensen Krankenhauskosten mussten wir privat bezahlen. Nach zwei Monaten festen Liegens wurde das gelähmte Bein meines Vaters wund, und trotz liebevoller Behandlung entwickelte sich Wundbrand. Die Ärzte sprachen von Amputation, was für uns alle und für meinen Vater besonders grausam gewesen wäre.

Am 8. Juni war ich wieder bei meinem Vater, träumte von meiner gemeinsamen Zukunft mit Hans und machte gerade Pläne von einem Haus, das man auf dem Grundstück in Lichtenrade einmal bauen könnte, für uns und unsere Kinder. Mein Vater hatte mich in den Tagen davor immer ermuntert und gesagt, er wünsche sich so sehr Enkelkinder! Ob ich denn nicht mit dem Hans reden könnte. »Lässt sich denn gar nichts machen?« Er sehnte sich so sehr nach Kindergetrappel. Wenn ich dann erwiderte, wir wären doch noch gar nicht verheiratet, erinnerte er mich an den Film *Das Haus in Montevideo*, den wir gemeinsam gesehen hatten: »Das macht doch gar nichts, man kann doch auch den Nachtisch vor dem Hauptgang essen!« So träumte ich am 8. Juni vor mich hin, als ich bemerkte, dass im Gesicht meines Vaters ein Äderchen geplatzt war und er ohne ersichtlichen Grund Blut auf der Wange hatte. Auch fing er ganz wirr an zu hantieren und konnte noch schlechter sprechen als sonst. Mir war klar, dass etwas mit ihm passiert war. Ich befestigte das Gitter vor dem Bett, rannte zum Oberarzt und bat ihn zu kommen. Dann lief ich zum Telefon. Ich bat den Mann, der gerade in der Telefonzelle sprach, sein Telefonat zu beenden und rief meine Mutter herbei. Als ich wieder ins Zimmer kam, war der Oberarzt schon da und untersuchte ihn. Er erklärte uns, dies sei jetzt ein Hirnschlag, jetzt brauche man das Bein nicht mehr zu amputieren. Meine Mutter kam gleich mit meinen Brüdern. Wir blieben alle bei meinem Vater, bis zum letzten Atemzug. Zwischendurch konnte er noch einmal ein paar Worte sagen: »Frida, wir sehen uns bald wieder, du brauchst nicht zu weinen!«

Als es zu Ende ging, kam die Oberschwester und betete mit uns allen das Vaterunser. Mein Vater war bereits tot, als Schwester Eleonore zum Nachtdienst erschien. Mutter wusch ihn mit ihr und zog ihm ein frisches Nachthemd an. Dann fuhren wir heim. Am 12. Juni fand die Beerdigung auf dem großen Friedhof an der Heerstraße statt. Mein Vater hatte schon vorher eine Grabstelle neben seinem verstorbenen Bruder Siegfried gekauft. Der Weg dorthin war uns seit Kindheitstagen bekannt. Es war eine große Beerdigung. Erna, Siegfrieds Witwe, und ihre beiden erwachsenen Kinder spielten aus dem *Doppelkonzert für Geigen* von Bach. Willy Schäffers, ein guter Freund der Eltern aus alter Zeit, der Chef des »Kabaretts der Komiker«, hielt im Namen der Freunde die Trauerrede. Ich kann mich an eine Formulierung noch deutlich erinnern: »Otto Fournes hatte ein brennendes Herz, wie eine lodernde Fackel.« – Wie wahr das war, können wir Kinder bestätigen. Oft brannte die Fackel an beiden Enden gleichzeitig. Er hat nur sechzig Lebensjahre gelebt, aber diese sehr intensiv mit aller Freude und allem Schmerz.

In den darauf folgenden Wochen merkte meine Mutter, wie erschöpft ich von den Erlebnissen der letzten Monate war, sie sicherlich nicht minder, aber davon sprach sie nicht. Tapfer führte sie mit Gustavs und Ulrichs Hilfe die Geschäfte weiter.

Meine Freundin Katrin war nach dem Abitur von ihren Eltern für ein halbes Jahr nach Berchtesgaden in ein Töchterheim geschickt worden. Sie hörte dort vom Tod meines Vaters. Die Besitzerin des Heims hatte sie gefragt, ob sie ein Berliner Mädchen wüsste, das sie bis zum September 1959 noch einladen könnte. Katrin schlug mich vor, und so fuhr ich Anfang Juli mit dem Bus nach Berchtesgaden, immer noch in schwarzen Kleidern. Der Busfahrer, der mich in Berchtesgaden-Schönau absetzte, fragte mich, ob ich Trauer trage, und meinte, hier in den Bergen sollte ich sie ablegen, hier könnte ich sie überwinden. Es half mir sehr, dass ich in den Rhythmus des Töchterheims eingebunden war. Vormittags wurden wir Mädchen im Alter von sechzehn bis einundzwanzig Jahren in praktischen Fächern unterrichtet, darunter Kochen, Bügeln, Handarbeit und Servieren. Nachmittags gab es theoretischen Unterricht, von dem ich befreit war. Ich sollte mich erholen und lieber spazieren gehen. Dies tat ich ausgiebig. Ich bin zwischen Mittagessen und Abendbrot bis zu fünf Stunden durch die Berchtesgadener Umgebung gewandert und habe die Wälder, den Königssee und die Berge in mich aufgenommen. Abends habe ich mir mit Katrin das Alpenglühen von Brett, Jenner und Göll angesehen. Die Ruhe und die Schönheit der Berge taten mir wohl.

In meinen Gedanken war ich oft bei Hans, schrieb ihm lange Briefe und strickte ihm einen Pullover. In meinen Träumen hoffte ich immer, dass er mich einmal per Anhalter besuchen würde. Aber es kamen nur Briefe. Meine Mutter besuchte mich einmal für zwei Tage in Berchtesgaden. Sie kaufte mir meine ersten Wanderstiefel mit dicker Profilsohle. Ich bat um die Erlaubnis, schon morgens in die Berge zu gehen. Ich erstieg den Kahlersberg, das Brett und den Göll. Ende August gingen wir mit einigen Mädchen und einer Lehrerin des Töchterheims für vier Tage ins Steinerne Meer. Auf den Watzmann habe ich immer nur voll Sehnsucht geschaut, er war damals der Berg meiner Träume. Um ihn zu besteigen, hätte ich über Nacht wegbleiben müssen, und das war nicht erlaubt. Auch hatte ich meiner Mutter versprochen, keine leichtsinnigen Touren zu unternehmen. Aber die Berge wurden meine Freunde. Auf den Wanderungen vergaß ich meine Trauer und war in Gedanken meinem Vater sehr nahe, was ein Trost für mich war.

Zum Abschluss unseres Kurses fuhr das ganze Töchterheim »Heideneck«, inklusive der Lehrerinnen, für drei Tage im Bus nach Wien. Wie sehr hat mich diese Stadt begeistert! Ich schrieb überschwänglich an Hans:

»6. September 1959 / 23.00 Uhr

Sie ist bezaubernd! Berückend bei Nacht! Sie ist großzügig, elegant, lässig und sprudelt über mit pikanten Überraschungen. Sie lockt in einem alle Sehnsucht hervor, wenn man allein ist, und sie kann einen glücklich machen, wenn ich daran denke, mit Dir zusammen hier ein paar Tage zu leben. Sie ist so schön, wie ein Traum! Sie – die Stadt Wien!

Ich möchte mit Dir einen Bummel machen über die breiten Promenadenstraßen, in einem kleinen Café oder vielleicht in einem Spezialitätenrestaurant etwas plauschen. Ich möchte mit Dir an den prunkvollen, prächtigen Gebäuden vorbeiflanieren, wenn es schummrig wird, in dem raffiniert beleuchteten Stadtgarten etwas lustwandeln und verträumt in den bunt erleuchteten Springbrunnen gucken, und am Abend schlendern wir dann durch das traumhaft erleuchtete schöne Wien.«

Hans fand diesen Brief überkandidelt und ärgerte mich in der Folgezeit oft mit dem Zitat: »Sie, die Stadt Wien!«

In den zwei Monaten, die ich von zu Hause weg war, hatte ich mich gut erholt. Ich meinte, Abstand gefunden zu haben. Von meiner Mutter erhielt ich auch liebe Briefe. Ab und zu klang etwas Sorge über ihre Gesundheit durch, aber ich schob das auf den Schmerz wegen Vaters Tod. Zwei Tage vor meiner Rückfahrt aus Berchtesgaden – Katrins Eltern holten uns ab – schrieb ich noch einen Brief an Hans, der fröhlich sein sollte. Aber schon beim Schreiben merkte ich, dass ich immer noch traurig war und Angst hatte, nach Berlin zurückzukehren:

Alles war noch viel schlimmer, als ich befürchtet hatte. Nicht nur, dass mein Vater nicht mehr lebte, meine Mutter lag im Krankenhaus, und man hatte mir nichts gesagt. Sie hatte in der Zeit, als ich in Berchtesgaden war, eine immer stärkere Bronchitis bekommen. Im August hatte sie mir zwar einen Brief nach Berchtesgaden geschickt, den ich aber erst viel später nach ihrem Tod erhalten habe. Irgendjemand sollte ihn an mich abschicken, hat es aber nicht getan. Sie schrieb mir darin unter anderem:

»Ich werde vielleicht Deine Ausbildung nicht mehr überwachen können. Ich bin sehr krank und muss nach Professor Brugsch, bei dem ich gestern war, dringend ins Krankenhaus. Es wäre einerseits gut, wenn Du dann nicht im Strudel der Aufregungen und weit weg bist, andererseits muss man eben doch allem ins Auge sehen und seine Position halten. Genieße jetzt erst einmal Deine Berchtesgadener Zeit. Jetzt fehlt uns unser starker Vater, der Ja oder Nein sagt. Ich weiß wirklich nicht, was ich Dir raten soll. (Ich wollte 1960 nach England gehen, um das Cambridge Certificate, eine englische Sprachprüfung, zu machen, war aber im Zweifel, wegen meiner Verbindung zu Hans und zum anderen wegen meiner Verpflichtungen zu Hause.) Das liegt vielleicht auch an meinem geschwächten Zustand. Ich kann es immer noch nicht fassen, dass ich alleine bin. Professor Brugsch meint, alle meine Beschwerden kommen vom Herzen.«

Als ich am 15. September nach Hause kam, fuhr ich sofort zu ihr. Sie konnte aufstehen, und wir gingen im Krankenhausgarten spazieren. Sie trug einen Becher bei sich, in den sie den Schleim abhusten konnte, den ihre Lungen und Bronchien produzierten. Sie freute sich sehr, dass ich wieder da war, und noch mehr, dass ich mich so gut erholt hatte. Ich dankte ihr, dass ich nach Berchtesgaden fahren durfte, und ich dankte ihr auch für die herrliche Reise nach Wien. Ich fragte sie nach ihrer Krankheit. Sie sagte, die Ärzte könnten ihr nicht helfen. Sie solle doch im Frühjahr zu einer Kur an die Ostsee fahren.

Sie fragte mich nach meiner weiteren Zukunft, welche Ziele ich hätte. Ich erzählte ihr von der Möglichkeit, nach England zu gehen, um das Cambridge Certificate zu machen. Sie sagte mir: »Das kannst du auch hier machen, dafür brauchst du nicht nach England zu fahren. Willst du nicht heiraten?«

Und ob ich das wollte, aber wie? Hans war noch mitten im Jurastudium. Seit kurzem erst ging er zum Repetitor, um sich auf das Examen vorzubereiten. Ich verdiente noch kein Geld. Ans Heiraten war nicht zu denken, so meinte ich. Doch meine Mutter sah das anders. Sie versprach, ich würde von ihr eine monatliche Unterstützung bekommen. Vielleicht würden Hans' Eltern ihm auch etwas geben. Schließlich bekäme ich ja mein Lehrlingsgehalt und könnte in anderthalb Jahren mit meiner Ausbildung fertig sein. Das war das erste Mal, dass jemand offen mit mir über meine geheimen Wünsche und Träume sprach und mir einen Weg aufzeigte, sie zu realisieren.

Nach einer weiteren Woche kam meine Mutter nach Hause. Die Ärzte im Krankenhaus konnten ihr nicht helfen, doch sagten sie ihr nicht, wie schlimm es um sie stand, und ließen uns Hoffnung. Meine Mutter fing noch an, die Wohnung für uns zu verschönern. Sie suchte für das Biedermeierzimmer neue Fensterdekorationen aus und ließ für den Flügel eine neue Decke nähen. Ich hatte nach meiner Rückkehr die Eggebrecht-Weinstuben übernommen und kümmerte mich um den Einkauf und den gastronomischen Betrieb. Meine Mutter meinte, ich hätte in Berchtesgaden ja einiges gelernt. Ich besprach die Speisekarte mit dem Koch, erstellte den Dienstplan für die Ober, schenkte die Getränke aus und rechnete vor allem die Kasse ab: mit den Ober den Umsatz anhand der Bons, mit dem Koch die Ausgaben anhand der Quittungen. Daneben übernahm ich noch den Abendverkauf in dem kleinen Geschäft am Eingang des Restaurants. Das Führen der Eggebrecht-Weinstuben am Titania-Palast bereitete mir sehr viel Freude. Meine Mutter bemerkte das und unterstützte mich, indem sie mit mir auch für die Weinstuben noch neue Dekorationen aussuchte.

Ich hatte mittags und abends Dienst. Vormittags ging ich oft mit Hans zur Sprachschule, um meine Englischkenntnisse zu vertiefen. Wenn ich nach der Arbeit gegen Mitternacht mit dem Bus nach Hause fuhr, hatte ich die Tageskasse bei mir. Im Schlafzimmer meiner Mutter brannte immer noch Licht. Sie ging nicht eher schlafen, als bis ich zu Hause war. Oft besuchte mich Hans in den Eggebrecht-Weinstuben, oder er holte mich ab und brachte mich nach Hause.

Meine Mutter hatte sehr abgenommen und konnte kaum noch etwas essen. Ihr war auch pausenlos schlecht. Der Auswurf war noch stärker geworden. Sie verhungerte uns buchstäblich unter den Händen. Am 13. November 1959 wurde sie fünfundfünfzig Jahre alt. Hans kam am Nachmittag, um ihr zu gratulieren. Wir Kinder waren alle da, ebenso ein Freund Gustavs, der Tiermediziner war und von einer Lungenfachklinik in Gatow berichtete. Er besorgte für Mutter auch »Astronautennahrung«, mit der wir sie in den nächsten Tagen ein wenig aufpäppelten. Eine Woche später brachten wir sie in die Lungenfachklinik. Alle vier Kinder waren dabei, als der Chefarzt ihr sagte, dass sie Krebs habe und nicht einmal der liebe Gott sie durch ein Wunder retten könnte. Die ganze Lunge war befallen. Da sie nur noch einen Lungenflügel hatte, konnte man auch nicht mehr operieren. Meine Mutter wollte zum Sterben nach Hause, doch die Ärzte erlaubten es nicht. Die letzten Tage im Krankenhaus waren grausam. Es war schrecklich, zusehen zu müssen, wie unsere Mutter unter den qualvollen Schmerzen litt. Sie flehte und bettelte um ihren Tod, fragte, ob ich ihr nicht etwas geben könne. Sie wollte sterben.

Ich war erst neunzehn Jahre alt und konnte es oft nicht mehr ertragen. Manchmal ging ich aus dem Zimmer hinaus und hielt mir die Ohren zu. Oft traute ich mich nicht wieder hinein. Und die Ärzte unternahmen nichts. Sie gaben ihr nicht einmal Morphium – und sie schrie vor Schmerzen! Keines von uns Kindern hielt es länger als ein oder zwei Stunden bei ihr aus. Jahrelang hasste ich deshalb alle Ärzte.

Am Abend des 7. Dezember rief die Stationsschwester bei uns an und sagte, es gehe mit unserer Mutter zu Ende. Wir fuhren alle vier zu ihr nach Gatow, aber sie wollte uns nicht mehr sehen. Auf ausdrücklichen Wunsch meiner Mutter ließ die Schwester uns nicht mehr ins Zimmer. Wir warteten bis Mitternacht auf dem Flur, bis Gustav zu uns jüngeren Geschwistern sagte: »Kommt, wir gehen.« Wir fuhren tatsächlich nach Hause und legten uns schlafen. Am Morgen des 8. Dezember klingelte das Telefon, und die Nachtschwester sagte, dass meine Mutter gestorben sei.

Unsere Mutter wurde neben unserem Vater auf dem Waldfriedhof an der Heerstraße beerdigt. Wir arrangierten alles genauso, wie sie es bei Vaters Beerdigung gerichtet hatte. Wir sangen die Choräle »Befiehl du deine Wege« und »Lobet den Herrn«. Es war ein bitterkalter Tag.

Dass ich meine Mutter in ihrer Sterbenacht verlassen habe, konnte ich mir jahrelang nicht verzeihen. Erst viele Jahre später, nach dem Tod unserer Tochter, hatte ich das Empfinden, über mein Versagen hinweggekommen zu sein.

Ich hatte meine Eltern nur neunzehn Jahre, aber sie haben mich und mein Leben entscheidend geprägt. Die Leidenschaftlichkeit und die Hingabe an das Leben habe ich von meinem Vater, die Treue und Geradlinigkeit von meiner Mutter. Ich danke ihnen nicht nur für das Leben, das sie mir geschenkt haben, sondern auch für die Werte, die sie mir in meiner Kindheit und Jugend vermittelt haben. Ich bin dankbar, dass ich in ihnen so starke und überwiegend positive Vorbilder hatte. Sie haben alles dafür getan, dass mein Leben glücklicher wurde, als es das ihre war, und es uns besser ging, als sie es in ihrem Leben je hatten. Ich kenne keine Menschen, die so verschieden waren, wie sie beide es waren, und keine, die sich so geliebt haben. Wenn ich einmal Streit habe mit Hans, denke ich an die Worte: »Liebe fängt bei dem Wort *trotzdem* erst an.«

FRÜH GEFREIT – TROTZDEM NICHT GEREUT!

Ich war erst neunzehn Jahre alt und hatte keine Eltern mehr. Meine Mutter hatte ein Testament hinterlassen, aufgrund dessen wir vier Geschwister zu gleichen Teilen erbten. Siegfried und mir wurden vorab bis zu unserem fünfundzwanzigsten Lebensjahr aus einer Grundstückspacht ein monatlicher Betrag als Rente ausgezahlt. Als Testamentsvollstrecker hatte meine Mutter den Notar Ruge, einen langjährigen Vertrauten der Eltern, eingesetzt. Als Vormund für mich und Siegfried, er war ja gerade erst sechzehn Jahre alt geworden, war Fräulein Müller, von uns allen Erna genannt, bestimmt worden.

Sie kannte die Zusammenhänge in der Firma am besten und war für die nächsten anderthalb Jahre die Person, ohne deren Einwilligung ich keine rechtsverbindlichen Entscheidungen treffen konnte.

Das erste, was mit Ernas Zustimmung entschieden wurde, war, dass ich die Lehre, die ja bisher nur auf dem Papier bestand, fortsetzte und im zweiten Lehrjahr bei einer anderen großen Firma, Butter-Beck, volontieren sollte. Auch stieg ich gleich in das zweite Berufsschuljahr ein und versuchte, den normalerweise dreijährigen Ausbildungsgang schon nach zwei Jahren zum Abschluss zu bringen. Nebenbei wollte ich mein kaufmännisches Englisch in der Hartnackschule weiter ausbauen. Ich hatte bereits nach dem Abitur Schreibmaschine und Steno gelernt, vieles davon in Abendkursen. Ich blieb zu Hause wohnen, wo Detta Siegfried und mich versorgte. Gustav war tagsüber im Büro und führte die Geschäfte weiter. Für die alltäglichen Notwendigkeiten war gesorgt, aber das Haus war leer. Die Wohnung war leer – es fehlten eben Vater und Mutter.

Hans besuchte mich oft, auch nahmen sich seine Eltern meiner an. Nachdem sie im Dezember 1959 von ihrer kleinen Wohnung in eine doppelt so große umgezogen waren, erhielt Hans mit zweiundzwanzig Jahren endlich sein erstes eigenes Zimmer.

Friedel hatte im April 1959 geheiratet, aber nicht meinen Bruder Ulrich. Nachdem Ulrich im November 1958 von seiner Praktikantenstelle aus Düsseldorf zurückgekommen war, ging die Verbindung zwischen den beiden auseinander. Fünf Monate später heiratete Friedel einen Cellisten der Berliner Philharmoniker und zog aus ihrem Elternhaus aus.

Das erste Weihnachtsfest ohne meine Eltern verbrachten wir vier Geschwister mit Detta zusammen in unserer Wohnung, denn das Geschäft lief ja weiter und verlangte unseren vollen Einsatz. Ich hielt die Eggebrecht-Weinstuben bis zum frühen Abend des 24. Dezember offen. Am ersten Weihnachtsfeiertag kam mich Hans besuchen. Ich hatte in meinem Zimmerchen für uns auf einem Beistelltisch ein Essen vorbereitet, und Hans versuchte mich zu trösten. An diesem Abend fragte er mich, ob ich seine Frau werden wollte. Er wolle immer für mich da sein und mir beistehen.

Wir hatten ja schon oft wie verliebte Kinder darüber fantasiert und geträumt, aber dieses Gespräch war ganz konkret und ernsthaft. Es entsprach sicher nicht seiner ursprünglichen Lebensplanung, dafür aber seinem Charakter, sich schon vorzeitig zu entscheiden. Bis zum Tod meiner Eltern war es mit Sicherheit seine Vorstellung gewesen, erst einmal sein Examen zu machen und, wenn möglich, der Wunschvorstellung seines Vaters zu entsprechen und zu promovieren und sich erst danach an mich zu binden. Und jetzt dieser Heiratsantrag mit zweiundzwanzig Jahren! Für mich war das ein großes Glück. Ich hatte durch die Kraft seiner Liebe und seiner starken Persönlichkeit wieder Halt unter den Füßen, ich wusste, zu wem ich gehörte. Noch blieb dieses Wissen aber unter uns. Seinen Eltern wollte er es erst zu einem geeigneten Moment sagen, denn uns war klar, dass sie einer Hochzeit erst nach bestandenem Examen zustimmen würden.

Im Februar 1960 schickte Hans mir ein Telegramm: »Können uns in diesem Jahr verloben! – Hans.« Die Verlobung wurde auf den 27. August 1960 festgelegt. 1961 hoffte er, das Examen zu machen, und dann wollten wir im Frühjahr 1962 heiraten. Was war das schön, dass man sich jetzt auch öffentlich zueinander bekennen konnte! In dieser Zeit fing ich an, Japanisch zu lernen. Hans' Vater gab in der Deutsch-Japanischen Gesellschaft einen Anfängerkurs in der japanischen Umgangssprache, den besuchte ich mit Hans und Epi. Hinterher sind wir immer zu Hans' Eltern gefahren und haben noch gemütlich zusammengesessen. Oft haben wir vorher in der Eckkneipe noch frisches Fassbier im Siphon geholt, und Hans' Mutter hatte Buletten und Kartoffelsalat vorbereitet. An strengen Wintertagen zelebrierten wir eine Feuerzangenbowle. So wuchs ich immer mehr in die Familie hinein.

Ich wurde auch zu den Geburtstagen meiner zukünftigen Schwiegereltern eingeladen. Einmal hätte ich beinahe alle Sympathien von Hans' Vater verspielt. Nach dem Essen gönnte er sich eine Zigarre und einen Cognac. Spaßeshalber fragte er mich, ob ich auch einen mit trinken wollte, was ich zu seiner Überraschung bejahte. Er goss mir einen Cognac ein, und ich trank das Glas mit einem Zug aus. Fassungslos guckte er mich an und sagte nur: »Sie schüttelt sich noch nicht einmal!« Neunzehnjährige Mädchen, die Cognac trinken, hatte er noch nicht gesehen. Auch war seine Frau erstaunt über die Menge Mase-Gohan, ein japanisches Gericht, die ich verdrücken konnte. Nachdem ich bei der siebenten Reisschale immer noch Appetit hatte, meinte sie nur: »Hans, ob du die Christel immer satt bekommst?«

Hans ging seit Mai 1959 fleißig zum Repetitor. Ab 1960 arbeitete er ganz systematisch auf das Examen hin. Es blieb ihm auch gar nichts Anderes übrig, denn seine Freunde Manni und Burkhard waren bereits im Frühjahr

1960 mit dem Referendarexamen fertig geworden, und das sprach sich in der Familie natürlich herum.

Anfang April 1960 trat ich in der Zentrale von Butter-Beck mein Praktikum an. Ich durchlief alle Abteilungen und habe dort viel gelernt, vor allem ein regelmäßiges, diszipliniertes Leben zu führen, mit Kollegen auszukommen, mit Vorgesetzten umzugehen und fleißig und gleichmäßig zu arbeiten. Zwischenzeitlich hatte ich in der Hartnackschule mein Englischexamen bestanden. Nach einer zweijährigen Lehre legte ich im April 1961 vor der Industrie- und Handelskammer die Prüfung als Groß- und Außenhandelskauffrau in der Branche Weinhandel ab.

So arbeiteten wir beide zielstrebig an unserer Ausbildung. Trotzdem nahmen wir uns die Zeit, wie seit Jahren gewohnt, ins Theater, Konzert oder zum Essen zu gehen. Im Sommer fuhren wir immer wieder nach Lichtenrade. Meine Mutter hatte mir das Grundstück noch vor ihrem Tod überschrieben. Da Hans und ich uns so darum gekümmert hatten, sollte ich es bekommen. Wir ernteten das Obst auf dem Grundstück und verkauften es in der Verwandtschaft oder bei Freunden. Damit besserten wir unser Taschengeld etwas auf und setzten es in Theaterkarten um.

Am 27. August 1960 feierten wir offiziell unsere Verlobung. Es war einer der heißesten Tage des Jahres. Ich hatte mir bei einer Schneiderin in Ost-Berlin mein Verlobungskleid aus dem einzigen Ballkleid meiner Mutter – aus herrlichem schwarzen Samt – nähen lassen. Für Hans wurde der Smoking meines Vaters geändert. Er war aus gutem wollenen Tuch. Selten in unserem Leben war uns so warm, aber wir waren glücklich! Hans hat mir in der Nacht vor unserer Verlobung einen der schönsten Liebesbriefe geschrieben, den ich je von ihm erhalten habe. Ich schrieb am Verlobungsmorgen an Hans einen ganz anderen, in seinen wichtigsten Kernaussagen aber ähnlichen Brief. Schon damals war es unser beider Wunsch, den anderen glücklich zu machen. Er schrieb an mich: »Für jeden muss es höchstes Ziel sein, für den anderen da zu sein – ihn glücklich zu machen.« Und ich schrieb an ihn: »... Dass es mein größter Wunsch ist, Dich immer glücklich zu machen.«

Hans holte mich am Vormittag ab und fuhr mit mir in den Grunewald. Dort hatte er in einer Vase hinter einem Baum im Schatten einen großen roten Rosenstrauß versteckt und überraschte mich damit. Im Grunewald haben wir uns verlobt; jeder schenkte dem anderen, ohne Absprache, seinen Brief, und wir tauschten die Ringe. Wir fuhren zu mir nach Hause, wo meine Brüder und Detta warteten, anschließend zu Hans' Eltern und Epi. Noch am gleichen Tag gingen wir auf den Friedhof zu meinen Eltern. Schließlich mussten wir ihnen doch von unserem Glück erzählen.

Am Abend gab es bei uns in der Wohnung ein festliches Essen. Der Esstisch wurde mit dem alten bemalten KPM-Porzellan und den schönsten Gläsern gedeckt. Wir haben alles so gestaltet, wie auch meine Eltern es ausgerichtet hätten. Meine Mutter sagte immer: »Wenn möglich, feiern wir zu Hause, da ist es am schönsten.« Es gab Rehrücken mit Klößen und Rotkraut und einen herrlichen alten Burgunder. Den hatten die Eltern mit anderen besonders guten Weinen schon früher für die Hochzeiten ihrer Kinder zurückgelegt. Es war genau das richtige Essen bei einunddreißig Grad Hitze, im wollenen

Smoking und schwarzen Samtkleid. Aber das machte nichts. Gustav hielt auch eine liebe Rede:

»Liebe Christel, lieber Hans, liebe Gäste!

Wir haben Herrn Professor Zachert mit Familie eingeladen, um die Verlobung unserer Schwester mit Hans zu feiern. Unsere Eltern können leider nicht an diesem Fest teilnehmen, wir sind sicher, sie hätten sich sehr gefreut, die Eltern des Bräutigams von Christel bewirten zu können. Wir sind auch sicher, dass unser Vater sich auf dieses Fest gefreut hätte, was bei Christels Geburt anders war. Da war er sehr ärgerlich, dass der Sprössling ein Mädchen war, er sagte: ›Holt sie einem später doch so ein verdammter Schwiegersohn aus dem Haus.‹ Zum einen hat er mehr als Recht behalten, sie wird als erste aus dem Haus geholt, zum anderen Unrecht, denn auf Hans als Schwiegersohn wäre er stolz gewesen. Jetzt vertreten wir unsere Eltern und heißen Hans im Kreise unserer Familie herzlich willkommen.

Dem Brautpaar wünschen wir, ihnen möge eine glückliche Zeit bevorstehen, worauf wir anstoßen wollen.«

Dieses schöne Fest war eine ganz große Perle in der Perlenkette meines Lebens.

Im Juli 1960 erhielt Hans' Vater einen Ruf an die Universität Bonn. Dies war für ihn eine einmalige Chance. Er hatte all die Jahre sehr unter den politischen Ost-West-Spannungen gelitten. Diese Jahre waren sehr schwer für ihn. In der DDR widersetzte er sich der Aufforderung, in die Partei einzutreten, und im Westen wurde seine Arbeit nicht richtig anerkannt. Als er das Angebot aus Bonn bekam, musste er zugreifen. Im Wintersemester 1960 begann er bereits mit seinen Vorlesungen an der

Rheinischen Friedrich-Wilhelms-Universität und im Seminar für Orientalische Sprachen. In der DDR musste er auf alle bis dahin erworbenen Ansprüche verzichten, auch auf seine dort angesparten Gelder. Er hatte praktisch keine größeren liquiden Rücklagen und wagte dennoch den Sprung nach Bonn. Welch ein Glück! Denn ein Jahr später wurde die Berliner Mauer errichtet!

Hans' Vater ging zunächst allein nach Bonn und nahm sich dort ein möbliertes Zimmer. Seine Mutter blieb mit Epi und Hans vorerst in Berlin, bis sich in Bonn alles eingespielt und Hans' Vater eine Wohnung gefunden hatte. Dies alles brachte große Unruhe und Unsicherheit mit sich. Auch für Hans. Wir überlegten, was er machen sollte. Sollte er mit seinen Eltern nach Bonn gehen oder in Berlin bleiben? Wo und wann sollte er Examen machen? Der Zeitpunkt des Umzugs war auch nicht abzusehen. Es kam darauf an, wann sein Vater in Bonn eine Wohnung für Universitätsangehörige bekam. Das konnte schnell gehen, aber es konnte auch ein Jahr dauern. Eine Wohnung auf dem freien Markt wäre zu teuer gewesen.

Ich sagte zu Hans: »Ich komme mit, wo immer du hingehst.« Das war für ihn schon einmal viel wert. Der Familienrat beschloss, dass Hans in Berlin das Examen machen sollte, so wie er es geplant hatte, und zwar 1961. Danach wollten wir nach Bonn umziehen und dort heiraten. Für mich war diese Entscheidung ganz leicht. Ich war zu jung und ahnungslos, um zu begreifen, was da auf mich zukam und was ich mit Berlin aufgab. Für mich zählte nur eines, und das war Hans. Auch hatte ich seine Eltern schon sehr ins Herz geschlossen und übertrug alle Liebe, die ich meinen Eltern nicht mehr geben konnte, auf sie. Sie gaben mir ihrerseits das Gefühl, zur Familie zu gehören, und nahmen mich in ihre Geborgenheit auf.

Im Winter 1960/61 verpackten wir schon alle Bücher und Akten von Hans' Vater, die dieser dringend benötigte, in Kartons und schickten sie nach Bonn, denn Bücher und Akten durfte man damals nicht privat durch den »Osten« mitnehmen. Man setzte sich damit der Willkür der DDR-Grenzsoldaten aus. Ich habe in der Zeit Pakete packen gelernt. Hans fuhr sie mit dem Auto zur Post. Sein Vater wagte es nicht, mit dem Auto durch die Zone zu fahren. So reiste er alle vier bis sechs Wochen mit dem Zug bis Hannover und von dort weiter mit dem Flugzeug nach Berlin. Im April 1961 fuhren Hans und ich dann Vaters alten Opel, Leporello wurde er genannt, durch die DDR nach Hannover. Dort übernahm sein Vater – aus Berlin mit dem Flugzeug kommend – den Wagen und fuhr ihn nach Bonn.

Im Frühjahr 1961 wurde ihm für den kommenden August eine Wohnung in Bonn-Tannenbusch in Aussicht gestellt. In dieser Zeit besuchte ihn seine Frau oft in Bonn, und es ergab sich ab und zu, dass ich bei Hans übernachtete. Der Ordnung halber schlief ich dann in Epis Zimmer. So dachten es sich Oma und Opa!

Anfang 1961 hatte sich Hans zum Staatsexamen angemeldet. Im Juni schrieb er seine vier Examensklausuren und bekam anschließend das Thema für seine Sechs-Wochen-Hausarbeit. Er arbeitete oft in der Unibibliothek, um Kommentare zu lesen, und brachte abends Bücher mit, die ich seitenweise abschrieb. Es gab ja noch keine Fotokopierer für Studenten; das wäre unerschwinglich gewesen.

Ich hatte nach dem Abschluss meiner Lehre angefangen, für dreihundertfünfzig Mark brutto monatlich als Buchhalterin bei Esso-Müller zu arbeiten, zuerst in Tempelhof. Später zog die Firma nach Spandau um. Dann musste ich morgens um sechs Uhr schon aus dem Haus. Abends fuhr ich erst einmal zum Innsbrucker Platz und holte bei Detta ein fertiges Essen und frische Wäsche. Danach fuhr ich weiter zu Hans, um uns etwas zu essen zu machen, und habe dann bis in die Nacht hinein die Hausarbeit auf meiner kleinen Reiseschreibmaschine getippt.

Inzwischen hatten Hans' Eltern in Bonn die neue Wohnung provisorisch bezogen. Die Möbelpacker waren für Mitte August bestellt. Danach lebte Hans quasi in einer leeren Wohnung, mehr oder minder auf Kisten. In dieser schwierigen Zeit musste er sich auf das mündliche Examen vorbereiten. Er ging jeden Tag zu zwei verschiedenen Repetitoren.

Im Oktober war sein mündliches Staatsexamen. Ich hatte bereits zur Monatsmitte bei Esso-Müller gekündigt. Drei Tage nach dem Examen hatte ich die Möbelpacker bestellt, um meine Sachen sowie Hans' restliche Möbel nach Bonn transportieren zu lassen.

Der Prüfungsdruck für Hans wurde von Tag zu Tag stärker. Sein Vater schickte Briefe aus Bonn und machte ihm Mut. Die ganze Familie und ich fieberten dem Termin entgegen. Schließlich war das bestandene Examen die Voraussetzung für unsere Heirat. Hans' Freunde kamen vorbei und erkundigten sich nach ihm. Seine Mutter versprach, am Examenstag eine grüne Schleife zu tragen, ein absolutes Muss bei Prüfungen in der Familie Zachert. Aber es half alles nichts. Als ich ihn vom Justizprüfungsamt abholte, warteten Burkhard, Christa und Tullio mit mir auf ihn. – Mein Gott, was soll ich sagen, so enttäuscht habe ich Hans noch nie gesehen. Nachdem die erste Verzweiflung verflogen war und sich die Freunde verabschiedet hatten, nahm ich Hans mit zu mir nach Hause. Ich hatte einen Hummer gekocht und Sekt kalt gestellt, denn eigentlich wollten wir ja feiern. Nun mussten wir uns gegenseitig trösten. Auch dazu sind Hummer und Sekt bestens geeignet. Ich hatte ihm zur Feier des Tages ein paar goldene Manschettenknöpfe gekauft, aber die schenkte ich ihm noch nicht. Ich war sicher, dass er das Examen doch noch bestehen würde, und das sagte ich ihm auch. Schließlich sind andere berühmte Menschen auch schon durch das Examen gefallen.

Nun mussten wir seine Eltern anrufen, und das war schwer! Sie waren natürlich furchtbar enttäuscht. Aber wir sollten erst einmal nach Bonn kommen, um alles zu besprechen. Den Umzugsleuten sagte ich erst einmal ab. Hans' restliche Möbel nahm der Spediteur auf den Speicher. Wir übergaben die Wohnung der Eltern besenrein dem Vermieter.

DANN WERDE ICH HALT LASTWAGENFAHRER

Zwei Tage später hatte ich noch einen Termin beim Gynäkologen, Professor Schäfer. Es war der gleiche Arzt, der uns Kinder alle zur Welt gebracht hatte. Seit meiner Erkrankung 1958 ging ich zu ihm, da ich oft Unterleibsbeschwerden hatte. Er meinte immer, ich würde wahrscheinlich keine Kinder bekommen können, was Hans und mich sehr traurig gemacht hätte. Der Termin war routinemäßig vereinbart worden, weil wir ja umziehen wollten. Mir war während der Examenstage oft schlecht, und ich hatte auch keinen Appetit, aber das war bei der Spannung ja verständlich. Der alte weißhaarige Professor untersuchte mich. Diesmal ein bisschen gründlicher als sonst, hatte ich jedenfalls den Eindruck. Dann zog er sich langsam die Handschuhe aus, klopfte mir auf die Schulter und sagte: »Fräulein Fournes, ich freue mich. Sie erwarten ein Kind! Ihre Eltern würden sich darüber sehr freuen!« Ich entgegnete ihm, das wäre ja auch sehr schön, wenn mein Verlobter nicht gerade vor zwei Tagen durch das Staatsexamen gefallen wäre, aber er meinte nur: »Das ist doch nicht schlimm, da sind schon ganz andere Leute durchgefallen!« Wir sollten jetzt heiraten, und danach könne mein Verlobter viel besser lernen und würde beim zweitenmal das Examen bestimmt bestehen! Aber dieses Kind sei ein Geschenk, und er hätte nie geglaubt, dass ich jemals eines bekommen könnte!

Als ich rauskam, wartete Hans auf mich. Ich versuchte, es ihm genauso zu erzählen, und fügte nur hinzu: »Was werden deine Eltern nur sagen?«

Darauf meinte Hans: »Das ist mir egal, dann werde ich eben Lastwagenfahrer. Ich werde dich und unser Kind schon ernähren!«

Zwei Tage später fuhren wir mit bangem Herzen nach Bonn. Nicht »Wie sag ich es meinem Kinde?«, sondern »Wie sagen wir Kinder es unseren Eltern?«.

Bei meinen Schwiegereltern war die Enttäuschung über das nicht bestandene Examen unübersehbar, trotz aller Liebe und Beteuerung, dass man Verständnis dafür habe. Das Examen müsste dann eben in Bonn wiederholt werden, und die Heirat werde verschoben. Hans und ich wagten kaum zu antworten und liefen gesenkten Hauptes herum. Nachts wurden unsere Schlaflager schön getrennt voneinander aufgebaut. Die Eltern hatten ja noch keine Ahnung! Nach einer Woche fasste Hans sich ein Herz und sagte seiner Mutter, dass ich schwanger sei. Sie solle es dem Vater beibringen. Die Nachricht löste ein mittleres Erdbeben aus. Nun war ja klar, warum alles so gekommen war. Ich kann die Reaktion von Hans' Vater heute verstehen, aber damals hat sie mich doch sehr verletzt.

Die Eltern stimmten zu, dass wir noch in diesem Jahr heiraten konnten. Der 22. Dezember 1961 wurde als Hochzeitstermin bestimmt. Das war der letzte Tag vor Weihnachten, an dem das Standesamt offen hatte und der früheste Termin, zu dem meine Brüder und Hans' Schwester nach Bonn kommen konnten. Im November ging ich auf Wohnungssuche. Hans immatrikulierte sich umgehend an der Bonner Uni. Am 1. Dezember hatte er bereits seine erste Hausarbeit für den großen BGB-Schein fertig gestellt. Er hatte als Prüfungsauflage zwei Semester und die großen Scheine für BGB und Öffentliches Recht zu wiederholen.

Inzwischen hatte ich unsere erste kleine Wohnung in Beuel-Vilich gefunden und einen Mietvertrag ab Januar 1962 geschlossen. Eine ausgebaute Mansarde in einem neu errichteten Zweifamilienhaus mit zwei Zimmern, Diele, Bad, Küche und einem kleinen Balkon, ganze zweiundsechzig Quadratmeter groß! Im Dezember fuhr ich noch einmal nach Berlin, um Möbel aus meinem Elternhaus zu holen. Selbst die Gardinen waren alte Vorhänge aus einem aufgelösten Ladenlokal. So haben wir mit unserem ersten Hausstand angefangen.

Mitte Dezember 1961 begleitete ich den Möbeltransport zur Grenze. Es war kurz nach dem Mauerbau sehr schwer, eine Haushaltsauflösung nach Westdeutschland zu bringen. Die DDR-Grenzer vermuteten darin immer Flüchtlingsgut. Der Eigentümer musste daher den Möbeltransport selbst durch die Kontrolle begleiten. Ich hatte Hans' Sachen dabei, unter anderem sein kleines Radio und ein Radio von mir. Beide hatten die Grenzsoldaten gefunden. Ich wurde in die Kontrollbaracke geholt und von einem Offizier vernommen. Welchen »fremden« Hausstand ich denn rüberschmuggeln würde?

»Ich schmuggle gar nichts. Ich ziehe von Berlin nach Bonn«, war meine Antwort.

»Ja, aber Sie haben doch zwei Radioapparate.« Das sei verdächtig. Ich bräuchte doch nur einen.

Ich meinte: »Ich brauche zwei. Einen in der Küche und einen auf dem Klo!« Als ich die Fabrikate nennen sollte, bin ich explodiert. Ich antwortete: »Ich verstehe nichts von Technik. Das ist ungefähr so, als ob ich Sie nach der Büstenhaltergröße Ihrer Frau fragen würde!«, erwiderte ich keck. Damit war die Kontrolle beendet.

Da Professor Schäfer mir wegen meiner Schwangerschaft abgeraten hatte, mit dem Lastwagen nach Bonn zu fahren, kehrte ich nach Berlin zurück und nahm von dort das Flugzeug. Professor Schäfer hatte mir noch ein Päckchen Tabletten mitgegeben, die ich vor dem Flug einnehmen sollte, damit mir nicht übel wurde. Zum Glück habe ich sie nicht genommen. Es war Contergan! Von den verheerenden Folgen dieses Medikaments hatte man im Dezember 1961 noch keine Ahnung!

Geheiratet haben wir im engsten Familienkreis. Am ersten Weihnachtsfeiertag brachte uns mein Schwiegervater mit seinem Auto nach Münstereifel, wo wir uns für eine Woche in einer kleinen Pension eingemietet hatten. Am Neujahrsmorgen 1962 holte er uns wieder ab. Das war unsere Hochzeitsreise!

TEIL II

MEINE FAMILIE

UNSER ERSTES NEST

Als wir im Januar 1962 in unsere kleine Zwei-Zimmer-Mansardenwohnung in Beuel-Vilich einzogen, waren weder die Wohnung noch wir in unserer Entwicklung, geschweige denn Hans mit seinem Studium fertig. Über den ersten Punkt haben wir uns erfolgreich hinweggesetzt. Da ich dem Vermieter eine Mietvorauszahlung von dreitausend Mark (nach heutigem Wert wären das etwa zwölftausend Mark) geleistet hatte und der Mietvertrag zum 1. Januar abgeschlossen war, bestellten wir die Möbel vom Spediteur zum 5. Januar nach Vilich und zogen ein. Das Wasser lief noch nicht, und weder das WC noch die Spüle waren angeschlossen. Aber da der Vermieter im Haus eine Etage tiefer wohnte, änderte sich das sehr schnell, und bald war diese Wohnung unser kleines Nest. Wir haben uns dort unterm Dach sehr wohl gefühlt.

Nun zum zweiten Punkt, der uns selbst betraf! Zu Beginn unserer Ehe waren wir alles andere als erwachsen. Wenn man heiratet und eine Familie gründet, ist es hilfreich, sich mit dem Leben und den Anforderungen des Alltags ein wenig auszukennen. Auch wenn ich schon zwei Jahre Vollwaise war, so hatte ich doch unter der Vormundschaft von Erna und in der mütterlichen Fürsorge von Detta gelebt. Wie man einen Haushalt führt, darüber hatte ich nur geringe Grundkenntnisse aus meiner Zeit im Töchterheim. Dass man sich gegen

Krankheit und Unfall und Haftpflichtschäden versichern muss, lehrte uns erst der Alltag. Dass für eine Ehe nicht nur Liebe erforderlich ist – davon hatten wir zum Glück unendlich viel –, sondern auch Disziplin und Toleranz, mussten wir beide erst noch lernen. Dass Hans noch nicht mit seinem Studium fertig war, kränkte ihn in seinem konventionell geprägten Rollenverständnis am meisten. Er konnte damals weder die Familie noch sich selbst ernähren. Natürlich hätte er irgendeine Arbeit annehmen können, so wie er es mir nach der »guten Nachricht« meiner Schwangerschaft in Berlin spontan angeboten hatte, aber das war nicht sein Glück und meines auch nicht. Die Lage war ernst, aber nicht hoffnungslos. Gott sei Dank hatten wir beide gemeinsame Träume und Ziele. Er wollte auf alle Fälle in seinem Beruf Ansehen und Anerkennung erwerben, und ich wollte einen Mann haben, auf den ich stolz sein konnte. Darüber hinaus sehnte ich mich nach einer glücklichen Familie.

Wir beide freuten uns auf unser erstes Kind. Die Schwangerschaft verlief zum Glück normal, und Hans sagte oft, dass ich in dieser Zeit zu einer schönen Frau erblüht sei. In diesen Monaten habe ich viele Bücher gelesen, die ich von meinen Eltern geerbt hatte, und mich um meinen kleinen Haushalt gekümmert. Hans' juristische Arbeiten habe ich mit meiner kleinen Reiseschreibmaschine getippt. Zur Belohnung spielte er ab und zu eine Partie Schach mit mir, damit ich geistig nicht ganz einrostete. Auf die Idee, selbst zu studieren oder meinen Beruf auszuüben, um Geld zu verdienen, bin ich nicht gekommen. Es entsprach damals auch nicht dem Rollenverständnis der Frauen. Ich wollte mich auf alle Fälle selbst um unser Kind kümmern. Lieber verzichteten wir auf jeden Luxus. Als Luxus sahen wir Telefon, Auto, Fernsehen und jede Art von Ausgehen, ja sogar Reisen an.

Zur Vorbereitung auf unser Baby hatte meine Schwiegermutter mir zu meinem zweiundzwanzigsten Geburtstag das berühmte Buch *Mutter und ihr erstes Kind* von Johanna Harer geschenkt. Es war der Klassiker für werdende Mütter aus den Dreißigerjahren, nach dem schon meine Schwiegermutter ihre Kinder großgezogen hatte. Ich kam gar nicht auf die Idee, dass dieses Buch vielleicht nicht mehr das richtige für die Babys der Sechzigerjahre war, und las es brav.

Am 25. Mai sollte unser kleines, lebhaftes Baby, zu dem ich in meinem Bauch schon ein herzliches Verhältnis entwickelt hatte, zur Welt kommen. Nachdem mein Schwiegervater und Hans mit mir stundenlang über die Felder spazieren gegangen waren, um die Wehen auszulösen – sie kamen und kamen nicht –, fuhren wir am Abend unverrichteter Dinge wieder nach Hause. Da Hans und ich ja weder Auto noch Telefon hatten, wollte mein Schwiegervater uns in die Klinik fahren, wenn es soweit war. Als endlich am Morgen, dem 26. Mai 1962, die Wehen einsetzten und ich es Hans sagte, meinte er: »Es sind sicherlich Blähungen«, und wir sollten noch etwas warten, bis die Bäckerei offen habe, von wo aus er seinen Vater anrufen konnte. Der sollte aber erst noch frühstücken können. Für mich war es schon höchste Zeit, als der »werdende Großvater« um neun Uhr kam. Er brachte mich nicht nur mit dem Auto in die Klinik, sondern setzte sich auch dafür ein, dass ich in den kleinen Kreißsaal, in dem nur Privatpatientinnen entbunden wurden, liegen durfte. Als Schwiegertochter eines Professors der Bonner Universität wurde mir in der Universitätsklinik eine besondere Fürsorge zuteil.

Für mich wäre es eine Belastung gewesen, mit fünf verschiedenen Frauen im Kreißsaal zu entbinden. Dass die Väter bei der Entbindung dabei sind, wie heute allgemein üblich, war damals undenkbar. Noch 1966, als ich diesen Wunsch vor der Geburt meiner Tochter Isabell äußerte, wurde ich nur verständnislos angesehen.

Nach der Geburt unseres ersten Sohnes fing ich an, in ein kleines Ringbuch, auf dem außen »Japanische Rezepte« stand, Briefe an meinen Sohn, später an alle meine Kinder, zu schreiben. Einige Briefe schrieb auch Hans in dieses Heft. Im Juli 1962 fing ich diesen langen »Liebesbrief« an, damit uns später wenigstens die Erinnerung an unseren Sohn bliebe, wenn er aus dem Haus ging. Wir wollten all unsere Liebe, die wir für unsere Kinder empfanden, die sie jetzt vielleicht fühlten, aber noch nicht bewusst wahrnehmen konnten, niederschreiben. Auch wollten wir alle Sorgen und alles Glück, das wir durch sie erfuhren, in diesem Buch festhalten.

Obwohl es für uns eine sehr schwere Zeit war, als ich zum ersten Mal schwanger war, haben wir uns beide von dem Tag an, an dem wir es erfuhren, sehr auf unser Kind gefreut. Ich war glücklich, so jung Mutter zu werden. Wir wünschten uns beide einen Jungen. Wenn ich von dem Kind, das ich unter meinem Herzen trug, träumte, so träumte ich immer von einem Jungen! Christian hat uns nicht enttäuscht. Ich habe die Zeit der Schwangerschaft sehr genossen. Hans hat mich förmlich auf Händen getragen. Und ich war glücklich in dem Bewusstsein, dass das Kind jetzt nur von mir, von meinem

Körper, von meinem Blut ernährt wurde. Ich hatte es in mir, ganz für mich. Es lebte in mir und durch mich. Solch starke Empfindungen hat man nur während der Schwangerschaft. Denn mit der Entbindung hatte sich mein Sohn ja schon von mir entfernt und war von da an auch ohne seine Mutter ein lebensfähiges Menschlein. Unsere beiden Körper waren getrennt. Aber wir Eltern wollten versuchen, in Liebe und mit unserem Herzen immer mit unseren Kindern vereint zu bleiben.

All das schrieb ich in das kleine Heft und vieles mehr. Dass es auch Probleme gibt im Leben, mit denen man fertig werden muss, und dass wir unseren Kindern dabei helfen wollten. Dass es wunderbar ist zu leben, dass man nur verstehen muss, das Glück zu finden und es in den Händen festzuhalten. Auch schrieb ich ihm, wie hilflos wir als junge Eltern waren. Hans und ich spürten die große Verantwortung, die auf uns lag, ein so kleines, hilfloses Menschenkind zu einem aufrechten Menschen mit einem guten Herzen und einem starken Charakter zu erziehen. Aber er sollte nicht nur ein gutes Herz haben, wir wünschten ihm, dass er auch ein weites und großes Herz hätte, damit er für die Fehler und Schwächen all seiner Freunde und der Menschen, die er liebt, Platz hat – auch für die Fehler und Schwächen seiner Eltern. Sein Herzchen sollte mitwachsen mit seinem Verstand!

Das Jahr 1962 war für mich ein Jahr mit riesigen Veränderungen. Bis 1961 hatte ich mitten in der pulsierenden Großstadt Berlin, an einem ihrer verkehrsreichsten Plätze, gelebt und hatte mit Hans das überwältigende kulturelle Angebot genossen.

Von dieser aufregenden Weltstadt kam ich in das

dörflich-ruhige Beuel-Vilich in der Nähe von Bonn. Dieses Dorf war so klein, dass uns schon nach zwei Wochen jeder kannte. Verstehen konnte ich die Leute nicht. Wenn ich in einen Laden kam, so sprach man dort rheinisches Platt. Und wenn ich *ein* Kotelett verlangte, so bekam ich die Frage gestellt: »Ach, ist Ihr Mann heute nicht zu Hause?« Dass wir uns ein Kotelett teilten, habe ich der Fleischersfrau nicht erzählt.

Einmal hat mich in Vilich an der Straßenbahnhaltestelle eine Radfahrerin angefahren. Ich war hochschwanger, trug meinen roten Mantel und hatte zwei Einkaufsnetze in jeder Hand. Ich dachte nur: »Du darfst nicht hinfallen. Bleib fest stehen.« Die Frau wich nicht aus. Sie stürzte vom Rad und brach sich den Arm. Ich entschuldigte mich bei ihr und ging nach Hause. Zwei Tage nach der Entbindung kam die Stationsschwester zu mir und sagte, dass mich ein Kriminalbeamter sprechen wolle. Er fragte mich, ob ich einen roten Mantel hätte. Dann sei ich wohl die Frau, die in Vilich die Radfahrerin umgeworfen hätte. Ich müsse jetzt für die Krankenkosten dieser Frau aufkommen. Daraufhin schlossen wir eine private Haftpflichtversicherung ab.

So extrovertiert und aufregend mein Leben in Berlin gewesen war, so introvertiert und ruhig lebte ich jetzt in Vilich. In der Nachbarschaft gab es eine Kirche, einen Klostergarten und eine Pfarrei. Nur die Hauptstraße des Dorfes hatte einen Bürgersteig. Außer ein paar alten Fachwerkhäusern und der Wasserburg gab es wenig schöne Architektur. Für die nötigsten Einkäufe gab es einen Bäcker, einen Fleischer und einen kleinen Lebensmittelhändler. Unsere Spaziergänge führten an eingezäunten Kuhweiden vorbei. Zuerst fiel es mir als junger

Mutter nicht allzu schwer, auf Konzerte, Theater, Kino und Freunde zu verzichten. Ich lebte in meinem kleinen Zuhause, mit meiner kleinen Familie in meiner kleinen glücklichen Welt. Abends bügelte ich die Windeln, denn Papierwindeln waren damals für uns zu teuer. Dabei las Hans mir aus *Die drei Musketiere* von Alexandre Dumas vor. Wir hatten auch ein paar Schallplatten, und manchmal spielten wir eine Partie Schach. Das war die gesamte Unterhaltung, die ich hatte.

Christian nahm mich allerdings zeitlich sehr in Anspruch und füllte mich den ganzen Tag aus. Sein Lächeln oder sein Schreien war meine einzige Abwechslung! Ich tanzte um meinen kleinen Prinzen herum wie um ein Goldenes Kalb. Das bekam er sehr schnell mit und hatte mich nach kurzer Zeit fest im Griff. Da ich alles richtig machen und eine gute Mutter sein wollte, hatte ich *Mutter und ihr erstes Kind* intensiv gelesen. Darin stand, dass man auf alle Fälle konsequent die Essenszeiten einhalten sollte. Diese wären bei allen Babys gleich morgens um sechs Uhr und dann im vierstündigen Rhythmus. Auf keinen Fall sollte man dem Baby schon vorher etwas zu essen geben, auch wenn es nachts schreie. Doch wie oft schrie Christian nachts, wie es viele Babys tun. Hans und ich gaben ihm aus Überzeugung *nicht* die Flasche, sondern standen mit bangem Herzen vor der Wohnzimmertür, bestärkten uns gegenseitig darin, doch konsequente und gute Eltern zu sein. Wenn Christian laut brüllte, dachten wir, er stirbt. Wenn wir ihn aber gar nicht hörten, bangten wir, er könnte gestorben sein. Dass er angesichts dieser Unerfahrenheit und Unsicherheit seiner Eltern trotzdem ein guter und tüchtiger Junge geworden ist, spricht für ihn. Ich habe in den folgenden Jahren als

Mutter durch ihn viel gelernt. Isabell und Matthias hatten es dann nicht mehr so schwer mit ihren Eltern.

Mein Verhältnis zu Hans hatte sich verändert. In Berlin, als mein Verlobter, war er für mich mein Ein und Alles gewesen. Jetzt aber musste er mich mit Christian teilen, was für Hans nicht ganz einfach war. Wollte er doch immer seine Frau ganz für sich. Für mich war er immer der »Chef« in unserer Partnerschaft. Doch momentan verfügte ich über das Geld, und den Tagesablauf bestimmte Christian. Das irritierte Hans in seiner patriarchalischen Denkweise sehr. Ich musste sehr feinfühlend sein, ihn meine finanzielle Überlegenheit nicht merken zu lassen. Im August 1962 konnte ich das Grundstück in Berlin-Lichtenrade verkaufen. Es brachte uns zehntausend Mark. Davon legte ich neuntausend an, um gar nicht die Versuchung aufkommen zu lassen, es auszugeben. Auch versuchte ich Hans zu überzeugen, dass er unser monatliches Budget verwalten sollte, doch zum »Buchhalter« war er absolut nicht geeignet. So stellten wir dieses problematische Bemühen nach ein paar Monaten ein, und ich übernahm wieder die Verwaltung der Finanzen.

In dieser Zeit merkten Ulrich, Siegfried und ich, dass Gustav in Berlin die Firmen unserer Eltern recht selbstherrlich weiterführte. Wir vier Geschwister waren steuerrechtlich in einer Erbengemeinschaft verbunden. Ich musste auf meinen Anteil der Gewerbeeinkünfte Einkommensteuer zahlen, erhielt jedoch aus dem Geschäft nur geringe Ausschüttungen. Mit allem, was ich besaß, hafteten ich und damit auch Hans für Gustav. So beschlossen Hans und ich, Gütertrennung zu vereinbaren. Im August 1962 flogen wir nach Berlin, um dies beim Notar Dr. Ruge beurkunden zu lassen. Dr. Ruge wusste aus einem Gespräch, das ich nach dem Tod der Mutter mit ihm geführt hatte, dass es mein großer Wunsch war, Hans zu heiraten und mit ihm eine Familie zu gründen. Er fragte mich damals, warum *ich* nicht die Firmen weiterführen wolle. Ich sei dafür doch besonders geeignet. Damals erklärte ich ihm klipp und klar, dass es nicht mein Lebensziel sei, eine erfolgreiche Geschäftsfrau zu werden, sondern eine glückliche Ehefrau und Mutter. Konsequent war ich schon in frühen Jahren, und meine Ziele kannte ich auch. Ich glaube, wenn ich damals die Geschäfte meiner Eltern übernommen hätte, gäbe es die Firma heute noch, aber unsere Familie wahrscheinlich nicht. Rückblickend bin ich mit meiner Entscheidung sehr zufrieden.

Hans lag das bevorstehende Examen schwer auf der Seele. Mit vereinten Kräften erstellte er seine Sechs-Wochen-Hausarbeit, die er in letzter Minute, kurz vor Mitternacht, noch rechtzeitig beim Hauptpostamt abstempeln ließ. Anfang Mai musste er die Staatsexamensklausuren schreiben. Am 3. Juli sollte die mündliche Prüfung stattfinden. Seine Nerven waren zum Zerreißen gespannt. Christian konnte noch nicht laufen, aber im Laufställchen wollte er auch nicht mehr bleiben. Unsere Nerven lagen damals ziemlich blank. Damit Hans Ruhe hatte, fuhr ich Christian im Kinderwagen auf dem einzigen Bürgersteig des Dorfes oder auf den Landstraßen spazieren. Aber das konnte ich nicht den ganzen Tag tun. Wenn wir dann alle im Wohnzimmer waren, krabbelte Christian auf allen vieren auf dem Teppich herum. Einmal erwischte er ein paar alte Jazzplatten von Hans, die auf dem Boden lagen, und stellte fest, wie herrlich diese auf dem Teppich rutschten. Von da an hatte Hans zwar Ruhe zum Lernen, aber keine brauchbaren Jazzplatten mehr.

Das bestandene Examen feierten wir zusammen bei Hans' Eltern. Sie überraschten uns mit dem Vorschlag, drei Tage ins Siebengebirge zu verreisen, um Urlaub zu machen. Sie würden Christian zu sich nehmen, und der Großvater würde uns sein Auto geben. Zusätzlich schenkten sie Hans dreihundert Mark. So fuhren wir am nächsten Tag für drei Tage unbeschwert in Urlaub, auf die Margarethenhöhe ins Siebengebirge, in ein richtiges Hotel.

Bereits am 1. August trat Hans am kleinen Amtsgericht in Königswinter seinen Referendardienst an. Von seinem Gehalt konnte er schon die Miete zahlen und die Hälfte des Haushaltsgelds, und er fühlte sich viel wohler. Dass er den ersten Unterhaltszuschuss schon am 1. August im Voraus erhielt, damit hatten wir nicht gerechnet. Diese fürsorgliche Regelung von »Vater Staat« kannten wir nicht. In der freien Wirtschaft muss man erst arbeiten und bekommt am Ende des Monats sein Geld. Für uns war es jedenfalls eine freudige, unerwartete Überraschung. Hans, in seiner lieben Art, fuhr zu Vollmar nach Bonn, eines der besten Geschäfte für Geschenkartikel, und kaufte für mich ein wunderschönes Perlenarmband. Damit war das ganze Geld weg!

Von nun an fuhr er jeden Morgen mit der Straßenbahn nach Königswinter, kam nachmittags glücklich heim und freute sich auf seine »Puppi« und seinen Sohn. Ich selbst wollte nach mehr als eineinhalb Jahren auch wieder etwas unter Menschen gehen und meldete mich zu einem Kochkurs in Bonn an. Hans ließ mich nicht gern fort. Er sagte mir, welche Angst er hätte, wenn ich abends im Dunkeln allein unterwegs sei. Doch ich wollte ein wenig raus. Später fuhr ich auch nach Bonn zu einem Nähkurs. Dort traf ich regelmäßig Frauen in einer ähnlichen Lebenssituation, mit denen ich mich austauschen konnte. Mit einer jungen Mutter freundete ich mich an. Ich genoss es auch, durch die Bonner Innenstadt zu gehen. Hier gab es schöne Geschäfte und alte Häuser. Besonders freute ich mich, wenn ich abends über den erleuchteten Bonner Marktplatz ging. Dort stand an einer Ecke eine Frittenbude, in der eine blonde Frau arbeitete. Ich schaute sie mir immer an und dachte bei mir: »Wenn meinem Mann einmal ein Unglück passieren sollte, dann mache ich das auch. Tagsüber kümmere ich mich um Christian, und abends verdiene ich das Geld mit einer Würstchenbude.«

Zum Ende des Jahres meldete ich mich in der Fahrschule in Vilich an. Wir hatten zwar kein Auto, doch ich wollte den Führerschein machen. Ich hatte einfach Angst, dass ich im Haushalt verblödete! Die Abgeschirmtheit von Freunden, von Gesprächen, von Informationen, den Mangel an Kontakten, geistiger Anregung und intellektueller Herausforderung spürte ich sehr. Trotz all dieser Umstellungsschwierigkeiten haben Hans und ich diese ersten beiden Jahre als eine sehr glückliche Zeit in Erinnerung.

ERSTENS KOMMT ES ANDERS – UND ZWEITENS ALS MAN DENKT

Das Jahr 1963 ging trotz dörflicher Abgeschiedenheit zukunftsfroh zu Ende. Wir hätten an und für sich die nächsten zwei Jahre recht unbelastet und glücklich leben können, wenn nicht 1964 zwei Dinge eingetreten wären, für die wir zwar selbst verantwortlich waren, die aber einen anderen Verlauf nahmen als erwartet.

Zum einen wollten wir ein zweites Kind. Bis zum zweiten juristischen Staatsexamen, das Hans nach dem Referendardienst im Frühjahr 1967 noch hätte machen müssen, wollten wir nicht warten. Ich träumte von sechs Kindern. Inwieweit auch Hans davon träumte oder ob er insgeheim nur die Augen zumachte und mit dem Kopf nickte, wenn ich davon sprach, weiß ich nicht so genau. Wenn wir aber an ein zweites Kind dachten, so mussten wir auch eine neue Wohnung haben. Unsere Puppenstube in Beuel-Vilich würde dann zu klein werden. Unsere Vermieter, sehr bodenständige und bauerfahrene Leute, rieten uns, wir sollten bauen. Wir würden doch bestimmt Zuschüsse vom Bund bekommen, da Hans doch jetzt Beamter wäre. Sie brachten uns Anzeigen von geplanten Wohnanlagen. Es gab ein günstiges Angebot in Friesheim bei Weilerswist im Vorgebirge, auf dem Lande zwischen Köln und Bonn.

Gemäß der Zeitungsannonce kostete der Quadratmeter unerschlossenes Bauland nur sieben Mark. Ein ganzes Haus von hundert Quadratmetern sollte man schon für fünfundsiebzigtausend Mark bekommen. Unsere Vermieter fuhren mit uns in ihrem Auto im August 1963 nach Friesheim zu der geplanten Bungalowsiedlung. Der Architekt, der das Areal vermarktete, begeisterte uns mit seinen Plänen. Bei der geplanten Finanzierung hätten wir für die Abzahlung des Hauses nicht mehr aufbringen müssen als unsere damalige Miete. Was konnte uns noch davon abhalten, den Grundstückskaufvertrag zu unterschreiben?

Ich sah vor meinem geistigen Auge nur die paradiesische Freiheit, die Christian und die ersehnten weiteren Kinder haben würden. Die ländliche Eintönigkeit und Einsamkeit, die es für mich bedeuten würde, sah ich nicht. Wir setzten uns sofort hin und machten einen schönen Plan. Natürlich wollten wir nicht eines von den drei Einheitshäusern von der Stange. Wir wollten ein individuelles ganz nach unseren Vorstellungen bauen. Ein Arbeitszimmer für Hans sollte unbedingt dabei sein, ein Wohn-Esszimmer mit Terrasse zum Garten, die Küche auch mit Ausgang zum Garten, Kinderzimmer, Bad und Schlafzimmer. Das alles war auf hundert Quadratmetern zu machen. Bald aber kamen wir dahinter, dass ein Kinderzimmer vielleicht doch zu wenig wäre. Die Lösung war, den Keller zu erweitern und für ein zweites Kinderzimmer auszubauen. So viel konnte das ja nicht kosten – dachten wir. Außerdem musste mir ja Gustav aus den Erträgen der Firma noch einiges zahlen.

Aber es kam anders, als wir dachten. Der Bauantrag ging zwar durch, öffentliche Mittel bekamen wir aber nicht, denn Hans war als Referendar nur Beamter auf Widerruf. Für uns brach eine Welt zusammen. Inzwischen war schon der Keller ausgehoben, die ersten fünfzehntausend Mark von unseren Ersparnissen waren investiert. Das Grundstück mit dem bereits bezahlten und genehmigten Bauplan wieder zu verkaufen, davon riet uns der Architekt dringend ab. Er meinte, wir könnten das Haus doch fertigbauen und dann vermieten. So bauten wir erst einmal weiter.

Dies war die Situation, als ich im April 1964 wieder schwanger wurde. Wir freuten uns sehr auf das zweite Kind. Es war auch wichtig für Christian, damit ich ihn nicht noch mehr als Einzelkind verwöhnte. Der Schwangerschaft an sich schenkte ich weiter keine besondere Beachtung. Nachdem die erste so gut verlaufen war, warum sollte es bei der zweiten nicht ebenso sein? Anfang Juli 1964 wurde ich stationär in die Bonner Uniklinik aufgenommen. Trotz aller Bemühungen der Ärzte verlor ich das Baby im vierten Monat der Schwangerschaft. Für mich war das eine schmerzliche Enttäuschung, denn ich wusste ja nicht, ob ich weitere Kinder bekommen könnte. Hans hatte in diesen Tagen große Sorgen, nicht nur wegen des Rohbaus in Friesheim, er bangte auch um mein Leben. Uns beiden wurde klar, dass der Wunsch nach einer großen Familie gar nicht so selbstverständlich in Erfüllung gehen musste.

Der Verlust des Babys war hauptsächlich Christians wegen bitter. Wir wollten ihm so gerne ein Geschwisterchen schenken. Er liebte andere Kinder und zeigte eine zärtliche Zuneigung zu jedem Baby. Es wäre für ihn das größte Glück gewesen, wenn wir jetzt noch eins bekommen hätten. Aber es sollte nicht sein – vielleicht später! Es wäre so schade gewesen, wenn er kein Geschwisterchen bekommen hätte, mit dem er seine eigene geheimnisvolle, kleine Gemeinschaft haben könnte.

»Deine Eltern werden zwar immer versuchen, Deine kleinen und für Dich so wichtigen Fragen und Probleme zu verstehen, mit Dir darüber zu sprechen und Dir zu helfen. – Sprechen kannst Du mit Deinen Eltern über alles! – Aber Du kannst halt nicht alles mit ihnen tun und machen wie mit einem Geschwisterchen«, schrieb ich damals im Krankenhaus in mein kleines Heft der Briefe an meine Kinder.

Als ich nach Hause kam, besuchten uns Freunde aus Berlin – eine willkommene Ablenkung und Abwechslung, denn ich musste mich wieder dem Alltag und seinen Anforderungen zuwenden. Dies war die Lebenseinstellung, in der ich aufgewachsen war: pragmatisch und zukunftsorientiert. Über die Vergangenheit zu klagen und zu lamentieren, war nie die Haltung meiner Eltern gewesen.

CHAMPAGNER UND HUMMER GAB ES IN VILICH NICHT!

Unsere Freunde, die aus Berlin zu Besuch gekommen waren, schenkten uns unser erstes Gästebuch, ein Buch, das uns zweiunddreißig Jahre lang begleitet hat und Erinnerungen an viele liebe Gäste und schöne Feste wiedergibt. Es war beglückend, wieder einmal Freunde um uns zu haben.

Auch Ines, eine von meinen vier Freundinnen aus der Luisenstiftung, kam uns öfter aus Berlin besuchen. Sie war eine bemerkenswerte Frau. Sie studierte Medizin und war mit einem in Berlin bekannten, fünfzehn Jahre älteren Arzt verlobt. Wir waren schon zur bayrischen Trachtenhochzeit eingeladen, als sie mir drei Wochen vor dem Hochzeitstermin in einem Brief mitteilte, sie werde diesen Mann nicht heiraten. Bei den Vorbereitungen zur Hochzeit hatte sich nämlich herausgestellt, wie sehr ihr Verlobter von seiner Mutter abhängig war, die alles bestimmte. Ines fühlte sich nur noch als weibliches Schmuckstück und Aushängeschild, und sie sah keine Möglichkeit, in einer Ehe jemals eine gleichberechtigte Partnerin dieses Mannes zu werden. Deshalb kündigte sie das Eheversprechen auf. Das war in der damaligen Zeit ein sehr mutiger Schritt!

Auch Siegfried besuchte uns häufig. Er machte eine Lehre als Weinküfer und besuchte die Weinbaulehranstalt in Krumbach. Über seinen Besuch freuten wir uns immer. Er war stets lustig und vergnügt und brachte Stimmung in unsere abgeschiedene Idylle. Ihm gegenüber hatte ich oft ein schlechtes Gewissen, da ich mich so wenig um ihn kümmern konnte. Seit meinem Auszug aus der Martin-Luther-Straße hatte er mit Detta in Berlin allein gelebt. Monateweise hielt er sich zur Ausbildung in Westdeutschland auf, und dann besuchte er uns häufig. Hans versuchte, ihn in dieser Zeit ein wenig »freundschaftlich« zu erziehen, was aber oft in jungenhaften Albernheiten endete. Wenn Siegfried bei uns war, fuhr Hans mit dessen kleinem Fiat nach Friesheim, um nach dem Bau zu sehen. Manchmal ließ mein Bruder uns auch seinen Wagen für eine Woche in Vilich und fuhr mit dem Zug nach Berlin zurück. Als er uns einmal besuchte, deckte ich den Tisch festlich mit dem alten bemalten KPM-Porzellan, das ich von den Eltern geerbt hatte. Ich hatte einen Salat aus Möhren und Äpfeln mit Majonäse gemacht und noch ein paar andere preiswerte kalte Speisen auf den kostbaren Tellern hübsch angerichtet. Für den Sekt Fournicus standen Sektgläser auf dem Tisch. Als Siegfried hereinkam und die festlich gedeckte Tafel mit dem rötlichen Salat sah, fragte er erwartungsvoll: »Was, bei euch gibt es Champagner und Hummer?« So feierten wir oft fröhliche Stunden mit einfachen Gerichten, aber in festlicher Aufmachung.

Bei meiner Fehlgeburt hatte ich Oberarzt Professor Langendörfer kennen gelernt, der mich wie eine Privatpatientin behandelte, obwohl ich nur über die AOK versichert war. Zum Dank buk ich ihm und seiner Familie eine Nusstorte und Buttergebäck, worüber er sich sehr freute. Er machte mir Mut und gab mir die Hoffnung, weitere Kinder zu bekommen. Allerdings müsste ich mich zuvor einer umfangreichen Operation unterziehen. Erst jetzt wurde mir voll bewusst, welch großes Geschenk unser erstes Kind für uns beide gewesen war. Nachdem ich mich von der Fehlgeburt erholt hatte, ließ ich mich im November erfolgreich operieren. Ich musste fast fünf Wochen im Krankenhaus bleiben. In dieser Zeit lebte Hans überwiegend bei seinen Eltern, während seine Mutter dankenswerterweise Christian versorgte. Daneben kümmerte er sich auch um den Bau in Friesheim.

Ende November 1964 gab es im Rheinland einen ungewöhnlich schweren Sturm mit starken Unwettern. In den Zeitungen las man Berichte über abgetragene Dächer und überflutete Keller. Hans fuhr mit Siegfried nach Friesheim, um nach dem Rohbau zu sehen. Zwei Flachdächer lagen auf der Straße, aber zum Glück nicht von unserem Haus. Im Haus selbst war auf den ersten Blick alles in Ordnung, bis sie in den ausgebauten Keller hinuntergingen. Dort stand das Wasser bereits knöchelhoch und lief weiter durch das abgeschrägte Kellerfenster hinein. Siegfried hat Hans nie so verzweifelt gesehen wie hier. Hans versuchte das überflutete Kinderzimmer im Souterrain mit leeren Konservendosen trockenzuschöpfen, aber das Wasser lief von oben unaufhörlich nach.

Als Hans mich hinterher im Krankenhaus besuchte, war er am Boden zerstört. Ihm schwammen buchstäblich alle Felle weg. Am nächsten Tag beruhigte ihn der Architekt. Man müsse eine Dränage um den Keller legen. Das Erdreich sei dort so fest, dass das Regenwasser nicht ablaufen könne. Zum Glück war die Terrasse noch nicht verklinkert worden.

Mitte Dezember 1964 wurde ich entlassen. Ich war froh, wieder in meinem kleinen Heim zu sein. Diesmal versprach mir Hans, dass wir den Heiligen Abend zu Hause feiern würden. Die ersten drei Weihnachten hatten wir selbstverständlich bei seinen Eltern gefeiert. Doch jetzt war Christian zweieinhalb Jahre, und ich wollte endlich eigene Weihnachten erleben. Von da an kamen die Schwiegereltern und Epi, Hans' jüngste Schwester, am Heiligen Abend zu uns, was uns sehr gefreut hat. Unsere kleine Welt schien wieder in Ordnung zu sein.

Durch den Wassereinbruch konnten wir das Haus in Friesheim nicht zum Januar 1965 vermieten. Aber der Architekt versicherte uns am Telefon, dass die Dränage noch vor Weihnachten gelegt werde und das Haus fertiggestellt sei, sogar die Terrasse sei dann verklinkert.

Über Weihnachten hatte es geschneit. Unseren Vermietern, die ja den Anstoß zu diesem Hausbau gegeben hatten, wollten wir am 1. Januar 1965 voll Stolz das Ergebnis vorführen. Das Haus lag in der Sonne, der Garten war verschneit, die oberen Räume waren lichtdurchflutet, die Tapeten geklebt, das Parkett geputzt. Wir gingen die Holztreppe hinunter, um ihnen auch das zweite Kinderzimmer im Keller zu zeigen, und waren wie vom Schlag gerührt. Es stand wieder alles unter Wasser! Ohne Regen und Sturm. Ein Sachverständiger stellte fest, dass im Mauerwerk die Schlitze für die Installationen nicht fachgerecht vermauert, sondern nur mit Feinputz zugeschmiert waren. Jetzt war eine grundlegende und umfangreiche Sanierung erforderlich. Zum 1. März 1965 konnten wir das Haus endlich vermieten.

Das Jahr 1965 sollte völlig neue Weichenstellungen bringen. Unsere Erbengemeinschaft verkaufte das Haus in der Schloss-Straße in Berlin. Ein schönes Altberliner Haus, in dem sich unsere älteste Filiale befand. So wurde das Erbe unserer Eltern Stück für Stück »verhökert«. Mein Anteil aus dem Erlös war für uns ein großer finanzieller Segen. Wir kauften uns unser erstes Auto: einen neuen Ford 12M für 5782,00 DM. Der Rest wurde auf die hohe Kante gelegt.

DEM GIPFEL ENTGEGEN

Nun sah die Welt schon wieder ganz anders aus! Außerdem taten sich neue Perspektiven auf: Ein Berliner Freund von Hans berichtete von einer Annonce in der Neuen Juristischen Wochenzeitschrift, in der das Bundeskriminalamt (BKA) nach Anwärtern für einen dreijährigen Lehrgang zum »Leitenden Kriminaldienst« suchte. Das interessierte Hans sofort, zumal er in den beiden zurückliegenden Stationen seines Referendardienstes bei der Staatsanwaltschaft und beim Bonner Landgericht nicht sehr glücklich gewesen war und vieles dafür sprach, dass er nach abgeschlossenem Assesorexamen gerade dort eingesetzt würde, wenn er in der Justiz bliebe. Also bewarb er sich beim BKA und fuhr im Januar 1965 nach Wiesbaden, wohin man ihn für einen zweitägigen Eignungstest eingeladen hatte. Der Amtsarzt wollte ihn aufgrund der Spätfolgen einer Kinderlähmung an der linken Hand zunächst für »nicht polizeidiensttauglich« erklären, doch er überzeugte auch im sportlichen Teil des Testes so eindeutig, dass man ihn als Einzigen aus dieser großen Prüfungsgruppe auswählte.

Als Hans nach zwei Tagen nach Hause kam, war er ein anderer Mensch. Endlich hatte er ein Berufsziel gefunden, das ihn begeisterte. Seine Augen strahlten voll Selbstbewusstsein und Glück. »Wenn sie überhaupt einen nehmen, dann mich!« verkündete er schon an der Tür.

Nachdem das Haus in Friesheim vermietet war, machten wir im März 1965 unseren ersten gemeinsamen Skiurlaub in Vent in den Ötztaler Alpen in Österreich. Wir kauften uns unsere erste Skiausrüstung und buchten für zwei Wochen im Hotel Zur Post. Wir kamen uns vor wie Könige. Ich war begeistert von der Bergwelt und glücklich, sie gemeinsam mit Hans erleben zu können.

Mit unserem Skilehrer unternahmen wir auch Touren. In der zweiten Woche stiegen wir mit Fellen auf den dreitausendsechshundert Meter hohen Similaun, jenen Prachtberg der Ötztaler Alpen, auf dem man später den »Ötzi« gefunden hat. Am ersten Tag ging es bis zur Similaunhütte, wo wir übernachteten. Am Abend wurden in der Hütte eine Menge Spaghetti gegessen, viel Rotwein getrunken und noch mehr Lieder gesungen. Ich erlebte diese Hüttenromantik zum ersten Mal und war hellauf begeistert. Je mehr ich mitsang und mich freute, desto ruhiger wurde Hans. Nachts versuchten wir in unserer Skikleidung auf den Strohsäcken zu schlafen, um morgens um vier Uhr den Aufstieg zu versuchen. Die ersten beiden Stunden stiegen wir noch mit Fellen und Skiern nach oben. Aber auf den letzten dreihundert Höhenmetern mussten wir die Skier zurücklassen, um den großartigen Berg mit dem Seil zu erklimmen. Mir ging zunehmend die Luft aus, und ich kämpfte mit mir, ob ich zurückbleiben sollte. Vor mir im Seil ging ein Pfarrer, der mir gut zusprach und mich zog, hinter mir mühte sich ein älterer Herr, ungefähr fünfzig Jahre alt. Der sagte: »Junge Frau [ich war damals fünfundzwanzig Jahre alt], Sie werden doch nicht aufstecken? Wir nehmen Sie mit!« Hans war in der Seilschaft weiter vorn und konnte mir nicht helfen. Mit letzter Kraft kam ich oben an. Welch ein Glücksgefühl!

Der Abstieg fiel dann nicht mehr so schwer. Wir fuhren mit den Skiern über den Gletscher und kamen nachmittags wieder wohlbehalten, restlos erschöpft bis auf die Knochen, aber glücklich im Hotel an. Am Abend wurde diese Tour von unserer Seilschaft mit Fondue, Rotwein und Tanz gefeiert. Ich war ausgelassen und tanzte mit Hans. Doch als mich der ältere Herr aus unserer Seilschaft aufforderte, war es mit Hans' Fröhlichkeit vorbei. Dabei hatte ich doch nichts Böses getan. Ich war immer ein kontaktfreudiger Mensch gewesen, er dagegen eher zurückhaltend. Ich konnte nicht verstehen, dass er nicht mehr mitmachte, er seinerseits konnte nicht verstehen, dass ich mit anderen lachte und tanzte. Er behauptete sogar, der Herr hätte mich auf die Backe geküsst.

Ich war ein Mensch, der seine Freiheit liebte. Von mir aus wollte ich Hans gerne die Treue halten, mich aber mit unbegründeter Eifersucht ketten zu lassen, das konnte ich nicht ertragen. Wenn wir Christian nicht gehabt hätten, wäre ich – trotz aller Liebesschwüre – am liebsten weggelaufen. Heute können wir darüber nur lachen, aber wenn man noch so jung ist, wie wir damals waren – Hans achtundzwanzig Jahre und ich drei Jahre jünger –, haben die Unstimmigkeiten eine andere Dimension, und aus Mücken können Elefanten werden. Zum Glück haben wir uns redlich bemüht, uns in unserem »Anderssein« zu tolerieren. Das ging natürlich nicht von einem Tag auf den anderen. Diese Eifersucht, dieses Besitzergreifen meiner Person konnte ich nur in dem Maße bei Hans abbauen, wie er meiner Treue vertrauen konnte, und das war ein langer Weg der Überzeugung mit viel Geduld. Ich selbst gab mir auch große Mühe, ihn in seiner Entwicklung zu unterstützen. Mir wurde immer klarer, dass es verschiedene Gestaltungsmöglichkeiten gibt, eine Ehe zu führen, dass es aber nur gelingen kann, wenn beide sich an die gleichen Spielregeln halten.

WELCH EIN LUXUS UND WOHLSTAND!

Unser erstes Kofferradio kauften wir 1965 für 287,10 DM. Das war damals sehr viel Geld. Aber wenn wir uns etwas kauften, dann war es immer von guter Qualität. Auch ließ ich uns noch in Vilich einen Telefonanschluss legen. Jetzt hatten wir Auto, Radio und Telefon. Welch ein Luxus und Wohlstand!

Hans wuchs immer mehr in die Rolle des stolzen Familienvaters hinein. Er freute sich an unserem Auto, und ich freute mich, dass sich unser Bewegungsradius damit erweitert hatte, obwohl ich, trotz Führerscheinbesitzes, nicht selbst fuhr. Damals saßen eigentlich immer die Männer am Steuer, Frauen durften in der Regel nur bei besonderem Wohlverhalten am Sonntagnachmittag einmal fahren, und so erwarb ich keine Fahrpraxis. In diesen harmonischen Tagen war Hans von dem Gedanken erfüllt, dass wir jetzt endlich ein zweites Kind haben sollten.

Professor Langendörfer hatte auch grünes Licht gegeben, und so entstand unsere Belli. Wir waren glücklich über die Schwangerschaft, obwohl sie sehr kompliziert verlief. Ich musste alle zehn Tage zum Venusberg, um mich behandeln zu lassen. Auch durfte ich nicht verreisen. Meine Umsicht wurde belohnt: Bis zur Geburt traten keine gravierenden Komplikationen auf, und am 3. März 1966 brachte ich unsere kleine, goldige Isabell gesund zur Welt.

Am Vorabend der Geburt waren Ulrich und seine Frau bei mir in Vilich, als abends die ersten Wehen einsetzten. Hans war nicht da. Er hatte am 1. November 1965 mit der Ausbildung beim BKA angefangen und war ab 1. Februar 1966 für neun Monate beim Staatlichen Kriminalkommissariat in Limburg zur praktischen Ausbildung. So konnte er auch diesmal die ersten Stunden des neuen Lebens nicht miterleben.

Erst langsam konnte ich begreifen, dass ich jetzt zwei Kinder hatte. Das Glück, das ich darüber empfand, wurde von Tag zu Tag größer! Während der Schwangerschaft hatte ich all die Gefühle der freudigen Erwartung zurückgehalten, aus Angst, dass ich das kleine Wesen, das ich unter meinem Herzen trug, wieder verlieren könnte. Aber nun hatte ich unsere kleine Isabell in den Armen, konnte sie festhalten und an mich drücken.

Wir hatten sie uns so von Herzen gewünscht, damit Christian ein kleines Schwesterchen bekäme und nicht länger allein wäre.

In mein kleines Heft schrieb ich: »Hoffentlich wird die Liebe Eurer Eltern sich auf Eure kleinen Herzen übertragen, dass Ihr Euch immer geschwisterlich helft und wir eine glückliche Familie bleiben, in der einer für den anderen Verständnis hat.«

AUCH KINDERERZIEHUNG KANN MAN LERNEN

Jetzt waren wir endlich eine komplette Familie. Für Christian war es am Anfang trotz aller Freude nicht einfach, denn er musste lernen, seine Eltern, die er bisher für sich ganz allein gehabt hatte, mit seiner Schwester zu teilen. Mit zwei Kindern war ich ganz anders gefordert, und ich musste lernen, mit Kindern besser umzugehen.

Christian hatte uns viel Freude gemacht, aber auch viel Kummer und Sorgen bereitet. Nicht nur, dass wir ihn aus Unerfahrenheit heillos verzogen, er war leider auch oft krank. Mit drei Monaten bekam er eine schwere Mittelohrvereiterung, und sein Trommelfell musste durchstochen werden. Wir empfanden es fast wie eine Schlachtung, als Hans und ich unser kleines Baby auf dem Schoß festhalten mussten, während der alte Ohrenarzt mit einer glühenden Nadel das vereiterte Trommelfell durchstach. Auch litt Christian häufig unter schwerem Krupphusten. Das waren regelrechte Anfälle, die unerwartet abends oder nachts auftraten. Wir bangten manches Mal, dass er ersticken könnte. Zum Glück hatten wir in Beuel eine hervorragende Kinderärztin, Frau Dr. Hormes. Von ihr lernte ich viel, und sie machte mir immer wieder Mut. Sie kam sofort, wenn wir sie riefen. Dann gab sie Christian eine Kalziumspritze, das Badezimmer wurde durch Dampf in eine Sauna verwandelt, doch vor allen Dingen mussten wir Christian beruhigen. Das setzte voraus, dass wir selbst unsere Nerven unter Kontrolle hielten und nicht in Panik verfielen. Mit der Zeit wurden Hans und ich ein eingespieltes Team.

An einen der ersten Besuche von Frau Dr. Hormes

kann ich mich noch besonders gut erinnern. Christian hatte sehr hohes Fieber, und wir fürchteten natürlich das Schlimmste. Sie kam gleich in ihrer Mittagspause mit dem Auto, stellte eine Mittelohrvereiterung fest und verschrieb Penicillin, das wir ihm sofort geben sollten. Nun war die Apotheke aber in Beuel, und über Mittag waren alle Geschäfte geschlossen. Nachdem sie uns überzeugend versichert hatte, dass Christian an dieser Mittelohrentzündung nicht sterben würde, machten wir uns erst einmal erleichtert einen Tee. Hans wollte am Nachmittag, wenn er in die Stadt fuhr, das Medikament holen. Als Frau Dr. Hormes nach Ende ihrer Hausbesuche noch einmal bei uns vorbeikam, um nach Christian zu sehen, und mitbekam, dass er noch keine Medikamente bekommen hatte, schimpfte sie mit uns wie mit kleinen Kindern.

Eine solche Nachlässigkeit habe ich mir nie wieder zuschulden kommen lassen. Dieses Beispiel zeigt unsere Unreife bei der Versorgung unserer Kinder. Und in der Kunst der Erziehung waren wir nicht viel besser. Nur mit Liebe ist es eben nicht getan. Aber wir waren lernfähig.

Aufgrund der vielen Krankheiten war Christian auch ein schlechter Esser und sehr dünn, für sein Alter immer untergewichtig. Auch da gab unsere Kinderärztin mir einen entscheidenden Rat, als ich ihr erzählte, dass ich Christian immer mit den verschiedensten Nahrungsangeboten hinterherlief und ihn bat, doch ein Häppchen zu essen. Sie sagte zu mir: »Lassen Sie den Jungen zwei Tage hungern. Geben Sie ihm nur Tee zu trinken. Hinterher isst er Ihnen alles aus der Hand.« Frau Dr. Hormes bekam von mir aus gutem Grund zu Weihnachten immer einen selbst gebackenen Stollen und Kekse.

Guten Rat erhielten wir auch von einem Freund,

der Pädagogik studiert hatte. Er empfahl uns die Erziehungsbücher des amerikanischen Kinderarztes Dr. Spock. Die waren für mich wie eine Offenbarung. Sie sprachen mir aus dem Herzen und bestätigten mir so vieles, was ich instinktiv empfand, mich aber nie traute, zu tun. Durch sie wurde mir klar, dass man ein Kind erst dann richtig erziehen kann, wenn man auf seine Grundbedürfnisse eingegangen ist. Ganz konkret hieß das bei Isabell, wenn sie nachts schrie, dass ich mich vergewissern musste, ob sie Durst hatte, Angst, vielleicht auch nur einen schlechten Traum oder sich unwohl in ihren vollen Windeln fühlte. Diese Ursachen musste ich zuerst beheben, dann konnte sie und damit die ganze Familie weiterschlafen. Wieviel einfacher hatte es Isabell aufgrund meiner neuen Kenntnisse, sie musste weniger Widerstände überwinden oder dagegen anschreien. Auf so vieles wird man in der Schule vorbereitet, aber nicht auf das Leben und schon gar nicht auf die Erziehung von Kindern.

Für unsere Familie begann eine sehr glückliche Zeit. Ich hatte schon Anfang des Jahres, noch vor Isabells Geburt, eine etwas größere Dreizimmerwohnung in St. Augustin gefunden, in einem Haus, das gerade in einer neuen Siedlung gebaut wurde. Als ich den Mietvertrag unterschrieb, war die Straße eine einzige Baustelle. Als wir drei Jahre später wieder auszogen, war sie das immer noch, denn viele junge Familien hatten sich bei der Finanzierung übernommen und konnten den Bau nicht zu Ende führen.

Ende Mai 1966 flog ich mit Ulrich für zwei Tage nach Berlin. Dort wollten wir uns bei dem Testamentsvollstrecker, Dr. Ruge, mit Gustav gütlich einigen. So wie dieser die Geschäfte führte, ging es nicht weiter. Wir hafteten nach wie vor uneingeschränkt als Erbengemeinschaft. Über die Risiken, die er einging, sagte er uns nichts, und vernünftige Abrechnungen oder gar Bilanzen bekamen wir ebenfalls nicht zu sehen. Ulrich drängte zu Recht auf eine Klärung. Es waren zwei harte Verhandlungstage. Am Ende stand der Kompromiss, dass Gustav die Firma allein übernehmen und uns ausbezahlen würde. Das Geld, das ich dadurch erhielt, gab mir große Gestaltungsmöglichkeiten für unser eigenes Leben.

Seit Hans beim BKA war, führten wir nur ein Wochenendfamilienleben; dann war Christian montags immer mürrisch und unausgeglichen. Hans fehlte ihm sehr.

Im Juni 1966 fuhr unsere ganze Familie auf einen Bauernhof nach Bad Soden. Frau Dr. Hormes hatte uns geraten, mit Christian eine Sole-Kur zu machen. Es waren herrliche Tage, die wir gemeinsam mit Hans auf dem Bauernhof verbrachten, umgeben von Schweinen, Hühnern, Kühen und Traktoren. Wir waren vier Wochen lang eine richtige Familie, mit einem Vater, der den ganzen Tag bei uns war. Das genoss Christian sehr. Für ihn war sein Vater ein großes Vorbild, und er liebte ihn abgöttisch.

Auch unsere kleine Isabell haben wir in den Ferien so richtig entdecken können. In mein Heft schrieb ich:

»Ich bin so selig, seit ich Dich habe, weil ich jetzt Kinder habe, weil ich Liebe in Eure Herzen säen kann und zusehen kann, wie diese Liebe keimt und wächst. Es sind für mich die schönsten Minuten am Tag, wenn Ihr beide Euch lieb habt. Ich kann jetzt meine Mutter verstehen, als sie in ihr Testament schrieb: ›Es ist mein größter Wunsch, dass meine Kinder sich nicht zanken!‹«

Christian war den ganzen Tag an der frischen Luft,

fütterte Kühe, unterhielt sich stundenlang mit den Schweinen, gewann Tante und Onkel Gregori, die Bauersleute, lieb und versetzte Berge von Sand mit seiner Schippe und seinem Schubkarren. Die frische Luft und die Kuranwendungen (Hans fuhr jeden Tag mit ihm zum Inhalieren oder ins Badehaus) taten ihm gut. Hoffentlich hatte er jetzt etwas mehr Abwehrstoffe gegen die Krankheiten, mit denen er sich sonst so plagen musste.

Mit unserer kleinen Isabell machten wir die Entdeckung, dass man mit einem kleinen Baby gar nicht ans Haus gefesselt ist, sondern sehr viel unternehmen kann. Wir waren mit beiden Kindern im Frankfurter Zoo, auf dem Flughafen und im Senckenbergmuseum, waren oft baden (was Christian einen Heidenspaß gemacht hat), haben Wanderungen gemacht, waren bummeln und Kaffeetrinken.

Als wir von unserem Urlaub nach Hause zurückkamen, richteten wir uns die Wohnung so schön ein, wie wir es uns erträumt hatten und es unsere Mittel erlaubten. Wir wussten, dass sie für uns nur ein vorübergehendes Zuhause sein konnte, denn Hans würde nach seinem Examen beim BKA 1968 entweder in Wiesbaden oder in Bonn-Bad Godesberg eine neue Arbeitsstelle finden. Während seiner Ausbildung beim BKA war es unmöglich, mit ihm zusammenzuwohnen, dann hätte ich mit den Kindern alle paar Monate umziehen müssen. Außerdem sollte er abends seine Ruhe haben, um lernen zu können.

Von November 1966 bis zum Januar 1967 war er für drei Monate zum Zwischenlehrgang beim BKA in Wiesbaden. Am Freitagnachmittag warteten wir voll Sehnsucht, dass er mit dem Auto um die Ecke bog. Das Wochenende war immer ein Fest.

Auf Ulrichs und Brigittes Anregung hin nahm ich auch mit Detta wieder Kontakt auf. Siegfried hatte inzwischen geheiratet, sodass sie ihm gegenüber keine Pflichten mehr hatte. Ulrich und Brigitte wohnten inzwischen mit ihrer Tochter Christiane in Beuel. Mein Bruder absolvierte eine Ausbildung für den Diplomatischen Dienst. Detta kam ab und zu aus Berlin, um Brigitte zu helfen. Ich bat sie, ob sie auch mir helfen könnte, was sie gern tat. Als wir im Januar/Februar 1967 mit beiden Kindern nach Neuglashütten in den Schwarzwald fuhren, begleitete sie uns.

ALLER GUTEN DINGE SIND DREI

Im März 1967 gab es noch einmal eine aufregende Zeit. Ich stellte fest, dass ich schwanger war, und Hans bekam schwere Nierenkoliken. Er hatte zwei große Nierensteine. Gegen die starken Schmerzen bekam er Morphium, und er musste für drei Wochen ins Krankenhaus. In dieser schweren Zeit hatte ich endlich Gelegenheit, selbst mit dem Auto zu fahren. Meinen Führerschein hatte ich ja schon seit viereinhalb Jahren, und ein Auto besaßen wir seit zwei Jahren.

Als ich im Sommer 1965 meine ersten Fahrversuche machte, ging das allerdings total daneben. Hans bekam einen »Herzschlag« nach dem anderen, sodass ich mehr um sein Leben bangte als um das Auto und von weiteren Versuchen enttäuscht Abstand nahm. In der Folgezeit brauchte er den Wagen. Ich sollte aufgrund der Schwangerschaft sowieso nicht fahren. So war das Thema zunächst auf natürliche Art und Weise abgehakt. Doch jetzt war es für mich wichtig, mit dem Auto fahren zu können, um Hans im Krankenhaus zu besuchen. Ich hatte mir inzwischen ein junges Mädchen als Babysitterin herangezogen und konnte schon mal für zwei Stunden weg. Das Auto stand vor der Tür. Ich nahm all meinen Mut zusammen, wischte mir meine angstnassen Hände ab, damit ich den Zündschlüssel nicht verlor, und setzte mich ans Steuer. Es gelang mir, den Wagen zu starten, und ich fuhr los: erst ganz langsam um die mir bekannten Ecken. Ich probierte Blinker und Bremse aus, dann erst traute ich mich auf die Bundesstraße. Das Krankenhaus in Beuel fand ich trotz der Einbahnstraßen. Aber dann wurde es schwierig. Wo war ein Parkplatz, der groß genug war, dass ich den Wagen einparken konnte? Ich brauchte am Anfang fast eine Landebahn. Aber in diesen drei Wochen lernte ich Autofahren und habe es mir seitdem auch nie wieder ausreden lassen!

In diesem Jahr las ich in der Zeitung einen Artikel über die Montessori-Pädagogik. Der Gedanke, Kindern spielerisch Lernangebote zu machen, aus denen sie selbst nach ihren Interessen und Neigungen auswählen können, interessierte mich sehr. Ich besorgte mir Bücher darüber. Wir fanden in Köln eine Lehrmittelanstalt, die Montessori-Material hatte. Dort kauften wir eine Landkarte von Europa als Holzpuzzle und eine »Hundertertafel« mit den Plättchen von eins bis hundert. Ich musste Christian anspruchsvoll beschäftigen, denn ich hatte immer noch keinen Kindergartenplatz für ihn. Durch das Montessori-Spielmaterial konnte ich ihm zwar viele Anregungen geben, aber was ihm fehlte, war das Einüben sozialen Verhaltens unter Gleichaltrigen, ohne dass Vater und Mutter dabei waren. Sich zum Beispiel gegen Gemeinheiten anderer Jungs zu wehren und sich zu behaupten, das hätte er damals nicht gekonnt.

Hans und ich freuten uns auf unser drittes Kind. In dieser Zeit hatte er einen neunmonatigen Ausbildungsabschnitt in Köln zu absolvieren, sodass er bei uns wohnen konnte. Wenn er abends nach Hause kam, genoss er seine Kinder. Ich hatte inzwischen Kochen und Backen gelernt und verwöhnte meine Familie. Christian und Isabell entwickelten sich prächtig. Christian liebte seine Schwester über alles und war stolz auf sie. Er war ein aufgeweckter, quirliger Junge, der mir Löcher in den Bauch fragte und alles wissen wollte. Ich gab mir Mühe, ihm auf jede Frage eine ehrliche Antwort zu geben, auch auf die Gefahr hin, dass er sie noch nicht verstand. Ich empfinde es als ein wunderbares Zeichen des Vertrauens, wenn ein Kind mit jeder Frage zu seinen Eltern kommt. So wurden auch Fragen nach dem Tod, wo zum Beispiel meine Eltern seien, oder der Geburt, warum ich denn auf einmal so einen dicken Bauch bekäme, nicht ausgeklammert. Was habe ich diese Möglichkeit zu fragen als Kind entbehrt, ohne mir dessen bewusst zu sein.

Im Oktober 1967 schrieb Hans in St. Augustin an Christian und Isabell:

»Es ist jetzt kurz nach zwanzig Uhr, und ich bin ziemlich erschöpft, denn ich habe den ganzen Tag nichts Anderes gemacht, als mit Euch gespielt! Vormittags bin ich mit Euch zwei Stunden auf dem Venusberg Rad gefahren, während Eure Mutter zur Untersuchung bei Dr. Langendörfer war, und nachmittags ging es dann in der Wohnung hoch her, weil es draußen stark regnete. Ihr seid auf mir herumgeritten, beide auf meinem Rücken, habt mich völlig zerzaust und keine Sekunde in Ruhe gelassen. Wenn ich auf dem Boden lag, setzte sich Belli mit größtem Vergnügen mit ihrem nassen Po mitten auf mein Gesicht! Nun Ihr kleinen Geister, Ihr habt mich ganz schön geschafft!«

Während Hans diesen Brief schrieb, hatte ich starke Schmerzen im rechten Bein. Ich hatte eine Venenentzündung, die sich in den darauf folgenden Tagen verschlimmerte. Ich konnte das Bein nicht mehr bewegen, trotz Bandagierens und Hochlegens. Die Erinnerung an die beinahe tödlich verlaufene Thrombose meiner Mutter war sofort da, und ich hatte Angst, dass ich bei der Entbindung sterben könnte. Nachts überlegte ich mir, was dann aus den Kindern werden sollte. Ich wollte an meine Freundin Ines, die noch nicht verheiratet und Bellis Patentante war, einen Brief schreiben, dass sie dann Hans heiraten solle. Dies wäre mir lieber gewesen, als wenn mein Mann mit den Kindern alleine dagestanden hätte. Aber zum Glück war das alles nicht nötig! Detta kam aus Berlin, und am nächsten Tag wurde ich mit dem Krankenwagen in die Uniklinik auf den Venusberg gebracht. Ich musste strenge Bettruhe einhalten, und das Bein wurde besser.

Am 8. November 1967 bekam ich unseren kleinen Matthias. In mein kleines Heft schrieb ich einen langen Brief an die Kinder. Für mich war das eine Form der Meditation und Ausdruck meiner Vorfreude auf meine große Familie. Auch war ich mir bewusst, dass ich während der letzten Monate der Schwangerschaft nicht immer eine einfache Mutter gewesen war.

»Es war für Euch beide in den letzten Monaten manchmal wohl schwer, mit Eurer Mutter auszukommen. Ich war oft sehr gereizt, da ich doch so manche körperlichen Beschwerden hatte, die es mir dann zur Qual machten, wenn Isabell die Waschpulvertüte auf dem Teppich ausstreute oder auf ihrem kleinen Kinderstühlchen neben der Spüle stand und immer wieder das sauber gespülte Geschirr in das schmutzige Abwaschwasser warf. Und wenn ich Euch sagte, Ihr sollt in Eurem Zimmer spielen, dann ging nach kurzer Zeit ein Geschrei und Gezanke los, sobald Isabell sich von Deinen Spielsachen ein Auto oder ein Legosteinchen stibitzte. Du nahmst es ihr weg, und sie schrie und biss vor Wut in den Teppich. Ich hatte manchmal nicht mehr die Kraft, Euch energisch und liebevoll zu lenken und Eurem Treiben Einhalt zu gebieten. Ihr habt unter diesem Zustand am meisten gelitten. Trotzdem habe ich mich gewundert, wie gut Ihr die Zeit überstanden habt. Jetzt kommen wieder Ruhe und Ordnung in Euer Leben, und zur Belohnung für manch unvermeidliche Träne von Euch und manch einen verzweifelten Klaps von mir bringe ich Euch unseren kleinen Matthias mit.

Meine lieben Kinder, Ihr werdet mir alle drei viel Arbeit und manchmal auch Sorgen machen, aber auch sehr viel Freude schenken. Ich habe mir immer viele Kinder gewünscht, und ich liebe Euch so, wie Ihr seid, und bin mächtig stolz auf meine drei Kinder!«

LATERNE, LATERNE, SONNE, MOND UND STERNE

Die Vorweihnachtszeit war für uns immer am schönsten. Streng genommen fing sie bereits im Oktober an. Da habe ich Dresdner Stollen nach einem alten Familienrezept gebacken. Da ich viele der Stollen zu Weihnachten verschenkte, habe ich an fünf Tagen hintereinander jeweils fünf Stück von unterschiedlicher Größe gebacken. Das war ein Duft im ganzen Haus! Christian half mir damals schon beim Abziehen der Mandeln. Die Stollen wurden in Alufolie eingepackt, in Plastiktüten verschlossen und im Keller aufbewahrt. Am ersten Advent wurde der erste angeschnitten.

Im November wurde St. Martin gefeiert. Für mich als Berlinerin war dieser Brauch ganz neu. Ich erlebte ihn zum ersten Mal in Vilich mit Christian, als er anderthalb Jahre alt war. Er war noch zu klein, um mitzulaufen, aber groß genug, um sich zu freuen und zu staunen über die vielen Laternen. Am Tag des Laternenumzugs wurden die Fenster mit bunten Windlichtern geschmückt und große, süße Butterbrezeln gebacken. Diese bekamen die Martinskinder geschenkt, die bei uns klingelten und sangen. Später gingen dann auch unsere drei Kinder mit ihren selbstgebastelten Laternen von Haus zu Haus und sangen: »Laterne, Laterne, Sonne, Mond und Sterne«.

Zum ersten Advent wurde die Wohnung festlich geschmückt, und von nun an zog fast jeden Tag ein verlockender Duft nach Weihnachtsplätzchen durch die Wohnung. Die Kinder haben mir beim Backen geholfen, mit roten Backen. In den Jahren, als sie noch klein waren, wäre es einfacher gewesen, ich hätte die Kekse und Stollen erst am Abend gebacken. Aber ich wollte, dass sie daran teilhatten, ihnen der Duft in die Nase zog und ihnen die schöne Vorweihnachtszeit für immer im Gedächtnis haften bliebe. So habe ich es bis 1981 gehalten.

Abends zündeten wir vor dem Schlafengehen die

Kerzen in den selbstgebastelten Laternen an und sangen ein paar Lieder. Ich las den Kindern ein oder zwei Gutenachtgeschichten vor, die Matthias natürlich noch nicht verstand. Aber wir waren alle in dem kleinen Kinderzimmer zusammen und waren glücklich. Das Gebet und der Gutenachtkuss bildeten den Abschluss – danach wurde geschlafen!

Die Zeit in St. Augustin war eine der glücklichsten in meinem Leben. Ich wurde von den Kindern gebraucht und auch von Hans, so war ich restlos ausgelastet, aber zutiefst glücklich, denn ich hatte drei Funktionen: Ich war inzwischen eine gute Hausfrau, eine liebevolle Mutter und am Wochenende Hans eine zärtliche Geliebte. Mir hätte damals keiner sagen dürfen, dass ich »nur Hausfrau und Mutter« war. Ich war stolz auf meine Familie und hielt meine Aufgabe für wichtig.

Auch 1968 sollte wieder ein aufregendes Jahr werden. Es fing für Hans und mich mit einem Schrecken an, weil wir dachten, ich sei wieder schwanger. Die Niederkunft wäre genau zum Zeitpunkt des Examens gewesen. Ich weiß nicht, was wir den Schwiegereltern gesagt hätten. Wir überlegten schon, ob wir auswandern sollten. Über Kinder freute ich mich ja, aber doch nicht so schnell. Isabell und Matthias waren ja nur achtzehn Monate auseinander. Zum Glück war es falscher Alarm!

Empfängnisverhütung oder besser gesagt, eine sinnvolle Familienplanung war für unsere Generation noch ein äußerst problematisches Thema. Von der Pille hörten wir erst 1969, obwohl es sie schon seit 1966 gab. Das Thema wurde noch nicht einmal beim Frauenarzt besprochen. Ich war am Anfang sehr skeptisch, weil wir ja noch mehr Kinder haben wollten und man damals noch nicht wusste, ob die regelmäßige Einnahme auf spätere Schwangerschaften Auswirkungen haben würde. Man befürchtete ja auch eine Thromboseanfälligkeit. So segensreich die Pille für die Frauen ist, sie hat doch auch die Einstellung zu Kindern generell verändert. Früher kam man in die Gefahr, mitleidsvoll belächelt zu werden, wenn man das dritte Mal schwanger wurde. Nach Einführung der Pille wurde man dafür oft vorwurfsvoll angeguckt, als hätte man nicht aufgepasst. Nach wie vor gab es nicht genügend Kindergärten, geschweige denn Wohnungen für Familien mit mehreren Kindern.

WIE DURCH EIN WUNDER

Im März 1968, zwei Monate vor seinem sechsten Geburtstag, bekam Christian endlich einen Kindergartenplatz. Matthias war ein gesundes, zufriedenes und braves Baby, das ich vormittags gut für zwei Stunden allein lassen konnte. Da unterlief mir im März 1968 eine unverzeihliche Unaufmerksamkeit. Ich war mit der zweijährigen Belli mit der Straßenbahn nach Bonn gefahren, um in einem Kurzwarengeschäft Nähsachen zu kaufen. Während ich die Reißverschlüsse und Knöpfe aussuchte, die ich für die selbstgenähten Kleidungsstücke brauchte, hatte ich Belli auf dem Arm. Als ich jedoch bezahlen wollte, stellte ich sie kurz auf den Boden. Sie ging zu einem großen Wandspiegel und beguckte sich mit dem Luftballon, den sie eben geschenkt bekommen hatte. Ich bezahlte gerade an der Kasse, als ich einen dumpfen Aufprall hinter mir vernahm. Ich hörte zwar kein Schreien, aber ich suchte sofort nach Isabell, die nicht mehr vor dem Spiegel stand. Was ich zuvor nicht gesehen hatte, sah ich jetzt: Hinter einem Ladentisch gab es eine Bodenluke, die mit einer Holzklappe zu verschließen war und durch die man auf einer steilen Wendeltreppe in den zwei Meter tiefer gelegenen Keller gelangen konnte. Von dieser Kellerluke hatte ich keine Ahnung, und an diesem Vormittag stand die Klappe offen. Als ich das sah, raste ich die Treppe hinunter. Da lag Belli mit dem Kopf auf dem Boden und gab keinen Laut von sich. Sie muss schier im Sturzflug in diese Falle gestürzt sein, zwei Meter tief auf den nackten Betonboden. Ich drehte sie um, sie sah mich an, sagte aber keinen Ton.

Inzwischen hatte der Inhaber des Geschäfts die Feuerwehr gerufen. Wir fuhren mit dem Notarzt ins Krankenhaus. Auf der Trage im Krankenwagen sagte Isabell nur ein Mal »Mama« und hielt fest meine Hand. Auf der Unfallstation des Krankenhauses stellten die Ärzte eine schwere Gehirnerschütterung fest. Isabell kam in ein Bett und sollte angeschnallt werden, weil sie für Wochen ganz ruhig liegen sollte. Das Anschnallen lehnte ich ab. Ich sagte, ich würde bei ihr im Krankenhaus bleiben und dafür sorgen, dass sie ruhig liegen blieb. Das lehnten die Ärzte ab, mit der Bemerkung, das ginge nicht! Ich fragte, ob sie ins Kinderkrankenhaus in Bonn überwiesen werden könnte, doch auch das lehnte man ab. »Dann nehme ich sie mit nach Hause! Hier lasse ich sie nicht alleine angeschnallt zurück.«

Inzwischen waren zwei Stunden vergangen. Isabell sprach immer noch kein Wort und weinte auch nicht. Sie wollte nur meine Hand festhalten. Den Ärzten musste ich eine Erklärung unterschreiben, dass ich auf eigenes

Risiko, gegen ihr Abraten, meine Tochter aus dem Krankenhaus nahm. Ich fuhr mit dem Taxi und Belli auf dem Arm nach Hause. Dort saß Christian auf der Treppe vor dem Haus und wunderte sich, wo ich blieb. Als Belli ihn sah, sagte sie: »Tittan!«

Was war ich froh! Das erste Wort, das ihr nach »Mama« wieder einfiel. Ich legte Belli in ihr kleines Kinderbettchen, in dem sie ganz ruhig liegen blieb, und rief Frau Dr. Hormes, Hans und Detta an. Alle drei versprachen mir, sofort zu kommen. Dann fütterte ich Matthias und Christian. Isabell hatte ich in ihrem Kinderbettchen dabei, immer in unmittelbarer Nähe. Als sie ihre vertraute Umgebung und vor allem Christian wieder wahrnahm, fielen ihr wieder viele Worte ein. Inzwischen war ihre Stirn dick angeschwollen. Als Frau Dr. Hormes kam und sie untersuchte, erklärte sie, Isabell müsse eigentlich ins Krankenhaus, denn es könnte sich in den nächsten Tagen auch eine Hirnblutung einstellen. Doch wenn ich es so einrichten könnte, dass ich die nächsten Tage immer bei ihr am Bettchen sei, um sie zu beobachten – Isabell dürfe nicht weinen, sich nicht aufsetzen, sich vor allen Dingen nicht aufregen –, dann würde sie es mit mir versuchen und jeden Tag kommen. Nach einer Woche müsse ich mit Isabell aber zu einem EEG in die Bonner Kinderklinik. Wenn dann alles gut laufe, könne ich sie weiter zu Hause pflegen. Wenn es bei der Gehirnerschütterung bleibe, dauere das fünf bis sechs Wochen.

Am Abend war Hans schon da, doch er konnte keinen Urlaub nehmen, da er sich auf dem Abschlusslehrgang befand. Detta kam am nächsten Tag aus Berlin. Wir überlegten, was wir machen sollten. Da Isabell langsam ihren Wortschatz wiederfand und auch keine

Anzeichen von Krämpfen zeigte, entschlossen wir uns beide, das Risiko einzugehen und sie zu Hause zu pflegen. Ich konnte mich Tag und Nacht ausschließlich um sie kümmern, ließ sie in der vertrauten Umgebung ihres kleinen Kinderzimmers und klappte mir in der Nacht eine Balkonliege neben ihrem Bettchen auf, um sofort bei ihr zu sein, wenn sie sich regte. Tagsüber versuchte ich, sie ruhig zu halten, indem ich sie streichelte oder ihr Geschichten vorlas, die sie besonders gerne hörte. Ein kleines Pixi-Heftchen gab es mit einer Geschichte in Reimen, das habe ich ihr in diesen Wochen mehrere hundert Mal vorgelesen. Wenn ich fertig war, sollte ich wieder von vorn anfangen. Nach zwei bis drei Tagen waren Isabells Stirn und Augenpartie bis unter die Nase dunkelblau. Ein solches so genanntes Brillenhämatom habe ich nie wieder gesehen. Jahrelang blieb eine Schwellung auf der Stirn, die sofort wieder rot wurde, sobald Isabell in der Sonne war. Wir empfanden von Tag zu Tag deutlicher, dass wir sie, wie durch ein Wunder, zum zweitenmal geschenkt bekommen hatten.

Christian, der an und für sich ein sehr lebhafter und anstrengender Junge war, verhielt sich in dieser Zeit ganz brav und ruhig. Er hat wohl den Ernst der Lage damals empfunden. Es gab zum Glück keine Gehirnblutung, und nach sechs Wochen »Ausnahmezustand« hatten wir das Schlimmste überstanden. Ich durfte Belli wieder im Freien spazieren fahren immer mit Mützchen auf dem Kopf gegen die Sonnenstrahlen, und natürlich ohne jede Erschütterung, das heißt, dass ich den Kinderwagen bei jedem Bordstein hinunterheben musste.

Nie wieder habe ich eine Minute Unaufmerksamkeit so schwer gebüßt! Zum Glück hat Hans mir keine Vorwürfe gemacht. Mit meiner Wut auf den Inhaber des Kurzwarengeschäftes und meinen eigenen Schuldgefühlen musste ich aber selbst fertig werden.

FÜR MICH WAR ES EIN ZAUBER – TROTZ ALLER MÜHEN

Als wir alles überstanden hatten, kam Christian aus dem Kindergarten mit Ziegenpeter nach Hause, was ja an und für sich eine normale Kinderkrankheit ist. Babys, Jungen in der Pubertät und erwachsene Männer sollten sie allerdings nicht bekommen, da sie sich negativ auf die Zeugungsfähigkeit auswirken kann. Hans' Eltern nahmen daher den kranken Christian zu sich nach Hause, damit Matthias sich nicht anstecken sollte. Zwei oder drei Wochen hielt Christian sie auf Trab. Als sie ihn uns gesund und munter zurückbrachten – sie waren total erschöpft –, bekam Isabell Ziegenpeter. Jetzt nahmen die Schwiegereltern Matthias zu sich, bis Isabell wieder gesund war. Während sie krank war, kam uns Siegfried besuchen, obwohl wir ihn gewarnt hatten. Zwei Tage nachdem Matthias wieder zu Hause war, bekam er eine dicke Backe. Ansonsten störte ihn die Krankheit wenig. Nach zwei Wochen rief Siegfried an. Er hatte sich als erwachsener Mann angesteckt und lag drei Wochen schwer krank mit großen Schmerzen im Bett.

Zu guter Letzt quälten mich fürchterliche Zahnschmerzen wegen einer vereiterten Wurzel. Da keine Behandlung half, musste der Backenzahn gezogen werden, was ich sehr fürchtete, denn ich hatte immer noch Angst vor einer Thrombose oder Embolie. Die Erinnerung an die schwere Erkrankung meiner Mutter ging mir nicht aus dem Kopf. So sehr können Kindheitserlebnisse einen ein ganzes Leben lang bedrücken.

Die Sommerferien 1968 hatten wir uns nach alldem redlich verdient. Wir wollten diesmal nach Holzham bei Neubeuren fahren. Dort hatten sich Ines' Eltern ein Haus gebaut, das sie an Freunde vermieteten. Wir schickten Kinderbettchen und Koffer mit der Bahn voraus, denn in unserem Ford 12M mussten wir zu sechst Platz haben. Detta nahmen wir mit. Sie saß mit Hans vorn, ich mit den drei Kindern hinten. Es war eine »spaßige« Fahrt. In Remagen, dreißig Kilometer südlich von Bonn, fragte Christian das erste Mal, wann wir denn endlich da wären. Ich fühlte mich hinten im Auto wie ein Dompteur. Christian war sechs, Isabell zwei Jahre und Matthias neun Monate alt. Zwischen Windelnwechseln und Fläschchengeben sang ich Lieder, erzählte Geschichten, machte Ratespiele mit ihnen, oder wir beklebten die Autoscheiben mit Plastikfiguren. Unser Auto hatte leider die lästige Eigenart, bei hohen Außentemperaturen die Hitze des Motors in den Innenraum zu blasen. Dieser Sommer war sehr heiß, und wir schwitzten schon ohne Ventilator. Mittags war die Luft zum Schneiden dick, ebenso die Stimmung, als der Ventilator den Wärmestau des überhitzten Motors in den Innenraum blies. Matthias hatte gerade sein Fläschchen bekommen. Wenig später spuckte er dessen Inhalt wieder aus. Wie wir die restliche Fahrt überstanden, weiß ich nicht mehr.

Aber wir kamen heil an und erlebten einen wunderbaren Urlaub. Das wichtigste Gepäckstück war ein Koffer von Hans mit Unterlagen für die Laufbahnprüfung beim BKA. Sein zweites Staatsexamen! Insgesamt gab es zwölf Teilnehmer an diesem Lehrgang, und jeder wollte Ende Oktober gut abschneiden. Mir war also klar, dass er viel arbeiten musste. Tagsüber schnappte ich mir die Kinder und ging mit ihnen im Wald spazieren. Dabei erzählte ich unzählige Geschichten. Wenn es regnete, sang ich mit ihnen »Regen, Regentröpfchen, fall nicht auf mein Köpfchen…«, und wenn der Regen aufhörte, rochen wir die Kräuter auf den dampfenden Wiesen. Das waren natürlich Christians und Isabells große Stunden, Matthias schlief dabei im Kinderwagen.

Die Abende gehörten Hans und mir. Wenn die Kinder im Bett lagen, Detta sich zurückgezogen und Hans genug gelernt hatte, lagen wir im Garten, in Decken eingepackt, auf Liegestühlen, guckten in die Sterne am Himmel, zählten die Sternschnuppen und Sputniks und sahen auf dem Gipfel des Wendelsteins die Lampen der Seilbahn angehen. Manches Mal sprachen wir miteinander, oft aber waren wir schweigend glücklich und lauschten in uns hinein, in dem Bewusstsein, dass auch der andere glücklich war.

Als wir aus Holzham zurückkamen, war Hans gerüstet für das Examen. Ich war froh, dass wir alle wieder vier Wochen zusammen verleben konnten und die Kinder gesund und munter waren. Auch Detta hatte die Luft gut getan. Die ganze Reise hatte für sechs Personen und vier Wochen zweitausend Mark gekostet, was heute ungefähr sechstausend Mark entspricht.

Nach den Sommerferien wurde Christian eingeschult. Vorher ging ich als pflichtbewusste Mutter mit ihm zum HNO-Arzt, zum Orthopäden und zum Augenarzt, denn damals gab es noch keine Pflichtuntersuchungen für

Kinder. Letzterer sagte mir nach einer ausführlichen Untersuchung, dass Christian eine starke Brille brauche. Nachdem er sie bekommen hatte und das erste Mal in seinem Leben die Dinge unverzerrt sehen konnte, nahm er noch beim Optiker mein Gesicht in seine kleinen Hände, guckte mich an und sagte: »Mama, was bist du schön!«

In die Grundschule von St. Augustin ging Christian mit großer Freude. Er hatte eine gute Lehrerin. Dreiundvierzig Kinder besuchten die erste Klasse, und die Lehrerin hatte alle Hände voll zu tun, um so viele Kinder zu bändigen.

Christian wollte immer alles mitbekommen und ein guter Schüler sein. Intelligent war er und auch fleißig. Trotzdem hatte er es schwer und beanspruchte die Aufmerksamkeit der Lehrerin über alle Maßen. Wenn sie irgendeinen Klassenkameraden lobte, dann stand er von seinem Stuhl auf, lief zu ihr und dem gelobten Kind hin und wollte den Grund des Lobes sehen, damit er es demnächst auch so gut machen könnte. Auch ich hatte zu Hause meine Mühe mit seinen Schularbeiten. Wenn Christian die Tafel fleißig und liebevoll mit seinen Schreibübungen vollgemalt hatte und ich damit zufrieden war, konnte es passieren, dass er die Tafel wieder löschte. Wenn ich ihn entsetzt fragte, warum er das getan habe, sagte er verdutzt: »Ja, aber ich habe doch geübt, und das war meine Aufgabe!« Dass seine Lehrerin die Übungen auch sehen wollte, musste ich ihm erst erklären. Christian war ein sehr unruhiger und lebhafter Geist, aber noch war seine Schulwelt in Ordnung. Mit Freude ging er zur Schule und lernte nach der Ganzheitsmethode Lesen, in Druckbuchstaben Schreiben und nach der Mengenlehre Rechnen. Damals galt diese Methode als neuester pädagogischer Schrei!

Für mich hatte es einen großen Zauber, das erste Mal mitzuerleben, wie eines meiner Kinder eine Neue Welt kennen- und begreifen lernte, die Welt der Worte, des Lesens und der Bücher. Leider hatte man Christian, bedingt durch die Ganzheitsmethode, nicht vorher in die Welt der Buchstaben eingeführt. Was für ihn schwere Folgen haben sollte.

In diesem Herbst fingen wir auch an, mit Orffschen Musikinstrumenten zu spielen. Ich kaufte mir eine Flöte, für Christian ein Orffsches Glockenspiel mit bunten Klangplättchen und einem Notenbuch, in dem die Noten in der gleichen Farbe abgebildet waren wie die dazugehörigen Klangplättchen. Isabell konnte auf einem Triangel mitmachen. So spielten wir am Abend einfache kleine Kinderlieder. Dass sich diese musikalische Ausbildung bei Christian später einmal im Hören von Rock- und Rapmusik niederschlagen würde, hätte ich mir damals nicht träumen lassen.

JETZT WOLLTE ICH MEIN LEBEN SO RICHTIG GENIESSEN

Allmählich rückte Hans' Examenstermin immer näher. Im September kamen die Frauen der Lehrgangsteilnehmer in Wiesbaden zusammen, um einander kennen zu lernen. Tagsüber zeigte mir Hans das BKA und seine »Bude«, abends gingen wir alle gemeinsam ins Theater, und am nächsten Tag sollte ich mir Wiesbaden genauer ansehen, denn es konnte ja sein, dass Hans nach dem Examen in der BKA-Zentrale in Wiesbaden arbeiten musste und wir dann dorthin umziehen würden. Ich sah mir an diesem Vormittag aber nicht die Stadt an, sondern suchte gezielt nach einem guten Hotel, in dem ich Hans nach bestandenem Examen mit einer Feier überraschen wollte.

Ich fand das Ingelheimer Zimmer im Schwarzen Bock und bestellte dort für den Examenstag einen Tisch und mehrere Hotelzimmer. Dazu lud ich Hans' Eltern und Schwestern, Siegfried und seine Frau sowie Freunde aus Berlin ein, alle unter der Zusage, nichts zu verraten. Denn ich wollte ihn nicht unter irgendeinen zusätzlichen Druck setzen. Ich wusste, dass dieses Examen für Hans alles bedeutete. Nicht nur der Erfolg seiner zukünftigen Karriere hing davon ab. Dieses Examen war die Voraussetzung für ihn, seinen Lebenstraum zu verwirklichen. Für mich stand fest: Wenn er dieses Examen bestand, dann hatte er es geschafft, dann wird er seinen Weg gehen. Und das wollte ich gebührend feiern – mit den liebsten und treuesten Menschen, die ihm bis dahin zur Seite gestanden hatten. Damit er diesen Tag auch nie vergessen sollte, kaufte ich ihm eine goldene Uhr mit goldenem Armband, auf die ich später das Datum sowie die Worte »Ich bin stolz auf dich« eingravieren ließ. Von all dem hatte Hans jedoch keine Ahnung, auch nicht davon, dass ich dafür meine eisernen Reserven in Anspruch genommen hatte.

Am Morgen des Prüfungstages fuhr ich vormittags mit der Bahn von St. Augustin nach Wiesbaden. Im Koffer hatte ich Hans' Smoking und mein Brautkleid. Den Koffer brachte ich erst einmal ins Hotelzimmer im Schwarzen Bock. Ich besprach noch einmal mit dem Ober die Speisenfolge und fuhr dann zum BKA, einem modernen Gebäude mitten im bewaldeten Neroberg, umgeben von einer hohen Mauer, aber damals noch ohne Stacheldraht. Dort traf ich einige Lehrgangskollegen, die ich schon persönlich kannte. Sie wurden erst einen Tag später geprüft und gingen vor dem BKA auf und ab. »Hans ist gerade in der Prüfung«, sagten sie mir. Und als sie meine Aufregung merkten, trösteten sie mich: »Er wird es schon schaffen!« Um sechzehn Uhr kam Hans schließlich aus dem Gebäude. Ich sah ihm gleich an, dass er bestanden hatte, denn er strahlte. Als er mich sah, war er ganz überrascht und nahm mich in die Arme.

Ich hatte Detta gebeten, für ein paar Tage nach St. Augustin zu kommen, um auf die Kinder aufzupassen. Hans fuhr mit mir zunächst zu seiner Bude, dort erzählte ich ihm, dass ich für diese Nacht im Schwarzen Bock – einem der besten Hotels in Wiesbaden – ein Zimmer für uns gebucht hätte. Er brauche nichts mitzunehmen, alles sei schon dort, inklusive der Zahnbürste. Weiter verriet ich nichts. In dem herrlichen, mit Marmor verkleideten Badezimmer nahmen wir ein Bad, und ich bestellte zwei Sandwiches und eine Flasche Sekt auf das Zimmer. Wir stießen auf seine Zukunft an. Ich schenkte ihm die Uhr, die ihm auf Anhieb gefiel, und sagte ihm, dass Siegfried und sein Freund Burkhard mit ihren Frauen heute Abend aus Mannheim und Berlin zu unserer kleinen Feier kommen würden. Seine Eltern hatten ein Glückwunschtelegramm geschickt. Nach einem herrlichen Essen gingen wir in beschwingter Stimmung alle sechs bei Nacht durch Wiesbaden. Hans blieb vor dem BKA stehen und sagte mit strahlenden Augen: »Da werde ich einmal etwas werden!«

Als wir am nächsten Tag nach Bonn zurückfuhren,

dachte ich, jetzt fängt das Paradies unserer Ehe an. Doch für Hans begann der Ernst des Lebens mit seinem Start in den Berufsalltag. Am 2. November 1968 wurde er in Bad Godesberg beim BKA – Abteilung Sicherungsgruppe – als Sachgebietsleiter in der polizeilichen Spionagebekämpfung eingesetzt, mit dem Dienstgrad eines Hauptkommissars. Nichts war da mit Ausgehen und Das-Leben-nachholen! Das war für mich ein hartes Erwachen. Von 1960 bis 1968 hatte ich mehr oder weniger die Ohren angelegt, weil ich einsah, dass Hans' Ausbildung für uns alle die erste Priorität haben musste, und weil ich dachte, Tanzen und Ausgehen könnten wir auch nach dem Examen. Ich war erst achtundzwanzig Jahre alt und wollte mein Leben jetzt so richtig genießen. Sosehr ich meine Familie liebte, sosehr sehnte ich mich nach Unterhaltung und Abwechslung und dachte, die Zeit wäre jetzt gekommen. Es kam aber das verflixte siebte Ehejahr.

Wir hatten beide wenig Verständnis füreinander. Ich konnte nicht akzeptieren, dass es für ihn jetzt nur den Beruf gab, er hatte keinen Sinn für meine Lebenslust. Mittlerweile wurde auch unsere Wohnung zu klein, und wir hatten uns immer häufiger in der Wolle. Einmal telefonierte ich mit Siegfried, und er spürte meine Verzweiflung. Er setzte sich noch am Abend ins Auto und kam mit seiner Frau aus Mannheim, um mit uns zu reden. Er machte mir klar, dass ich zu viel verlangte. Dass auch Hans all die Jahre nur so fleißig gelernt habe, um einen guten Start zu haben. Und dass er jetzt im Beruf seine Qualitäten beweisen müsse, um für unsere Zukunft die Weichen zu stellen. Er müsse jetzt im Beruf seinen ganzen Mann stehen, und das müsse ich begreifen.

Hans sagte er, dass er unbedingt klären müsse, ob er in Bad Godesberg beim BKA bleibe oder in die Zentrale nach Wiesbaden versetzt würde, damit wir uns endlich eine adäquate Wohnung suchen könnten. Wir sprachen zu viert bis tief in die Nacht, und Hans und ich versprachen einander, uns noch einmal alle Mühe zu geben.

An den folgenden Abenden kamen wir auf eine gute Idee. Wenn wir die Kinder ins Bett gebracht hatten, legten auch wir uns in unsere Betten, nahmen eine Flasche Wein mit und eine Dose geröstete Mandeln oder Cashewkerne und lasen uns gegenseitig unsere früheren Liebesbriefe vor. Ich kann das jedem Ehepaar nur empfehlen, wenn es meint, in einer Krise zu stecken. In der Erinnerung durchlebten wir so manches Glück ein zweites Mal. Und wenn wir dann satt durch die Nüsse, trunken durch den Wein und glücklich durch die Erinnerungen einschliefen, so geschah das meist in großer Harmonie. Es half wie ein Seelenpflaster.

Wie immer dachte ich auch an die praktischen Dinge. Hans brauchte jetzt eine neue Garderobe. Wir kauften für ihn zehn maßgeschneiderte Hemden beim besten Herrenausstatter in Bonn sowie zwei Anzüge und einen dunkelblauen Bogner-Mantel, dazu einen passenden blauen Borsalino-Hut. Er sah aus wie ein englischer Lord. Ich kaufte mir ebenfalls einen dunkelblauen zweireihigen Bogner-Mantel. Das machte uns viel Freude und trug mit dazu bei, dass wir die Krise bald überwanden.

Da Hans jetzt wusste, dass er die nächsten Jahre in der Sicherungsgruppe des BKA in Bad Godesberg bleiben würde, fingen wir bereits im Dezember an, in unmittelbarer Umgebung der Dienststelle eine Wohnung zu suchen. Am Wochenende machten wir oft Ausflüge in diese Gegend. Unter der Woche, im Berufsverkehr, brauchte Hans oft eine Stunde für die Fahrt zu seiner Arbeitsstelle. Damals gab es in Bonn nur eine Brücke über den Rhein. Wir hofften, dass wir durch einen Umzug nach Bad Godesberg etwas mehr von seiner Freizeit haben würden. Systematisch fuhren wir die Straßen der Umgebung ab, suchten nach freistehenden Wohnungen, im Bau befindlichen Häusern oder Vermietungsschildern. Anfang des Jahres waren wir in der Nähe der Dienststelle in der Friedrichallee im Villenviertel unterwegs. Dort stand ein gerade fertig gestelltes Sechsfamilienhaus, das bis auf eine Wohnung noch nicht bezogen war. Von dort konnten wir Hans' Dienststelle sehen. Hundertzehn Quadratmeter maß die Wohnung und hatte vier Zimmer. Das Kinderzimmer war achtundzwanzig Quadratmeter groß. Das sollte unsere Wohnung sein, sie war unser Traum!

Als wir Mitte Januar 1969 einen Vorkaufvertrag mit dem Bauträger geschlossen hatten, ereignete sich der Soldatenmord von Lebach. Vier Bundeswehrsoldaten wurden am 19. Januar 1969 nachts auf grausame Weise in einem Munitionsdepot in der Nähe des saarländischen Ortes erschossen. Hans hatte die Nachricht am Morgen im Radio gehört und fuhr, wie jeden Tag um 6.30 Uhr, zu seiner Dienststelle. Danach sahen wir ihn sechs Wochen nicht mehr. Vormittags rief er mich an und sagte mir, dass ein Fahrer vorbeikommen und einen Koffer mit Wäsche für ihn abholen werde. Ich möge doch bitte seine Sachen für zwei bis drei Wochen packen. Es ging alles so schnell, dass ich noch nicht einmal heulen konnte. Ich musste früh lernen, dass das Leben einer Polizistenfrau nur schwer zu planen ist.

Jetzt musste ich mit achtundzwanzig Jahren die Anträge auf öffentliche Zuschüsse und die Finanzierung alleine durchziehen, und das mit drei kleinen Kindern. Ohne Hilfe oder Babysitter fuhr ich zur Oberfinanzdirektion, verhandelte mit den Banken und Bausparkassen und reichte die Finanzierungsunterlagen ein. Da es Winter war, musste ich die Kinder in den warmen Amtsstuben erst einmal von Overalls, Mützen und Handschuhen befreien. Wenn ich dann meine Wünsche, Bitten, Anliegen und Fragen vorgetragen hatte, entschuldigte ich mich für die Umstände, die ich mit den Kindern verursacht hätte und kündigte einen weiteren Besuch in der nächsten Woche an. Oft hatte ich den erbetenen Bescheid schon in den Händen, wenn ich die Amtsstube verließ.

Hans kam erst Ende Februar aus Lebach zurück. Wir wollten in den Osterferien in die Wohnung einziehen, doch der Bauträger wollte noch vor Einzug den gesamten Kaufpreis haben. Er hatte wohl Angst, dass er uns nicht wieder herausbekäme, wenn wir mit drei kleinen Kindern die Wohnung erst einmal bezogen hätten und hinterher den Kaufpreis nicht zahlen könnten. In meiner Not ging ich noch während des Notartermins zum Direktor der Commerzbank in Bonn – der Notar hatte seine Kanzlei ganz in der Nähe dieser Bank – und bat ihn um eine Bankbürgschaft. Er kannte mich und unsere finanziellen Verhältnisse seit 1961 und gab mir die Bankbürgschaft sofort. So erhielten wir vom Verkäufer die Erlaubnis einzuziehen, bevor die Darlehensgeber die letzte Kaufpreisrate gezahlt hatten. Erst heute wird mir bewusst, wie zielstrebig und pragmatisch ich dieses Problem gelöst habe.

Dieses halbe Jahr war ganz anders verlaufen, als ich

mir die Zeit nach Hans' Examen ursprünglich vorgestellt hatte. Ich hatte in erster Linie Aufgaben und Probleme zu lösen und nicht das Leben zu genießen!

ELTERN *WERDEN* IST NICHT SCHWER – ELTERN *SEIN* DAGEGEN SEHR!

Nach den Osterferien brachte ich Christian in die neue Schule, auf die er sich sehr freute. Er hatte eine junge, nette Lehrerin. Die Umstellung von der Ganzheits- auf die synthetische Methode, von der Mengenlehre auf die klassischen Rechenarten schaffte er erstaunlich gut.

Für Isabell gab es auch in dieser guten Wohngegend keinen Kindergartenplatz. So ging ich mit ihr und Matthias oft in das »Haus der Familie«, wo sie beim Turnen, Malen und Singen in Kontakt mit gleichaltrigen Kindern kamen. Dies war eine gute Möglichkeit, soziales Verhalten zu lernen. Nicht alle Mütter können angesichts fehlender Kindergartenplätze so leicht Abhilfe schaffen.

Im Sommer verlebten wir alle mit Detta zum zweitenmal einen traumhaften, unbeschwerten Urlaub in Holzham. Hans und ich machten Bergtouren im Kaisergebirge. Morgens um vier Uhr standen wir auf, fuhren nach Sparchen bei Kufstein und stiegen um fünf Uhr zur 2001 Meter hohen Pyramidenspitze auf. Um sieben Uhr waren wir auf der Hütte Vorderkaiserfelden, vor der wir in der Morgensonne das großartigste Frühstück meines Lebens einnahmen: frische Kuhmilch, frisch gebackenes Hüttenbrot und jeder drei Spiegeleier mit Speck – den Wilden Kaiser vor Augen.

Zurück in Godesberg, fing der Alltag wieder an. Hans

kam meistens in seiner Mittagspause nach Hause, und abends kam er nach Möglichkeit so, dass wir zusammen essen konnten. Danach las er den Kindern oft Geschichten vor. Die Bücher von Otfried Preußler: *Die kleine Hexe*, *Räuber Hotzenplotz*, *Das kleine Gespenst*, *Der kleine Wassermann*, später *Krabat*. Er erfand auch selbst Geschichten, die er »Sulaiman-Geschichten« nannte. In dieser Zeit sollte ich den Abwasch und die Küche machen, stand aber oft mit einem nassen Teller und dem Handtuch hinter der Tür und lauschte seinen spannenden Erzählungen. Die Kinder lagen alle drei um Hans auf dem Teppich herum und hingen an seinen Lippen.

Hans und ich waren glücklich über unsere Kinder, aber meinen Traum von einer großen Kinderschar hatte ich begraben. 1969 wurde uns bewusst, dass wir kräftemäßig, finanziell – und ich auch gesundheitlich – mit drei Kindern genügend ausgelastet waren. Seit der letzten Schwangerschaft hatte ich starke Rückenprobleme. Unter Berücksichtigung all dieser Argumente beschlossen wir, uns mit drei Kindern zufrieden zu geben.

Im September fing für Christian das neue Schuljahr an. Als ich hörte, dass er schon wieder eine neue Lehrerin bekam – es war innerhalb eines Jahres bereits die dritte –, bekam ich einen Schreck. Als ich dann sah, dass sie verbittert und nervös wirkte, beschlich mich Angst. Christians Freude an der Schule nahm kontinuierlich ab. War es nur wegen seiner Lebhaftigkeit, dass die Lehrerin über ihn klagte? Mangel an Disziplin? Mussten wir mit ihm strenger sein? Warum machte er mit einemmal so viele Fehler? Sollte ich mit ihm mehr üben? Wenn er nach Hause kam und sich über die Lehrerin beklagte, nahm ich nie Christian in Schutz, sondern immer die

Lehrerin. Dabei hatte ich bereits gehört, dass sie einen Klassenkameraden von Christian, einen kleinen Mulatten, von der Grundschule auf eine Schule für lernbehinderte Kinder geschickt hatte, weil sie diesem lebhaften Jungen nicht gewachsen war.

Christians Diktate wurden immer schlechter. Er wurde auch uns gegenüber störrisch und aggressiv. Die Summe der Auffälligkeiten veranlasste uns, den Kinderarzt um Rat zu fragen. Er untersuchte Christian gründlich und sagte, organisch sei er gesund, aber wir sollten mit ihm nach Köln in die Kinderklinik fahren und ihn dort einmal vorstellen. Anfang Mai brachten wir ihn für eine Woche zum stationären Aufenthalt dorthin. Hier trafen wir Frau Dr. P., die sich kompetent und liebevoll seiner annahm. Sie war nicht nur Ärztin, sondern auch Psychologin, und fragte uns, welche Sorgen wir hätten. Hans sagte: »Der Junge gehorcht nicht und ist so schlecht in der Schule!«

Ich sagte: »Christian ist aber weder böse noch dumm!«

Hans und ich waren völlig verzweifelt. Nach einer Woche holten wir Christian wieder ab. Schon in der ersten Besprechung sagte uns Frau Dr. P., dass wir Christian nicht mehr in seine alte Grundschule schicken sollten. Sie schrieb ihn bis zum Ende des Schuljahres krank. Wir sollten eine andere Schule für ihn suchen.

Was war passiert? Frau Dr. P. hatte mit ihm Rollentests gemacht und dabei herausgefunden, dass er von seiner Lehrerin – und wahrscheinlich zusätzlich von uns – stark unter Druck gesetzt worden war. Vor einem Diktat beispielsweise hatte sie ihm das Heft um die Ohren gehauen, damit er sich zusammennehme und nicht wieder so viele Fehler mache. Die Klassenkameraden hatte sie aufgefordert, nicht mit ihm zu spielen, weil er dumm sei. Und Christian traute sich nicht, uns seinen Kummer zu erzählen, weil wir ihm gegenüber immer Partei für die Lehrerin ergriffen hatten.

Wie viele andere hatte Christian eine ausgeprägte Legasthenie. Für Hans und mich war das 1970 noch ein Fremdwort, doch ich wusste, was das in der Praxis bedeutete, hatte Christian sie doch von mir geerbt. Diese Rechtschreibschwäche lag bei mir in der Familie. Schon mein Vater hatte sie gehabt, und ich selbst habe bis zum Abitur damit gekämpft. Auch Isabell hatte sie, während Matthias Gott sei Dank nicht davon betroffen war. Dass sie aber bei Christian so stark zum Ausbruch kam, war durch die ungünstigen Umstände bedingt. Trotz aller Intelligenz und guten Willens konnte er die Buchstaben und Laute nicht klar unterscheiden, und in dem Moment, in dem man ihn unter Druck setzte, gerieten ihm alle Worte zu einem unkenntlichen Salat. Dazu hatte er die Probleme mit den Augen, und seine starke Motorik hinderte ihn an der nötigen Konzentration.

Für Christian, aber auch für mich und für die ganze Familie begann damit ein zehnjähriger Leidensweg. Viele Kinder gehen an einer solchen Situation fürs ganze Leben kaputt, weil die Ursache nicht richtig erkannt wird und viele Eltern nicht die Kraft und die Möglichkeiten haben, für ihre Kinder zu kämpfen. Heute, siebenundzwanzig Jahre später, ist Christian ein erfolgreicher selbstständiger Geschäftsmann, der so viele Steuern zahlt, dass Vater Staat davon mehrere Lehrer bezahlen kann!

Wie haben wir das geschafft? Nachdem wir Christian aus der Klinik abgeholt hatten, ließen wir uns einen Termin beim Bonner Schulrat geben. Wir trugen ihm unseren Wunsch vor, Christian auf eine andere Grundschule zu schicken. Da antwortete er trocken und schlicht: »Dann müssen Sie konvertieren oder umziehen.« Wir seien nun mal evangelisch und wohnten in der Friedrichallee; deshalb sei diese Grundschule für unsere Kinder zuständig. Als wir ihm dann den Grund unserer Bitte nannten und das Gespräch auch auf die Lehrerin kam, zeigte sich, dass ihm die unhaltbaren Zustände bekannt waren. Er meinte, dies sei eines seiner großen Probleme. Diese Frau gehöre nicht mehr in den Schuldienst, er wisse aber nicht, wohin mit ihr. Da waren Hans und ich fassungslos!

Zwei Wochen später hatten wir beim Chef der Kölner Kinderklinik einen Termin. Er und Frau Dr. P. sprachen mit uns Christians Testergebnisse durch und gaben uns ein Attest für das Schulamt. Ende Mai gingen wir mit Christian in Bonn zur Stiftsschule. Dort wurde nach der Montessori-Methode unterrichtet. Aber die Direktorin sagte uns, für Legastheniker seien sie nicht ausgebildet. Wir versuchten es in Köln bei dem Direktor der Legasthenikerschule. Diese Schule war jedoch nur für Kölner Schüler zuständig. Er nannte uns aber den Namen von Herrn Kolter, dem Direktor der katholischen Beethovenschule in Bad Godesberg, den er als Lehrer für Legastheniker ausgebildet hatte. Dieser nahm Christian schließlich nach den Sommerferien in seine eigene zweite Klasse auf. Das war für ihn ein großes Glück! Herr Kolter war ein erfahrener Pädagoge mit großem Engagement und bemühte sich sehr, Christian die alten Erlebnisse vergessen und einen völlig neuen Anfang finden zu lassen. Doch zuvor benötigten wir die offizielle Erlaubnis des Schulrats und die Zustimmung unseres zuständigen evangelischen Pfarrers. Hans schrieb noch Briefe ans Schulamt, schrieb Leserbriefe an den *General-Anzeiger*, und ich ging zum Pfarrer. Im August erhielt Christian endlich die Genehmigung, in die Beethovenschule gehen zu dürfen.

Nach den Sommerferien und einem herrlichen Urlaub in Holzham brachte ich Christian jeden Morgen mit dem Auto zur Schule, damit die alten Klassenkameraden ihn nicht auf dem Hin- oder Rückweg anpöbeln oder sogar verhauen konnten. Wenn Kinder erst einmal einen angeschlagenen Kameraden ausgemacht haben, können sie grausam sein. Hinzu kam, dass er sich gegen diese Rabauken immer noch nicht wehren konnte. In seiner neuen Schule bewies Herr Kolter große Nachsicht und Geduld mit ihm, und allmählich fand Christian wieder Freude am Lernen. Zu Hause musste er spezielle Legasthenikerübungen mit mir machen. Wir spielten auch in der Familie Konzentrationsspiele wie Mikado, um seine manuelle Feinmotorik zu üben. Wir bemühten uns, seine überschäumende Lebhaftigkeit in die richtigen Bahnen zu lenken. Heute zeichnet sie ihn besonders aus und ist Grundlage seines beruflichen Erfolgs.

OBELIX UND DIE WILDSCHWEINE

Im August 1970 suchten wir nach einem Wochenendgrundstück in der Umgebung, auf dem die Kinder toben und spielen konnten. Wir hatten Glück, denn wir fanden in Oberwinter ein großes Gelände mit einer alten verfallenen Holzhütte. Es war früher eine Obstplantage gewesen, die auf der Rheinhöhe lag und einen Ausblick auf das Siebengebirge und den Rhein bot. Das konnten wir pachten, für tausend Mark im Jahr, und es ist bis heute unser Paradies! Später konnten wir es zum Glück käuflich erwerben. Wie viele herrliche Tage haben wir alle dort oben erlebt. Auch Matthias und Belli waren dort glücklich. Wir kauften Schaukeln, Hängematten, ein Klettergerüst und ein Kinderholzhaus mit Fenstern, Türen, Gardinen und Bänkchen. Einen großen Buddelkasten füllten wir mit feinem Sand für Matthias. Hans schnitzte den Kindern aus Ästen Schwerter und Dolche und fertigte eine Piratenfahne an. Damit eroberten sie den ganzen Berg. Nachdem für Spielgelegenheiten gesorgt war, musste die verfallene Holzhütte in Oberwinter wieder wetterfest gemacht werden. Das war Hans' Aufgabe. 1972 war die Hütte bewohnbar, außen neu gestrichen und innen möbliert, sodass wir unsere Sommerferien in Oberwinter verbringen konnten.

Für Christian veranstalteten wir im Oktober ein Fest mit seiner ganzen Klasse. Es war ein Samstag. Auch Hans, Belli und Matthias waren dabei. Für Belli und Matthias war es ein Riesenereignis. Sie konnten immer noch nicht in den Kindergarten gehen, denn der wurde noch gebaut. So viele Kinder hatten sie noch nie zum Spielen gehabt. Ich hatte Waffeln gebacken; mittags gab es Würstchen mit Kartoffeln aus dem Holzkohlenfeuer, und Hans und der Lehrer spielten den ganzen Tag mit den Kindern. Die beliebtesten Spiele waren Obelix und die Wildschweine und Schatzsuche. Hans war Obelix, die Kinder die Wildschweine. Obelix fing die Wildschweine und fesselte sie mit einem Seil an einen Baum. Die Kinder, die nicht gefangen waren, insgesamt waren es ungefähr dreißig, durften die Gefesselten befreien.

Für Hans war das natürlich eine nicht lösbare Aufgabe. Zum Schluss fingen die Wildschweine den Obelix und banden ihn an den Baum.

Für die Schatzsuche hatten wir eine silberfarbene Kekstruhe mit goldenen Schokoladentalern gefüllt und an einem geheimen Ort auf dem Gelände versteckt. Bevor das Spiel anfing, erzählte Hans eine Geschichte von Seeräubern und Piraten, die in alter Zeit einen Schatz versteckt hätten. Er sei nun im Besitz einer geheimen Landkarte, die darüber Auskunft gebe, wo dieser Schatz zu finden sei. Er lief weg in den Obstberg und die Kinder hinterher. Bald hatten sie ihn eingeholt und die erste Karte aus seiner Tasche gezogen. Darauf stand der Hinweis zur nächsten versteckten Karte, und so jagte Hans die Horde Kinder über den ganzen Berg, bis sie mithilfe der letzten versteckten selbstgemalten Landkarte die Schatztruhe fanden. Solche Feste feierten wir in den Jahren von 1971 bis 1981 mindestens zwanzig Mal, meist Kindergeburtstage und einige Klassenausflüge. Das Grundstück war dazu wie geschaffen. Den Kindern machten diese Feste viel Freude, und für uns Eltern hatten sie den Vorteil, dass wir mit den Klassenkameraden und teilweise auch mit deren Eltern in einen natürlichen Kontakt kamen.

»DU HAST DIR DEINEN MANN SELBST AUSGESUCHT«

Bald hatte Christian einen netten Freund in der Klasse gefunden. Inzwischen konnten Hans und ich seine Probleme besser verstehen. Für mich war es leichter, da ich ja

1 (Ganz oben)
Schon als kleines »Puppchen« flirte ich mit meinen Eltern und den zwei großen Brüdern.
(Foto: J. Selle, Berlin)

2 (Links oben)
Mein Vater mit seinem »Prinzeßchen«.

3 (Links unten)
Die Schaukel - mein Platz zum Fliegen und Träumen.

4 (Rechts)
Selbstbewußt und keck schreite ich die Rabatten im Garten ab.

5 (Oben) Das Fournes-Sextett: mein Vater (r.) mit seinen Geschwistern.

6 (Unten) Meine Großmutter, Oma Urbanski (3. v. l.), mit meiner Mutter (Mitte hinten) und den übrigen Geschwistern. 1918/19.

Ganz Berlin *lacht über Herrn Gottfried F. Er ist Weinhändler und einer von den Menschen, die dem Leben auch in ernsten Tagen eine heitere Seite abgewinnen. Kein Wunder, wenn man mit „Sonne in Flaschen" handelt. Bitte, lachen Sie mit:*

7 (Oben) Der Innsbrucker Platz 1950. Die Lichtreklame »Fournes« (r. im Bild) war eine der ersten nach dem Krieg in Berlin. (Foto: Film-Foto-Verlag, Berlin)

8 (Unten) Mein Vater in seiner Weinhandlung anläßlich eines Interviews mit einer Berliner Zeitung.

9 (Oben) Ernst Reuter, der Regierende Bürgermeister von Berlin, auf der Grünen Woche: Ich darf ihm ein Glas »Santa Four« überreichen. (Foto: Wimmer, Berlin)

10 (Mitte) Auf der Anuga in Köln lerne ich in frühen Jahren, wie man sich um Kunden kümmert.

11 (Unten) Meine Eltern (Mitte hinten) begrüßen Sonja Henie (2. v. l.) in den Eggebrecht-Weinstuben. (Foto: Pips Plenik, Berlin)

12 (Oben) Mit meinem Vater in den Bergen bei Bad Gastein.

13 (Mitte) Schon 1955 lerne ich (2. v. r.) in England die multikulturelle Gesellschaft kennen.

14 (Links unten) In der Rolle einer kleinen Japanerin erobere ich das Herz meines zukünftigen Mannes. 1958.

15 (Rechts unten) Auf dem Standesamt in Bonn.

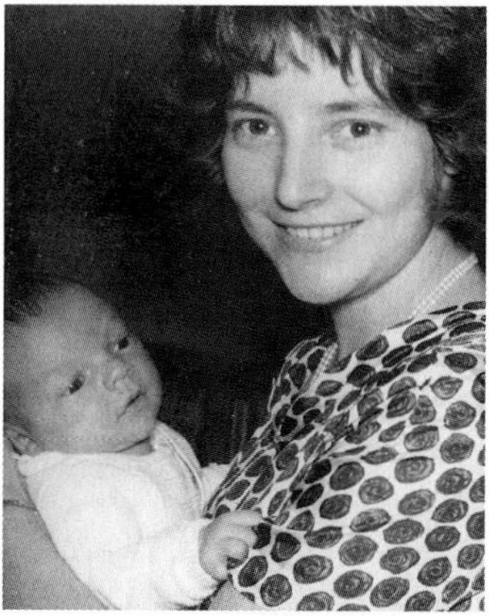

16 (Links oben)
Erstes Mutterglück
1962 in Beuel-
Vilich.

17 (Rechts oben)
Die Besteigung des
Similaun in den
Ötztaler Alpen wird
fröhlich gefeiert.

18 (Unten)
Mit Christian und
Isabell in
St. Augustin.

19 (Oben) Urlaub mit der Familie in Holzham, August 1968.

20 (Mitte) Die Kinder werden größer. (Foto: Ingrid v. Wersebe-Hogrefe)

21 (Unten) Mosel-Wanderung: Hans mit Weinflasche im Rucksack und Isabell im Arm.

22 (Oben) Mit den Kindern unterwegs zum Training.

23 (Mitte) Isabell in den französischen Alpen.

24 (Unten) Hans und ich beim Tennisturnier.

25 (Oben) »Und das Fest geht weiter« - bei Lou (3. v. r.) und Albert (2. v. l.).

26 (Mitte) Das letzte Gruppenbild mit Belli.

27 (Unten) Meine Schwiegermutter und ich.

28 (Oben) Mein Chef, Rudolf Schmitz, gratuliert mir zur Ernennung als Finanzberaterin. (Foto: Günter Klein, Bonn)

29 (Mitte) Gartenfest mit meinen Mitarbeitern in Oberwinter.

30 (Unten) Zum Sechzigsten von Dr. Heinrich Boge, Präsident des BKA, gratulieren 1989 sein Enkelsohn und ich.

31 (Links oben) Das Überraschungsfest zur Präsidentschaft meines Mannes war mir gelungen.

32 (Rechts oben) Matthias hält eine Rede.

33 (Unten) Nach einem Interview kocht Hans für den Redakteur und seine Mitarbeiter Sukiyaki. (Foto: Cornelius Meffert, Stern Hamburg)

34 (Links oben) Nach einer zehntägigen Radtour erkunden Hans, Christian (r.) und ich Wien im Fiaker.

35 (Rechts oben) Festessen bei Maître Paul Bocuse in Lyon anläßlich einer Interpol-Konferenz.

36 (Unten) Mit meinem Bruder Siegfried (l.) und seiner Familie auf einer Schnauferl-Rallye.

37 (Links oben) Der Sonne entgegen...

38 (Rechts oben) Im Fernsehen bei »Bio« mit Staatsminister des Innern a. D. Heinz Eggert.

39 (Unten) Empfang in Schloß Brühl anläßlich des Staatsbesuchs des japanischen Kaisers in Deutschland. (Foto: Eduard N. Fiegel, St. Augustin)

40 (Oben) Auf dem Bundespresseball. (Foto: Eduard N. Fiegel, St. Augustin)

41 (Mitte) Ich bedanke mich bei »meiner Glücksfee«, Bundespräsident Roman Herzog. (Foto: Eleana Hegerich, München)

42 (Unten) Christian als Sprecher einer internationalen Jugendgruppe im Gespräch mit Papst Johannes Paul II.

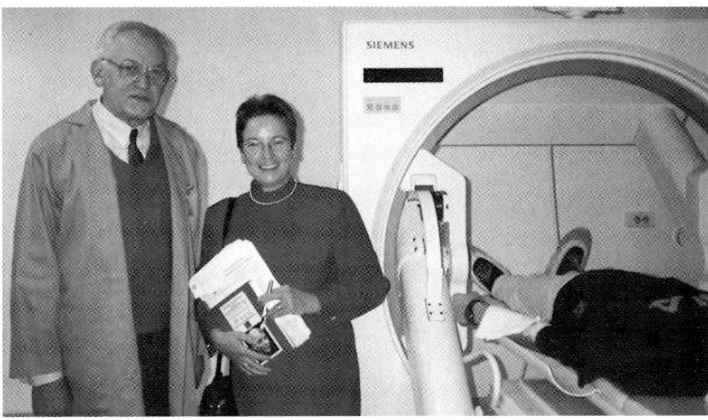

43 (Oben) Mit Verleger Gustav Lübbe während eines Diners im Frankfurter Hof.

44 (Mitte) Übergabe von zwei Siemens-Gamma-Computertomographen an das Warschauer Kinderkrankenhaus.

45 (Unten) Nach einer Lesung aus dem Buch »Wir treffen uns wieder in meinem Paradies« in der Residenz des deutschen Botschafters in Moskau.

46 (Links oben) Nach der Pensionierung von Hans auf Weltreise in Hongkong.

47 (Rechts oben) Aug in Aug mit dem Matterhorn wollte ich mein neues Buch schreiben.

48 (Unten) Mein Arbeitsplatz auf der Riffelalp.

selbst Legasthenikerin war, doch für Hans war es schwer nachzuvollziehen, weil er in seiner Familie legasthenische Schwächen nicht kannte und für seine Familie eine akademische Bildung selbstverständlich war. Hans träumte insgeheim davon, dass sein erstgeborener Sohn einmal ein Starjurist werden würde, und hatte vorsorglich all seine Repetitorunterlagen für Christian aufgehoben, damit er es später einmal leichter hätte als er selbst.

Wie viele Väter, manchmal auch Mütter, träumen diesen für ihre Kinder oft verhängnisvollen Traum! Es ist aber auch schwer, als Eltern zu lernen, dass man seinen Kindern erst einmal helfen muss, ihre eigenen Begabungen zu finden, damit sie diese entwickeln und nutzen und dadurch ihr eigenes Glück finden können. Wir können das als Eltern für unsere Kinder nicht vorbestimmen. Und es ist ein großes Glück im Leben, seine eigenen Begabungen möglichst früh zu erkennen und zu entwickeln. Das zu erkennen fiel mir leichter als Hans, der ja selbst in einer ganz anderen Weise geprägt war als ich. Natürlich lernten wir es nicht von einem Tag zum anderen. Es gab immer wieder unterschiedliche Standpunkte zum Thema Erziehung. So harmoniebedürftig ich auch war, an diesem Punkt musste ich die Auseinandersetzung mit Hans ausfechten. Er war ein lieber und hingebungsvoller Vater, solange die Kinder das taten, was er von ihnen erwartete, und das waren erstens Gehorsam und zweitens gute Leistungen in der Schule.

Ich hatte mich etwas mit moderner Pädagogik beschäftigt. Zunächst einmal hatte ich viele Bücher gelesen, darunter *Große Hand führt kleine Hand* von dem bereits erwähnten amerikanischen Kinderarzt Dr. Spock. Dann hatte ich mich mit der Montessori-Pädagogik theoretisch und praktisch beschäftigt und hatte im »Haus der Familie« eine Reihe von Vorträgen über frühkindliche Erziehung gehört. Ich hatte gerade für die Kinder in der Buchhandlung einige Bücher gekauft und diese an der Kasse bezahlt, als mir ein dort liegendes Buch ins Auge fiel. Es war *Die antiautoritäre Erziehung* des Engländers Alexander S. Neill aus Summerhill. Ich nahm es in die Hand, schlug wahllos eine Seite auf und las wie gebannt etwa folgende Textstelle: »Wenn Kinder in der Schule Schwierigkeiten mit den Lehrern haben, dann dürfen die Eltern dem Kind gegenüber nicht die Partei des Lehrers ergreifen, sondern sollten sich auf die Seite des Kindes stellen, weil die Kinder sich sonst von den Eltern nicht verstanden fühlen und zu Hause nichts mehr erzählen.« Dieses Buch fesselte mich so, dass ich beinahe zur Ladendiebin geworden wäre. Gebannt las ich weiter, während ich aus dem Geschäft ging. Erst auf der Straße wurde mir bewusst, dass ich das Buch noch nicht bezahlt hatte. Erschrocken ging ich zurück. Noch am Abend las ich es zu Ende.

Die antiautoritäre Erziehung brachte ganz neue Denkansätze in die Erziehung: Kinder wurden als eigenständige Persönlichkeiten anerkannt, und der Grundgedanke war, ihnen zu helfen, ihre eigenen Begabungen zu entdecken. Der Autor hatte im englischen Summerhill eine Musterschule entwickelt. Diese Pädagogik begeisterte mich, obwohl ich mit mancher Aussage nicht einverstanden war. So war mir nicht einsichtig, warum die Schüler in Summerhill nackt zusammen im Swimmingpool badeten. Da ging mir die Freiheit in der Erziehung doch zu weit. Auch das übersteigerte Recht auf die eigene Freiheit hielt ich für übertrieben. Für mich hört die eigene Freiheit dort auf, wo das begründete Freiheitsbedürfnis des anderen anfängt. Aber das waren an und für sich nur Randphänomene dieser interessanten pädagogischen Richtung.

Das Wesentliche war, dass Kinder und Jugendliche durch dieses Buch erstmals neue Bedeutung, Aufmerksamkeit und Wertschätzung in der Gesellschaft fanden. Für viele Pädagogen – und nicht nur Pädagogen – war der Gedanke neu, dass Kinder nicht nur zu gehorchen hatten, dass sie nicht nur antworten durften, wenn sie gefragt wurden, nicht nur das tun durften, was man ihnen erlaubt oder sogar befohlen hatte. Mit der antiautoritären Erziehung erwachte ein neues Verständnis für die Bedürfnisse der Kinder und ihre Fähigkeiten, die es zu entwickeln galt. Leider ist diese Pädagogik oft missverstanden und missbraucht worden, indem man der zügellosen Freiheit das Wort geredet und viele Kinder und Jugendliche in eine große Verunsicherung entlassen hat, ohne ihnen auch die Grenzen der Freiheit zu zeigen. Dass Freiheit nur in dem Maße möglich ist, in dem man auch bereit und in der Lage ist, Verantwortung zu übernehmen, das wurde ihnen oft nicht beigebracht!

All das beeinflusste mich in meinem Verhältnis zu den Kindern. Hans konnte ich meine Erkenntnisse nur sehr vorsichtig in Gesprächen vermitteln. Es gab oft große Unterschiede in unseren Auffassungen über Erziehung. Manchmal war ich sehr verzweifelt über diese Missstimmigkeiten. Wenn ich noch Eltern gehabt hätte, wäre ich manches Mal mit den Kindern zu ihnen gefahren, um etwas Abstand zu gewinnen. Aber so konnte ich nicht wegrennen. Dann sagte ich stets zu mir: »Du hast dir deinen Mann selbst ausgesucht.« Es war meine eigene Entscheidung gewesen, Hans zu heiraten. Was wäre auch die Alternative gewesen? Mich scheiden zu lassen? Hätte das etwa die Situation meiner Kinder verbessert? Oder gar nach einem neuen Mann Ausschau zu halten? Kein Mann hätte die Kinder jemals so geliebt, wie ihr Vater es tat. Und abgesehen von unseren Meinungsverschiedenheiten in der Kindererziehung, verstand ich mich ja bestens mit Hans! Es war eine Frage der Zeit, dass wir dieses Problem in den Griff bekamen. Aber wenn ich mich nicht selbst aktiv um entsprechende Informationen zu den Themen der Kindererziehung bemüht und mich nur auf meinen Mutterinstinkt verlassen hätte, wäre ich an diesem Zwiespalt wahrscheinlich kaputtgegangen.

Im Oktober 1971, im Alter von fünfeinhalb Jahren, konnte Isabell endlich in den Kindergarten gehen, der hinter unserem Haus gebaut worden war. Matthias aber wurde noch nicht aufgenommen, obwohl auch er bereits fast vier Jahre alt war. Was für eine große Enttäuschung war das für ihn! Er hatte, so meinte er, den Kindergarten schließlich mit aufgebaut. Den ganzen Sommer über hatte er den Arbeitern mit seiner Schippe, seinem Eimer und seiner Schubkarre geholfen, hatte sie mit kaltem Bier von seiner Mutter versorgt und sprach nur von *seinem* Kindergarten. Und nun durfte er nicht hingehen! Isabell versuchte, ihn morgens mit hineinzuschmuggeln. Aber bei der Frühstückspause fiel das auf. Da musste jedes Kind auf seinem Platz sitzen, und er stand da ohne einen eigenen Stuhl und wurde von der Kindergärtnerin wieder nach Hause geschickt. Wenn er weinend zu mir kam, konnte ich ihn nicht trösten. Er fühlte sich zurückgestoßen und von den andern Kindern ausgeschlossen. Er versteckte sich oft stundenlang in unserer Wohnung, manchmal unter unseren Schlafzimmerbetten, und wollte nicht alleine spielen, oder er stand auf einem Stuhl am geschlossenen Fenster und wartete, bis Belli wiederkam. Ich versuchte auf dem Verhandlungswege bei der Kindergartenleiterin, Bellis Kindergartenplatz zu »teilen«, vormittags Matthias, nachmittags Belli. Isabell versuchte ihn zu trösten, indem sie ihm versprach, am nächsten Tag zu Hause zu bleiben, damit er für sie gehen konnte. Aber auch damit war man nicht einverstanden. Bis zum Gemeindepfarrer, dem der Kindergarten unterstand, bin ich gegangen. Alles ohne Erfolg!

MEINE NEUE FREIHEIT BEGINNT

Erst ab 1. März 1972 durfte Matthias endlich in *seinen* Kindergarten!

Auch für mich war das ein bedeutender Tag. Schon Monate vorher hatte ich mir überlegt, was ich dann machen würde. Sollte ich anfangen zu studieren, oder sollte ich mir eine Arbeit suchen? Eines von beiden wollte ich in jedem Falle. Ich meldete mich beim Arbeitsamt an, um mich beraten zu lassen. Dort riet man mir zur Arbeit und gab mir auch gleich die Adresse des Deutschen Musikrates mit. Dort sollte ich mich vorstellen. Der Deutsche Musikrat war von Oldenburg nach Bonn gezogen, in die Nähe des Auswärtigen Amtes, seiner geldgebenden Behörde. Ich sollte beim Aufbau des Bonner Büros helfen. Das war für den Anfang ganz reizvoll.

Damit ging ein wichtiger Lebensabschnitt für mich zu Ende. Zehn Jahre meines Lebens hatte ich mich ausschließlich meiner Familie gewidmet. Und das mit voller Kraft und großer Freude. Mein Mann und meine Kinder waren mein einziger Lebensinhalt gewesen, und ich war dabei glücklich! Man muss nicht glauben, dass es Glück gibt ohne Tränen, dass es das Gefühl der Zufriedenheit gibt, ohne dass man auch Verzweiflung erfährt. Die Fähigkeit, Glück zu empfinden, wächst in dem Maße, wie man auch Leid durchlitten hat. Auch Probleme sind dazu da, dass wir sie lösen. Für mich waren die zehn Jahre überwiegend beglückend, obwohl auch schwere, manchmal verzweifelte Stunden und Tage dabei waren. Meine Bedeutung als Mutter nahm mit jedem Kind zu. Ich wurde von morgens bis abends gebraucht und konnte so vieles von mir weitergeben. Aber nun waren sie vormittags in der Schule und im Kindergarten, und in diesen Stunden konnte ich etwas Anderes machen, was meiner weiteren beruflichen Entwicklung diente.

Für das Geld, das ich mit meiner Halbtagsstelle verdiente, es war nicht viel, 484,24 DM am Anfang, leistete ich mir eine Haushaltshilfe. Vormittags hat mich niemand vermisst, nachmittags war ich für die Kinder da.

Für mich war die Arbeit in der Verwaltung eine große Bestätigung. Ich konnte mein Organisationstalent einbringen, indem ich das neue Büro mit einrichtete. Meine Fähigkeit, mit Menschen umzugehen, wenn ich Bewerbungsgespräche mit neuen Mitarbeitern führte, und meine kaufmännische Ausbildung halfen mir, das Budget des Deutschen Musikrates zu verwalten und mit den gestellten Aufgaben in Einklang zu bringen. Natürlich hatte ich dabei keine entscheidende Funktion, lediglich eine vorbereitende, aber es war für einen Neuanfang in die Berufstätigkeit ein guter Einstieg. Meine intellektuellen Fähigkeiten wurden wieder gefordert, und das tat mir gut. So machte ich erste positive Erfahrungen beim Wiedereinstieg ins Berufsleben. Auch Kolleginnen und Kollegen zu haben und einen Chef, nicht nur den eigenen Mann zu Hause, war eine neue Erfahrung.

Im Dezember hörte ich wieder auf zu arbeiten. Meine Haushaltshilfe musste im Januar 1973 operiert werden, und ich wusste, dass sie für ein Vierteljahr ausfiel. Also kündigte ich zum Ende des Jahres meine Arbeitsstelle. Ich wollte sowieso nicht ewig dort bleiben, weil es, nachdem alles lief, nur noch eine verwaltende Tätigkeit war und mir immer klarer wurde, dass ich lieber im kaufmännischen Bereich arbeiten würde. Eine solche Tätigkeit wollte ich mir nach der Genesung meiner Haushaltshilfe und dem Ende der Sommerferien 1973 suchen.

KLEIN FÄNGT JEDE GROSSE KARRIERE AN

Für Christian ging in diesem Sommer die schöne Zeit in der Beethovenschule zu Ende. Im Juli veranstalteten die Eltern der Klassenkameraden mit den Lehrern ein großes Abschiedsfest auf dem Schulhof. Alle empfanden wir Trennungsschmerz und waren der Beethovenschule, allen voran ihrem Direktor, Herrn Kolter, in Dankbarkeit verbunden, sodass es nur einer Initialzündung bedurfte, die Gründung eines Fördervereins für die Schule zu beschließen. Es blieb nicht nur eine Idee, sondern sie wurde auch in die Tat umgesetzt. Mehrere engagierte Eltern und ich bildeten ein Gründungskomitee und hoben den Verein aus der Taufe. Mittels Rundbriefen sammelten wir in den folgenden Jahren beachtliche Gelder, mit denen wir die Schule bei besonderen Anlässen unterstützten. Ich selbst blieb diesem Förderverein noch mehrere Jahre aktiv verbunden, bis auch Matthias die Beethovenschule verlassen hatte.

Im Sommer konnten wir im Haus die kleine Eigentumswohnung neben der unsrigen kaufen, da der Eigentümer plötzlich verstorben war. Ich kaufte sie auf meinen Namen. Diesmal unterschrieb Hans die Darlehensverträge mit. Ich musste die Wohnung natürlich vermieten, damit die Finanzierung sich trug. Trotz der Mieteinnahmen blieb eine Deckungslücke von hundertzwanzig Mark monatlich. Die wollte ich durch meine neu angestrebte Berufstätigkeit ausgleichen. Vermietet hatten wir die Wohnung sehr schnell an eine junge französische Familie.

Im Mai 1973 schaute ich mich nach einer kaufmännischen Tätigkeit um. Hans meinte, ich sollte doch mal den Personalchef der Firma Dolorgiet anrufen und ihn fragen, ob er eine tüchtige Halbtagskraft brauchen könnte. Die Firma war nur fünfhundert Meter von unserer Wohnung entfernt, um die Ecke sozusagen. Ich rief den Personalchef an und erkundigte mich. Er fragte, ob ich eventuell italienische Texte mit der Schreibmaschine schreiben könne, die Sekretärin eines italienischen Abteilungsleiters sei kurzfristig ausgefallen. Ich antwortete ihm: »Italienisch kann ich nicht, aber ich kann es ja trotzdem versuchen.« So hatte ich erst einmal einen Fuß in der Firma und arbeitete vier oder sechs Wochen lang für den Leiter der Forschungsabteilung. Noch vor den Sommerferien hatte ich eine feste Zusage, ab September 1973 in der Buchhaltung anfangen zu können. Das entsprach meiner Vorstellung.

Ein Jahr später schon wurde mir angeboten, beim Aufbau einer neuen Abteilung für Finanzplanung und Controlling mitzuarbeiten. Das war eine große Chance für mich. Ich konnte Ideen entwickeln, musste Jahrespläne aufstellen und Ausgabenetats kontrollieren. Es war eine wesentliche Erfahrung für meine spätere selbstständige Tätigkeit als Finanzberaterin. Wenn ich im Mai 1973 geantwortet hätte, dass ich keine italienischen Texte schreiben könne und lieber in der Buchhaltung arbeiten würde, hätte ich diese Chance wahrscheinlich nie bekommen. Wer nach so langer Pause wieder in die Berufstätigkeit einsteigen will, muss vor allen Dingen flexibel sein. Beim Einsatzort und der Zeit meiner Tätigkeit konnte ich keine Kompromisse eingehen, aber bei der Art der angebotenen Arbeit. Diese Halbtagsarbeit machte mir viel Freude und gab mir Zufriedenheit. Ich konnte zwar keine Karriere machen, aber ich war gefragt, hatte auch etwas zu sagen. Die Arbeit war anregend und oft Herausforderung genug, um mich auch von familiärem Ärger, Sorgen oder Problemen abzulenken.

Was ich bei Dolorgiet verdiente, gab ich für die Familie und den Haushalt wieder aus. Viel wichtiger als das Geld war, dass ich zufrieden und ausgeglichen war. So wartete ich nicht schon neugierig mittags auf die Kinder mit der Frage, was sie wohl für eine Note in der Schule bekommen hätten, sondern war froh, wenn sie erst einmal in ihrem Zimmer verschwanden, bis das Essen auf dem Tisch stand. Dann hatten nicht nur die

Kinder und Hans, sondern auch ich etwas zu berichten. So entwickelte ich mich durch mein Berufsleben weiter, ohne Verantwortungs- oder Entscheidungsstress zu haben. Dafür war mein Chef zuständig. Ich konnte mittags immer unbeschwert und unbelastet nach Hause gehen. Und das war sehr wichtig für mich, denn nach wie vor hatte meine Familie Priorität in meinem Leben, danach kam erst mein Beruf. Noch brauchten mich die Kinder.

KLEINE KINDER, KLEINE SORGEN – GROSSE KINDER, GROSSE SORGEN

Der Neubeginn in der Realschule war hart für Christian. Von den Problemen der Legasthenie hatten die Lehrer dort kaum eine Ahnung. Sie kannten noch nicht einmal den Legastheniker-Erlass des Schulamts. Am Anfang wurde ihm jeder Fehler angestrichen. Und in fast jedem Fach musste er schreiben, selbst in Mathematik, denn Textaufgaben waren damals *der* Hit. Christian sah wieder alle Felle wegschwimmen. Auch war der Ton an dieser reinen Jungenschule sehr viel rauer. Die Jungs rauften sich gern auf dem Schulhof. Als sie mitbekamen, dass Christian sich nicht sonderlich wehrte, noch nicht einmal bei hässlichsten Attacken, hatten sie wieder ein Opfer gefunden. Diesmal begingen wir aber nicht den Fehler, dass wir die Lehrer und Mitschüler in Schutz nahmen, sondern wir standen auf der Seite unseres Sohnes, auch für Christian deutlich erkennbar. Hans und ich fuhren nach Düsseldorf in das zuständige Ministerium und suchten Hilfe beim Schulrat. Er stärkte uns den Rücken und gab uns den »Legastheniker-Erlass« mit, den wir allen Lehrern der Schule brachten, die Christian unterrichteten. Der Direktor versuchte, die Hand über Christian zu halten. Aber Christian hatte sieben oder acht verschiedene Lehrer, von denen mindestens zwei alt und verknöchert waren. Der Klassenlehrer empfing uns beim ersten Elternsprechtag mit den Worten: »Na, Ihren Sohn nehmen Sie am besten wieder von der Schule, das ist ja noch gar kein Mensch!« Und der Biologielehrer teilte uns sein pädagogisches Glaubensbekenntnis in folgender Form mit: »Die Kinder sollen mich nicht lieben. Sie lernen mehr, wenn sie mich fürchten!« Sieben harte Jahre standen uns allen bevor. Hans kaufte zwei Paar Boxhandschuhe, ein Paar für sich, ein Paar für Christian. Abends übte er mit ihm, sich zu wehren. Christian sollte mit seinen Boxhandschuhen auf seinen Vater losgehen. Als Christian 1980 seinen Realschulabschluss erkämpft hatte, war mir klar, dass der Junge im Leben so schnell nicht aufstecken würde.

Für Matthias war 1974 ein wichtiges Jahr. Er hatte eine Fehlsichtigkeit, die in der Klinik behandelt werden musste. Ich fuhr mit ihm mindestens einmal im Monat auf den Venusberg zu Professor Best und danach in die Sehschule. In den Osterferien 1975 operierte ihn Professor Best das erste Mal an einem Auge, danach musste er eine Woche in der Augenklinik bleiben. Die Stationsschwester, ein alter Krankenhausdrachen, den selbst Professor Best fürchtete, wollte mir nicht erlauben, außerhalb der festen Besuchsstunden bei ihm zu sein. Dabei lag er die ersten Tage mit verbundenen Augen im Bett. Mir ist heute noch schleierhaft, wie man Kindern und Eltern so etwas zumuten konnte. Ich habe diesen Drachen aber mit vielen aussortierten Spielsachen und Büchern für die Station besänftigen können und kompromissbereit gestimmt, sodass ich jeden Tag nachmittags viele Stunden bei Matthias sein konnte. Die Operation war ein Erfolg. Heute braucht er weder Kontaktlinsen noch eine Brille.

In den Sommerferien gingen alle drei mit Begeisterung in den Amerikanischen Club, in das Feriencamp der amerikanischen Schule in Bonn-Bad Godesberg. Der Amerikanische Club ist eine Einrichtung der US-Botschaft, die aber auch den anderen Diplomaten und Bonner Bürgern offen steht. Wir durften unsere Kinder als Clubmitglieder anmelden. Für Christian, der ja schon ein Jahr Englischunterricht hatte, war es nützlich, seine ersten praktischen Sprachübungen zu machen. Viele der Erzieher sprachen aber auch ganz gut Deutsch, sodass die Verständigung klappte. Die Kinder spielten dort in Gruppen Tennis, nahmen an Schwimmwettkämpfen teil, und bei schlechtem Wetter gingen sie in die Bowling- oder Sporthalle. Nachmittags nahmen wir sie wieder in Empfang, meist glücklich und erschöpft. Das war für mich eine herrliche Möglichkeit, die Schulferien zu überbrücken, was sonst ein Problem geworden wäre.

Ich hatte natürlich bei weitem nicht so viele Urlaubstage wie die Kinder Schulferien. Wenn Hans noch Urlaubstage übrig hatte, dann verbrachten wir mit den Kindern die Sommerferien in Oberwinter. Inzwischen konnten wir dort übernachten. Das nötige Wasser nahmen wir uns in Kanistern aus Bad Godesberg mit. Ich fuhr morgens von Oberwinter aus in den Dienst und stieß mittags wieder zur Familie. Manchmal mit dem Auto, manchmal mit dem Zug, je nachdem, was Hans vorhatte. An warmen, sonnigen Tagen fuhr er mit den

Kindern nach Remagen ins Freibad, um dort die fehlende morgendliche Dusche nachzuholen. Die Abende und Nächte waren das Schönste in Oberwinter. Sie waren wildromantisch. Hans las *Märchen aus 1001 Nacht* vor. Nach dem Abendbrot stellten wir die Liegestühle vor das Häuschen, hängten eine große Schiffslampe mit einer Verlängerungsschnur in den Apfelbaum, damit Hans lesen konnte, stellten ein paar Fackeln auf, um die Mücken zu vertreiben, wickelten uns in Decken ein, und die Geschichte von Scheherazade begann. Von unserem Grundstück aus sahen wir nicht nur die Sterne am Himmel, sondern auch die beleuchteten Schiffe auf dem Rhein.

Christian hatte sich aus eigenen Stücken schon im Herbst 1973 bei der Kantorei der Carl-Schurz-Schule angemeldet. Für uns war das unverständlich, denn es war nicht Christians Stärke, im weißen Hemd mit Fliege lange stillzustehen und nach Noten vom Blatt zu singen. Aber der Musiklehrer war ein einflussreicher Mann in der Schule, und Christian wollte gern anerkannt werden. Die Kantorei hatte große Bedeutung. Man gab Konzerte, und es wurde sogar eine Platte aufgenommen. Christian gehörte schließlich dazu. Er lernte bei den Proben und Konzerten viel Disziplin.

Musik spielte auch für Isabell eine immer größere Rolle. Sie spielte ja schon sehr schön Flöte, sowohl in der Musikschule als auch in ihrer Klasse. Im Mai 1974 bekamen wir von der Musikschule ein Schreiben, dass Isabell zum Klavierunterricht angenommen worden sei. Das überraschte uns sehr, denn wir hatten sie gar nicht angemeldet. Isabell hatte das selbst getan. Wir fragten sie, wie sie sich das vorstelle mit dem täglichen Üben?

»Das ist ganz einfach, da kann ich zu einer meiner Freundinnen gehen.« Da ich selbst Klavier gespielt hatte und ihr gern den Wunsch erfüllen wollte, kauften wir ihr ein Schimmel-Klavier. Das musste ich aber in einem Fünfjahresvertrag in Raten abzahlen. Es war der einzige Ratenvertrag meines Lebens. Ich freue mich noch heute, dass ich das gemacht habe.

Weihnachten 1974 fuhren wir das erste Mal zu Gerda und Ernst Beck nach Altglashütten. Das war mehr als ein Skiurlaub: In den folgenden Jahren entwickelte sich eine dauerhafte Familienfreundschaft. Das alte Bauernhaus der Familie Beck, in dem wir unter dem Dach eine kleine ausgebaute Mansardenwohnung gemietet hatten, besaß so viel Charme, dass wir uns dort wie in einem Märchen-Winter-Weihnachtshaus fühlten. Unten in der Wohnung, in der die Becks wohnten, stand ein großer Kamin, der das ganze Haus wärmte. Das alte Haus hatte tiefe Holzdecken, es war überhaupt überwiegend mit Holz gebaut, sodass es überall knisterte und knackste.

Gerda war eine großartige und leidenschaftliche Köchin. So duftete es immer verlockend, wenn wir vom Skifahren heimkamen, manchmal nach Käsespätzle und manchmal nach Linzer Torte. Ernst war ein engagierter Jäger, der sich im besten Sinne um den Wildbestand und den Wald kümmerte. Ihn und mich verband von Anfang an eine besondere Sympathie. In den Tagen vor Weihnachten zerlegten wir gemeinsam in der Garage ein Reh, das er für uns geschossen hatte. Dabei wurde gegen die Kälte ein selbstgebrannter Kräuterschnaps getrunken. Den Rehrücken gab es am ersten Weihnachtstag mit Spätzle und Rosenkohl.

Heiligabend gab es eine Weihnachtsgans mit Klößen

und Rotkohl. Bis Mittag waren wir noch alle zusammen Ski gelaufen. Erst danach schmückte Hans mit den Kindern den Weihnachtsbaum, während ich in der kleinen Küche werkelte. Dazu erklang aus dem Kassettenrecorder das *Weihnachtsoratorium*. Später, als die Kinder größer waren und das Schmücken des Baumes für sie seinen Reiz verloren hatte, hörte ich manchmal großes Gelächter. Alle drei haben dann wohl die Edeltanne im Schnellverfahren mit den goldenen Sternen nicht einzeln behängt, sondern im Dutzend beworfen und sich gefreut, wenn sie auf den Zweigen liegen blieben. Aber dank Hans' Bemühungen und seiner Autorität hatten wir jedes Mal einen wunderschönen, deckenhohen Weihnachtsbaum, damals mit roten Kerzen, roten Äpfeln, Walnüssen, selbst gebackenen Butterkringeln und vielen selbstgefalteten goldenen Sternen. Vor dem Essen und der Bescherung gingen wir meistens in die Kirche. Manchmal wanderten wir auch spät in der Nacht nach Falkau in die Christmesse. Dann nahmen wir Fackeln mit, um uns den Weg zu beleuchten.

An Silvester gab es Fondue, hinterher spielten wir zusammen. Kurz vor Mitternacht zündeten wir die Kerzen am Baum noch einmal an und hörten wie in jedem Jahr die *Neunte Symphonie* von Beethoven.

JUNGER MANN, KOMMEN SIE MAL ZU MIR IN DIE KÜCHE!

In den Sommerferien 1975 wollten wir mit den Kindern eine größere Wanderung machen. Hans und ich hatten noch zwei Wochen Urlaub und wollten von Godesberg mit dem Schiff den Rhein hinauffahren bis Koblenz und dann zu Fuß an der Mosel entlang bis Trier wandern. Es sollte ein kleiner Abenteuerurlaub sein, ohne vorherige feste Hotelbuchungen. Jeder von uns hatte seinen Rucksack gepackt und konnte nur das Nötigste mitnehmen. Am Vorabend des Aufbruchs rief Hans aus dem Dienst an und sagte, wir müssten den Beginn der Wanderung um einen Tag verschieben, es sei etwas Dringendes dazwischengekommen. Für die Kinder war das eine schwierige Situation, für mich ganz genauso, hatte ich mich doch schon seit Jahren auf eine solche Familienwanderung gefreut. Erst drei Tage später konnten wir endlich aufbrechen. – Aber dann war Hans für seine Dienststelle nicht mehr erreichbar! Wir gingen in Bad Godesberg bis zur Schiffsanlegestelle und genossen die herrliche Rheinfahrt bis Koblenz. Als wir am Deutschen Eck ausstiegen, empfing uns eine brütende Sommermittagshitze. Unter so erschwerten Umständen sollte unsere Wanderung nicht beginnen. Schließlich war Matthias noch keine acht Jahre alt! Wir nahmen ein Taxi und fuhren hoch in den schattigen Hunsrück. Nach einer schönen Wanderung übernachteten wir in Waldesch im Hotel König von Rom. Das war schon einmal ein guter Anfang!

Am nächsten Tag kamen wir in ein kräftiges Sommergewitter und wurden bis auf die Knochen nass. Schon am Nachmittag versuchten wir, in einem kleinen, einsamen Gasthaus im Kondener Tal Quartier für die Nacht zu bekommen, um unsere Sachen zu trocknen. Das war sehr schwer. Die Wirtin hatte nur zwei Doppelzimmer und außerdem ihren Ruhetag. Trotzdem gewährte sie der durchnässten Familie Unterkunft. Matthias musste ins »Gräbele«, und zum Abend gab es nur kalte Brote. Wir waren froh über die Bleibe.

Am nächsten Tag sollte es zur Burg Thurant in Alken gehen, wo es zwei hohe Burgtürme und Ritterrüstungen zu sehen gab. Was noch viel wichtiger war, auf der Burg gab es eine Weinstube, in die wir einkehrten. Wir bestellten uns ein paar Schoppen, und Hans' Fantasie wurde beflügelt. Er erzählte Geschichten des Mittelalters, in einer Mischung aus Asterix und Obelix und den Blödeleien des von ihm damals geliebten Komikers Otto Waalkes. Die Kinder hingen an seinen Lippen, und wir lachten alle Tränen. Der Wein war gut, und das Wetter störte uns nicht. Das Knochenskelett eines alten Ritters, das unten im Verließ des Burgturmes lag, bestätigte nachher die abenteuerlichen Erzählungen. Erst als es aufhörte zu regnen, zogen wir weiter. So wanderten wir in mehreren Tagen, von allen Terminen frei und unabhängig wie die Vögel am Himmel, über die Burg Eltz, über Cochem, Beilstein bis nach Bernkastel und Trier. Ab Mittag schon fragte Matthias: »Und wo übernachten wir heute? Bekomme ich auch ein eigenes Bett?«

In den nächsten Tagen wurde das Wetter besser, und wir konnten mittags herrliche Picknicks in den Weinbergen machen. Ab und zu kehrten wir auch bei einem Winzer ein. Wenn ich der Winzerin erzählte, dass wir mit unseren drei Kindern auf der Wanderung von Bonn nach Trier seien, bekamen wir zu den verkosteten Weinen meistens auch noch eine gute Vesper! Oft zeigte der Winzer uns auch seinen Keller. In heiterer Stimmung zogen wir weiter. Die halb vollen Flaschen wurden verkorkt und in Hans' Rucksack gesteckt. Gegen Mittag suchten wir uns dann in den Weinbergen ein Plätzchen zum Rasten.

Einmal kamen drei kleine Jungs vorbei. Sie hielten einen Stock in den Händen, an dem ihr Taschentuch wie eine Fahne angebunden war, marschierten wie die Soldaten an uns vorbei und sangen: »Wir sind die Männer mit den kleinen Pipimännern!« Wir lachten aus vollem Halse. Unsere Kinder schlossen sich singend an, inklusive Isabell, die sich mit ihren roten Lederhosen und kurzen Haaren wahrscheinlich noch als Junge fühlte. Irgendwann meinte Hans, er müsse diese Kompanie anführen und machte auch mit. Dass man in so wenigen Tagen so abschalten kann, dass man als erwachsener Mann so glücklich und selbstvergessen mit seinen Kindern solchen Blödsinn machen kann, das hatte ich in meinen kühnsten Träumen nicht erwartet. Aber die Wanderung brachte noch mehr Überraschungen!

Hans erzählte uns schon seit Tagen von seinen Erinnerungen an die herrliche Jugendherberge in der Burg von Bernkastel. Als Abiturienten waren mein Bruder Ulrich und Hans 1955 mit ihrer Klasse von Berlin dorthin gefahren. Er hatte die Fahrt und die Jugendherberge in bester Erinnerung. So wünschte er sich jetzt, zwanzig Jahre später, mit seiner ganzen Familie in dieser Burg Unterkunft zu finden.

Ich kannte Bernkastel nur aus den Erzählungen meines Vaters. Er hatte mir von einem berühmten Restaurant, den Doctor-Weinstuben, erzählt. Dorthin wollte ich abends zum Festessen gehen. Schließlich musste man eine so schöne Wanderung auch feiern! Kaum hatten wir das alte Stadttor passiert, lief Christian voraus. Wir konnten gar nicht so schnell folgen. Erst an den Doctor-Weinstuben trafen wir ihn wieder, er kam mit dem Ober aus dem Restaurant und sagte: »Ich habe schon einen

Tisch bestellt!« Mit seinen dreizehn Jahren, Tiroler Hütchen, Lederbundhose, Rucksack und Wanderstock hatte er in diesem piekfeinen Restaurant für den Abend einen der besten Tische für fünf Personen reserviert!

Jetzt mussten wir hoch zur Burg. Der Herbergsvater fragte uns zuerst nach unseren Jugendherbergsausweisen. Die hatten wir natürlich nicht. »Dann müssen Sie erst Mitglied werden!« Bevor wir uns die Unterkunft ansahen, zahlte Hans für fünf Personen den Jahresmitgliedsbeitrag, und nachdem der Herbergsvater gesagt hatte, er wolle uns ein Familienzimmer unter dem Dach geben, bezahlte Hans gleich für drei Nächte plus fünfzehnmal Frühstück und fünf extra Decken! Ein Heidengeld wurde er los, aber es war ja für drei Nächte!

Als wir dann das Zimmer sahen – es hatte nur ein ganz kleines Lukenfenster, und außer den eisernen Etagenbetten stand nur ein kleiner Schemel drin – verschlug es uns allen die Sprache, sodass keiner auch nur ein Wort meckerte. Mit den wenigen Kleidungsstücken, die wir in unseren Rucksäcken hatten, machten wir uns fein und freuten uns auf die Doctor-Weinstuben. Dort verbrachten wir einen fröhlichen, geselligen und festlichen Abend. Christian verriet dem Ober, dass sein Vater gerne Wein trinke und sein Großvater Weinhändler gewesen sei. Wir erzählten den Kindern aus unserem Leben, und Hans weckte in ihnen die Vorfreude auf Trier.

Spät am Abend gingen wir beschwingt und glücklich zur Burg hinauf, erfreuten uns am Sternenhimmel und an der herrlichen Aussicht auf das beleuchtete Bernkastel. Als wir in unseren Eisenbetten lagen, quietschten sie bei jeder Bewegung. An diese Jugendherbergsromantik hatte mein lieber Mann wohl keine Erinnerung mehr, als er hier buchte. Nach einer fast schlaflosen Nacht gingen wir morgens in die allgemeinen Waschräume, Mädchen und Jungs schön getrennt, bevor wir uns im großen Speisesaal zum Frühstückfassen anstellten. Es waren zwei große Berliner Schulklassen da, aber die energischen Herbergsleute hatten alles fest im Griff. Ich war dankbar, dass keines von den Kindern klagte. Zwei dieser Nächte standen uns noch bevor. Nach dem Frühstück wollten wir hinunter ins Dorf gehen. Als wir vom Frühstückstisch aufstanden, rief die Herbergsmutter Hans zu: »Junger Mann, kommen Sie mal zu mir in die Küche. Sie sind heute mit dem Abwasch dran!« Und das passierte unserem Vater! Es waren mindestens achtzig bis neunzig Gedecke. Unsere Kinder lachten sich ins Fäustchen, versteckten sich hinter der Tür und hatten kein Mitleid. Als Hans fertig war, kam er wütend zu uns und zischte durch seine Zähne: »Kommt, wir packen und gehen!«

Es war die teuerste Übernachtung der Reise! Wir konnten daraus nur lernen. Billig muss nicht immer preiswert sein! Hans buchte als Erstes unten im Dorf eine neue Unterkunft. Nachdem wir komfortabel geduscht hatten, setzten wir uns auf die Terrasse des Hotels und nahmen ein zweites Frühstück ein.

Wir wanderten noch bis Trittenheim-Leiwen. Ein Stückchen sind wir auch mit dem Schiff gefahren. Wir wollten den Kindern zeigen, wie eine Schleuse funktioniert. In den zehn Tagen waren wir zirka hundertneunzig Kilometer gewandert, eine beachtliche Leistung für die drei Kinder im Alter von beinahe acht, neun und dreizehn Jahren. Im Schulatlas konnten sie ihren Freunden diese Strecke zeigen!

Zur Belohnung machten wir zum Abschluss zwei

Tage in Leiwen Station. Dort gab es ein herrliches Schwimmbad oben in den Weinbergen mit Blick auf die Moselschleife. Das war nach den Tagen der Wanderung ein großer Spaß. Einen Tag fuhren wir von dort aus in die alte Römerstadt Trier. Wir riefen Siegfried an, und er kam uns mit dem Auto besuchen. Den letzten Tag verbrachten wir mit ihm im Schwimmbad bei viel Jux und Tollerei. Er freute sich, dass Hans so »verrückt« sein konnte. Isabell, Christian und Matthias sprangen vom Dreimeterbrett um die Wette.

ERINNERUNGEN EINER POLIZISTENFRAU

Das Jahr 1976 brachte eine gravierende Veränderung mit sich. Hans wurde vom Präsidenten des BKA, Horst Herold, für die Polizei-Führungsakademie (PFA) nach Münster-Hiltrup vorgeschlagen, um Fachbereichsleiter für Kriminalistik und Kriminologie zu werden. Seit Beginn seiner Karriere als Hauptkommissar 1968 hatte er bis jetzt erfolgreich die verschiedensten Aufgaben und Beförderungsstufen durchlaufen. Seit acht Jahren war er im polizeilichen Staatsschutz tätig und mittlerweile zum Kriminaldirektor befördert worden. Viele seiner Vorgesetzten hielten ihn für einen der nachwachsenden Kriminalbeamten der Führungselite. Der Leiter der Sicherungsgruppe in Bad Godesberg, Karl Schütz, von allen liebevoll »Kugelblitz« genannt, sagte in diesen Jahren einmal zu mir: »Der Hans hat das Zeug zu einer großen Karriere!« Für Hans gab es nichts Wichtigeres als den Beruf.

Innenpolitisch hatte sich die Situation in unserer jungen Demokratie und damit auch für das BKA stark verändert. Gefahren für die Innere Sicherheit drohten nicht mehr ausschließlich durch Spionagetätigkeit aus dem Osten, sondern zunehmend durch terroristische Vereinigungen, die sich aus extremistischen Mitgliedern der ehemaligen Außerparlamentarischen Opposition (APO) zusammensetzten. Das BKA musste darauf reagieren und richtete eine Abteilung Terrorismusbekämpfung ein. Wer sollte Leiter dieser Abteilung und welche Beamten sollten in dieser Abteilung Gruppen- oder Referatsleiter werden?

Bereits 1975 war der Kammergerichtspräsident in Berlin, Günter v. Drenkmann, ein Opfer der Rote-Armee-Fraktion (RAF) geworden. Wenig später wurde der Berliner CDU-Politiker Peter Lorenz entführt. Mehrere Sprengstoffanschläge auf öffentliche Gebäude, insbesondere Polizeieinrichtungen, hatten bereits stattgefunden. Das hielt die Bundesrepublik monatelang in Atem. Der Präsident des BKA und Innenminister Mayhofer entwickelten Abwehrstrategien zur Terrorismusbekämpfung. Allmählich entstand durch die Sprengstoffanschläge und die durch sie ausgelösten Großfahndungen eine aufgeheizte und hysterische Atmosphäre in unserem Land, die sich bis in unsere Familie hinein auswirkte. Auch die Kinder litten unter der Spannung, der Unsicherheit, nicht planen zu können, dem Mangel an gemeinsamer Freizeit mit ihrem Vater. Die Ursachen für diesen Druck konnten sie noch nicht richtig begreifen, denn Christian war erst vierzehn Jahre alt.

An zwei persönliche Begebenheiten aus diesen Jahren als Polizistenfrau kann ich mich klar erinnern. Einmal wollte ich Hans abends um neun oder zehn Uhr, als er immer noch in der Dienststelle mit Kollegen in einer Krisensitzung zusammensaß, auf sanfte Art daran erinnern, dass er noch eine Familie hatte. Mir fiel ein, dass einer seiner Kollegen an diesem Tag Geburtstag hatte, und ich dachte: Ich bringe den Männern wenigstens eine Flasche Wein vorbei, damit sie alle auf den Geburtstag anstoßen könnten. Zum ersten Mal wagte ich es, meinen Mann in seinem Dienstzimmer zu besuchen, was er sonst als Belästigung empfunden hätte. Aber mit der Flasche Wein, meinte ich, könnte ich es wagen. Ich nahm meinen Personalausweis mit, denn ich wusste, dass jeder kontrolliert wurde, der ins Gebäude wollte. Sogar einen Stacheldrahtzaun hatte man schon um das Gelände gezogen. Ich ging also mit meiner eingewickelten Flasche an die Pforte, sagte meinen Namen und dass ich meinem Mann etwas bringen wolle. Der Pförtner, der mich nicht kannte, nickte und ließ mich unkontrolliert durch die Sperre. Ich fuhr unbegleitet und allein mit dem Aufzug in die oberste Etage, mit meiner eingepackten Flasche Wein unter dem Arm, die auch eine eingepackte Bombe hätte sein können.

Mein Vertrauen in die Wachsamkeit unseres Staates wurde doch sehr erschüttert! Mir wurde klar, dass der Staat Gesetze und Vorschriften erlassen kann, soviel er will, seine Sicherheit hängt letztlich an jedem einzelnen Menschen, der ihm dient, in diesem Fall an der Aufmerksamkeit und dem Engagement eines Pförtners. An jenem Abend war Hans übrigens einverstanden, dass ich ihn im Amt besuchte. Alle Herren freuten sich über diese »Störung«.

Das zweite Ereignis, an das ich mich erinnern kann,

zeigte mir, wie sensibel, beinahe hysterisch ich selbst schon reagierte. Mein Arbeitsplatz bei der Firma Dolorgiet und Hans' Dienststelle waren keine dreihundert Meter voneinander entfernt. Ich hatte ein Zimmer zur Straßenseite, konnte aber Hans' Arbeitszimmer nicht sehen. Plötzlich hörte ich einen lauten Knall. Mein erster Gedanke war: Die RAF hat das Dienstgebäude des BKA in die Luft gesprengt! Ich rannte die Treppe hinunter auf die Straße und fand ein reparaturbedürftiges Auto vor. Eine Glühzündung hatte diesen furchtbaren Knall verursacht.

Am stärksten traf der dienstliche Druck natürlich Hans. Heute kann ich gut verstehen, dass er diese Spannungen und Sorgen nicht in seinem Dienstzimmer zurücklassen konnte und wir als Familie so manches davon mitzutragen hatten. Er selbst litt am meisten unter diesem Zwiespalt: Auf der einen Seite wollte er ein guter Vater sein, auf der anderen Seite konnte er nicht ausgewogen und für die Kinder berechenbar auf ihre Fehler und Unzulänglichkeiten reagieren. Seine berufliche Belastung war einfach zu groß. Was für mich jedoch zählte, war, dass er sich aufrichtig bemühte.

In dieser beruflich wie politisch hochsensiblen und spannungsgeladenen Zeit rief 1976, ein paar Tage vor unseren geplanten Osterferien, der Leiter der Ausbildungsabteilung des BKA an, um anzukündigen, dass der Präsident in Erwägung ziehe, Hans nach Hiltrup an die Polizei-Führungsakademie in Münster abzuordnen. Für Hans war das eine neue reizvolle Herausforderung, die nachfolgende Generation junger Polizeibeamter des höheren Dienstes aus der gesamten Bundesrepublik auszubilden. Beruflich war das für ihn eine große Chance. Für die Familie warf es die Frage eines Umzugs auf. Die Abordnung war für mindestens zwei Jahre vorgesehen, eventuell länger oder vielleicht – noch schlimmer – für kürzere Zeit, falls der Präsident ihn mit einer neuen Aufgabe in der Zentrale in Wiesbaden betrauen wollte. Angesichts dieser Ungewissheit wollten wir nicht drei Schulkinder aus ihrer vertrauten Umgebung reißen. Hans ging nach Hiltrup, und wir entschlossen uns ein weiteres Mal für eine Wochenendehe.

KWIRRE UND KWARRO

Nach dieser Entscheidung fuhren wir in den Osterurlaub in die Normandie. Unsere französischen Nachbarn und Mieter hatten uns ein kleines Ferienhäuschen an der Küste besorgt und uns Empfehlungsschreiben an ihre Freunde, Nachbarn und Lehrer mitgegeben, die uns die Türen zu persönlichen Kontakten in ihrer Heimat öffnen sollten. Meine reaktivierten französischen Sprachkenntnisse sollten und mussten sich jetzt bewähren.

Diese drei Wochen waren von einer Leichtigkeit des Seins und einer Unbekümmertheit geprägt, wie wir sie bis dahin nur bei der Moselwanderung oder im Schwarzwald erlebt hatten. Auch wenn es erst Anfang April war, spielte sich das Leben fast ausschließlich im Freien ab. Mittags aßen wir am Meer Camembert mit Baguette und tranken dazu Cidre, abends wurde in unserer kleinen Küche ein Fisch in der Pfanne gebraten. Der Tagesablauf wurde durch Ebbe und Flut, durch den Rhythmus des Meers, bestimmt. Bei Ebbe machten wir weite Spaziergänge mit den Kindern und sammelten Muscheln. Dabei gingen wir oft tief in das Watt hinaus. Einmal waren wir auf einer großen Sandbank gelandet, auf der es wundersame Dinge im Sand zu entdecken gab. Ohne dass wir es merkten, hatte die Flut bereits eingesetzt, und das Wasser umspülte die Sandbank. Als wir erschrocken aufsahen und die Gefahr erkannten, nahmen wir die drei Kinder an die Hand und rannten mit unseren schweren Gummistiefeln erst durch den feuchten, schweren Sand der Sandbank, dann durch das steigende Wasser der kommenden Flut um unser Leben, bis wir den sicheren Strand erreichten.

Hans' neunundreißigsten Geburtstag feierten wir während der Ferien. Dieser Tag wird uns immer an Kwirre und Kwarro erinnern. Ich wollte Hans an diesem Tag eine besondere Freude machen und Hummer kochen. Wir fuhren schon früh am Morgen nach Grandville-sur-Mer zu den Fischern, um zwei lebende, frisch gefangene Prachtexemplare zu kaufen. Mit zugebundenen Scheren nahmen wir sie in einem Eimer voll Salzwasser mit nach Hause. Dort setzten wir sie mit dem Wasser in die Badewanne und überließen sie ihrem Schicksal.

Die Kinder freundeten sich mit den beiden prächtigen Hummern an und gaben ihnen die Namen Kwirre und Kwarro, nicht ahnend, dass wir grausamen Eltern die lieben Tiere abends kochen und essen wollten. Die tierliebenden Kinder heulten Rotz und Wasser am abendlichen Geburtstagstisch, und die grausamen Eltern aßen genussvoll die Hummer.

Die erwähnten Empfehlungsschreiben verhalfen uns beim Metzger zu besonders guten Steaks, im Tennisclub zu verbilligter Platzmiete, in einem Restaurant zu einer extra Portion Eis für die Kinder. Belli fragte schon, wie viele dieser »Zauberkärtchen« ich denn noch hätte? Aber mir verhalfen sie vor allen Dingen dazu, französische Konversation zu betreiben. Denn natürlich wollten all diese Freunde unserer Nachbarn die neuesten Informationen über sie erhalten. Lustig für mich war zu beobachten, dass fast alle dabei mit Hans sprachen, obwohl er kein Wort Französisch verstand, aber er hatte ganz schnell ein Zauberwort gelernt, das er überall anwandte: »Très joli!« (Sehr schön!) Dieser Ausspruch passte zu einem guten Essen genauso wie zu einer schönen Aussicht oder einer attraktiven Frau. Im Leben sollte man nicht nur Zauberkärtchen, sondern auch Zauberworte in seinem Repertoire haben. Wir wurden sogar zur Übertragung des Endspiels der Fußball-Europameisterschaft Frankreich gegen Deutschland von der Familie eines Lehrers eingeladen. Völkerverbindend jubelten beide Familien dort für Deutschland, und wir bekamen hinterher noch eine alte Flasche Calvados geschenkt. Hans vergaß in diesem Urlaub seinen Dienst völlig.

AUCH EINE WOCHENENDEHE HAT IHRE REIZE

Am 1. Juli 1976 sollte Hans in Münster anfangen. Bis dahin hatten wir noch zwei Monate, um uns auf die neue Situation einzustellen. Im Mai feierten wir erst einmal Christians Konfirmation. Bei Familienfesten mussten wir immer damit rechnen, dass ein Anruf vom BKA kam und Hans sofort zum Dienst musste, ohne dass er hätte sagen können, dass er gerade die Konfirmation seines Sohnes feierte. Wie oft hat er später das Gleiche seinen untergebenen Kollegen abverlangt, wenn unser Land durch einen terroristischen Anschlag oder einen spektakulären Spionagefall in Gefahr geriet. Seit Jahren hatte er ein Telefon unmittelbar an seinem Bett, um auch nachts immer erreichbar zu sein. Und wie wach und präsent war er immer von der ersten Minute an, wenn es nachts klingelte und er aus dem tiefen Schlaf gerissen wurde. Oft dachte ich dann, als ob er darauf gewartet hätte!

Wir räumten unsere Wohnung um und verteilten die vier Räume ausschließlich nach den Bedürfnissen der drei Kinder; jedes bekam ein Zimmer für sich. Für Hans und mich blieb unser Wohnzimmer, in dem wir von nun an auf einer Bettcouch schliefen, und unsere Diele wurde zum Esszimmer umfunktioniert. So hatte Christian, der nach den Sommerferien in die siebte Klasse kam, sein eigenes Reich, ebenso Isabell, die in das Amos-Comenius-Gymnasium, Amos genannt, eingeschult wurde. Matthias, der weiter in die Beethovenschule ging, konnte sich jetzt im ehemaligen Kinderzimmer allein breit machen. Hans war meistens von Montag bis Freitag in Hiltrup, ich arbeitete vormittags bei der Firma Dolorgiet, mittlerweile in der Abteilung Finanzplanung und Controlling. Nachmittags und abends konnte ich mich wochentags wieder völlig auf die Kinder einstellen. Wir gingen nachmittags gemeinsam in den Amerikanischen Club und spielten Tennis, gingen schwimmen oder in die Sauna. Die Jungs brachte ich zum Fußball- oder Feldhockeytraining, Isabell zum Klavierunterricht. Aber auch viele, sehr viele Arzttermine, Termine bei Krankengymnastik und Sehschule hatten wir wahrzunehmen.

Hans arbeitete unter der Woche hart und lebte spartanisch, um das Wochenende mit uns ohne Akten verbringen zu können. Er hatte Freude am Unterrichten und nahm diese neue Herausforderung mit allem Engagement an. Ich gab mir jede Mühe, alle Ärgernisse und Probleme des Alltags, der Schule oder sonstige Kümmernisse bis zum Wochenende aus dem Weg zu räumen, sodass sich Hans immer auf seine Kinder und sein »Weib« freuen konnte. Die Wochenenden und Feiertage konnten wir mit einem Vater planen, der jetzt in einen kalkulierbaren Akademieablauf eingebunden und nicht mehr vom hektischen und nicht planbaren kriminalistischen und politischen Tagesgeschehen abhängig war.

FREUNDE UND VORBILDER

In dieser Zeit bemühten wir uns intensiv um unsere Freunde. Brigitte, meine Schwägerin, und mein Bruder Ulrich hatten über all die Jahre Kontakt zu unseren alten Berliner Freunden aufrechterhalten, die inzwischen in Belgien lebten. Brigitte bezog uns in diese Freundschaft wieder mit ein, und wir trafen Lou mit ihrer Familie bei meinem Bruder in Bonn. Sie und ihr Mann Albert, die ich beide schon aus meinem Elternhaus kannte, hatten inzwischen vier Kinder: Cathy, die Älteste, Axel, den einzigen Sohn, Caroline – im Alter von Isabell – und Manuelle, die Jüngste. Wir verstanden uns auf Anhieb so gut wie früher, und was uns besonders freute, der Funke sprang auch auf die Kinder über. Lou plante ein großes »Familienzusammenführungsfest« in ihrem großen Haus mit Garten in Schilde bei Antwerpen. Im Sommer 1978 lud sie uns drei jüngste Fournes-Kinder mit unseren Familien für ein Wochenende zu sich ein. Außerdem waren ihre Schwester Christiane, Kri genannt, und Mutter Klawon eingeladen; Vater Klawon war schon verstorben. Aus diesem Treffen entspann sich eine herzliche, intensive und tragfähige Freundschaft bis in die Generation unserer Kinder. In der Folgezeit besuchten wir uns regelmäßig gegenseitig mindestens ein- oder zweimal im Jahr und waren uns in schweren Zeiten eng verbunden.

Eine Freundschaft, die uns genauso wichtig war und die zeitlich noch viel länger bestand, war die zu Hans-Jürgen Schulze-Eggert und seiner Familie. Hans-Jürgen und Hans hatten schon in Japan zusammen im Sandkasten gespielt und trafen sich als Jurastudenten an der Bonner Uni wieder. Später zogen Hans-Jürgen und Inge mit ihren zwei Töchtern Maren und Almut ganz in unsere Nähe nach Bad Godesberg. Als Belli noch in den Kindergarten ging, spielten die Mädchen schon oft zusammen. Später gingen Maren und Isabell zusammen aufs Gymnasium.

Maren und ihre Familie wurden 1975 von einem furchtbaren Schicksal ereilt. Maren war beim Rollschuhlaufen auf den Rücken gefallen und klagte über starke Schmerzen im linken Oberarm. Am nächsten Morgen konnte sie sich nicht mehr bewegen. Hans-Jürgen und Inge fuhren mit ihr in die Kinderklinik. Dort untersuchte man sie drei Tage, ohne greifbares Ergebnis, und überwies sie danach in die Neurologische Chirurgie. Dort stellte man fest – drei Tage zu spät –, dass ein innerer Blutschwamm aufgebrochen war und die Nerven im Wirbelsäulenkanal abgedrückt hatte. Ein Kampf auf Leben und Tod begann. Acht Jahre hat Maren dieses schwere Schicksal getragen, mit vorbildlicher Größe und immer neuem Mut. Nach zwei Jahren hartem Training schaffte sie es zunächst sogar wieder, mit Krücken kurze Strecken zu gehen. Danach kam eine weitere innere Blutung. Jetzt war sie bis in die Hände gelähmt und konnte nicht mehr ohne Rollstuhl leben. Inge und Hans-Jürgen kämpften weiter um ihr Leben. Es war nur wenig, was wir helfen konnten. Und dabei haben wir sehr viel gelernt: dass mancher Ärger, über den wir uns aufregten, es nicht wert war und dass die Gesundheit neben Frieden und Freiheit das höchste Gut eines Menschen ist!

Maren wurde mit Belli 1976 ins Amos eingeschult. Zwischen beiden entstand eine enge Freundschaft. In diesen Jahren intensivierte ich auch wieder den Kontakt zu meiner alten Schulfreundin Ines, die inzwischen eine erfolgreiche Lungenfachärztin war, geheiratet hatte und mit ihrer Familie in München lebte.

Die belgische Familie van Mullem waren weitere Freunde aus dieser Zeit, die uns vielfältig als Vorbild dienten. Jacqueline und Josef, beide fünf Jahre älter als wir, waren wie wir von frühester Jugend an miteinander befreundet und hatten früh geheiratet. Auch sie hatten drei Kinder und waren eine mustergültige Familie für uns. Die Eltern waren beide sehr sympathisch, und die Kinder eroberten mit ihren sportlichen Leistungen im Amerikanischen Club nicht nur Tennispokale, sondern mit ihrem freundlichen Wesen auch die Herzen aller. Meine Hoffnung war immer, dass auch wir eine solch sympathische und harmonische Familie sein würden. Ich bekam auch eine Ahnung davon, wie schwer es für eine Mutter sein kann, ihre Kinder eines Tages ziehen zu lassen. Als ihr ältester Sohn in Deutschland mit der Schule fertig war, ging er zum Studium nach Belgien. Seine beiden jüngeren Geschwister folgten ihm bald. Dieser Lebensabschnitt war für Jacqueline sehr schwer. Sie blühte auf in den Wochen der Ferien, wenn die Kinder wieder bei den Eltern waren. Für mich war es gut, eine solche Entwicklung schon im Vorhinein bei Freunden beobachten zu können, bevor ich mich selbst in dieser Lebenssituation befand.

MAMA, DU BIST SO SEXY!

Im Sommer 1977 – ich war siebenunddreißig, Hans vierzig Jahre alt – musste ich mich einer Totaloperation unterziehen. Wir waren beide glücklich und zufrieden mit unseren drei gesunden Kindern. Trotzdem empfand ich diese Operation als Ende eines Lebensabschnitts.

In den vier Wochen, in denen ich im Krankenhaus lag, hatten die Kinder noch Schule. Hans war unter der Woche in Hiltrup. Theresa, meine portugiesische Hilfe, und die Großeltern kümmerten sich um Haushalt und die Kinder. Ich wusste, dass es einige Zeit dauern würde, ehe ich nach der Operation wieder voll arbeiten konnte. So organisierte ich per Telefon noch vom Krankenhaus aus für Christian einen zweiwöchigen England-Aufenthalt bei einer Familie in Dover, zu der wir alle später noch oft fahren sollten. Das Telefon war meine Verbindung zu den Kindern. Sie kamen mich kaum besuchen, aber wir sprachen täglich miteinander. Christian mit seinen fünfzehn Jahren tröstete mich einmal durchs Telefon. Mit tiefer Stimme sagte er mir in mein Ohr: »Mama, sei nicht traurig, du bist so sexy!« Woher wusste er in seinem Alter schon, dass eine solche Operation für eine Frau eine schwierige psychische Situation ist?

Hans liebte seinen Beruf und wollte im Rahmen seiner Möglichkeiten auch in unserer Gesellschaft im polizeilichen Staatsschutzbereich etwas verbessern. Sein Vater war mächtig stolz auf ihn. Mit knapp vierzig Jahren war Hans einer der jüngsten Leitenden Kriminaldirektoren – auch ohne akademischen Titel.

Doch wer war stolz auf mich? Meine Kinder liebten mich, mein Mann auch, das spürte ich täglich auf vielfältige Art. Die Anerkennung, der Stolz, die Bewunderung aber, die erfolgreichen Männern entgegengebracht werden, erfahren Mütter, Ehefrauen, Familienmanagerinnen nur selten. Bewusst wurde mir das 1978, als wir erst Großmutters und vier Wochen später Großvaters siebzigsten Geburtstag feierten. Sie war die ältere von beiden. Ihr Fest wurde am 27. März im kleinsten Familienkreis begangen. Aber auch sie hatte in ihrem Leben viel bewirkt. Ich wollte ihr eine Freude machen und überlegte mir nachmittags eine kleine Rede, die ich meiner Schwiegermutter abends an der Festtafel hielt.

»Liebe, verehrte Mama!

Glückwünsche hast du heute schon sehr viele bekommen. Ich kann keinen weiteren hinzufügen, aber es ist mir ein Bedürfnis, dir zu deinem Ehrentag ein paar Gedanken zu sagen, die mich schon oft beschäftigt haben.

An einem so runden Festtag hat man allen Anlass, Bilanz zu ziehen, und ich meine, auf deine Bilanz kannst du stolz sein!

Du hast drei Kinder mit Erfolg großgezogen. Und zwar mit vollem Erfolg! Sie sind alle drei glücklich in ihrem Beruf und sind alle drei glücklich mit ihren Ehepartnern. Das ist kein Zufall. Die von dir ausgehende Harmonie und dein Wille, Spannungen abzubauen, deine liebe Art, Gegensätzlichkeiten aufzuheben, mit alldem hast du eine vorbildliche, intakte Familienatmosphäre geschaffen. Dies Vorbild verpflichtet nicht nur deine eigenen Kinder, du wirkst dadurch weiter bis auf deine Enkelkinder. Du hast damit positiven Einfluss genommen und wirst es hoffentlich noch lange tun. Es ist selbstverständlich, dass du das mit deinem lieben Mann zusammen geschafft hast. So etwas kann man nicht allein, aber was wäre der Papa auch ohne dich! Ihr seid nach fünfundvierzig Ehejahren ein sich immer noch herzensgut zugeneigtes Paar, auch das soll uns verpflichtendes Vorbild sein. Mama, du kannst stolz auf die Bilanz deiner siebzig Lebensjahre sein!«

Der Geburtstag ihres Mannes wurde groß und offiziell gefeiert, mit einem Empfang im Amerikanischen Club und einem Essen mit Freunden und Großfamilie bei Ria Maternus. Warum werden die Lebenshöhepunkte von Frauen und Männern so unterschiedlich gewichtet? Nach altem Rollenverständnis wirken Männer durch ihre beruflichen Erfolge nach außen, die Mütter aber nach innen. Das erfährt natürlich weniger Aufmerksamkeit und Anerkennung. Die erfolgreiche Karriere eines Mannes wird aber oft durch den Einsatz der Ehefrau erst möglich, da sie ihm den Rücken freigehalten hat. Den Frauen der heutigen Generation wird diese Beachtung viel stärker zuteil. Ich finde, wir Frauen sollten uns mit unseren Erfolgen und Leistungen ruhig feiern lassen. Und dazu zählen auch die Erfolge einer Ehefrau und Mutter.

Es ist wichtig für jeden Menschen, auch für eine Frau, den gesamten Lebensunterhalt selbst finanzieren zu können. Wirtschaftliche Abhängigkeit macht unfrei und kann einen aggressiv oder apathisch machen. Auch als Frau kann man finanziell selbst für sich sorgen.

Am Anfang unserer Ehe besaß ich wirtschaftliche Unabhängigkeit in unserer Partnerschaft. Nach zehnjähriger Ehe war das Erbe meiner Eltern mehr oder weniger ausgegeben oder in die Wohnung und in das Grundstück in Oberwinter investiert. Jetzt verfügte ich nur noch über mein Nettogehalt aus meiner Halbtagstätigkeit. Das war ein angenehmes Zubrot zu unseren Lebenshaltungskosten, aber nur ein Fünftel von dem, was Hans verdiente. Und ich war weit davon entfernt, mit dem Gehalt mich selbst oder eine Familie ernähren zu können. Ich nahm mir fest vor, wenn ich einmal mehr Freiraum hätte, auch mehr Geld zu verdienen. Doch bis dahin war noch ein weiter Weg.

»JUNGE, DU SOLLTEST KAUFMANN WERDEN«

In der Zeit, als Hans in Hiltrup an der PFA war, lag die Verantwortung für die Erziehung und schulische Entwicklung der Kinder überwiegend bei mir. In der Beethovenschule hatte ich als Vorsitzende des Förderkreises erlebt, wie Eltern mit Engagement auch Einfluss nehmen können auf die Atmosphäre in einer Klasse oder Schule. Im Amos wollte ich das auch tun und ließ mich zur Elternsprecherin wählen. Mein Anliegen war es, möglichst schnell Kontakte zwischen den verschiedenen Eltern herzustellen. Ich lud eine Gruppe von acht engagierten Müttern zum Kaffeeklatsch ein und gab die Anregung, dass jede von ihnen mit einigen anderen Müttern Kontakt aufnehmen sollte, sodass wir einander schnell kennen lernten. Dadurch konnten Schwierigkeiten unter den Schülern oft ohne Mühe aus der Welt geschafft werden. Die Familie von Moltke kannten wir schon aus der Beethovenschule, und ihre Kinder Johannes, Daniel und Dorothea gingen auf unsere Empfehlung hin jetzt auch aufs Amos. Belli und Matthias freundeten sich immer enger mit ihnen an.

Vor Weihnachten organisierte ich eine Feier mit allen Schülern, Eltern und Lehrern der Klasse. Alle halfen mit. Wir veranstalteten auch eine amerikanische Versteigerung mit selbst gebackenen Kuchen und Torten. Die Einnahmen daraus investierten wir in einen neuen Anstrich des Klassenraums, den wir mithilfe einiger Väter durchführten. So entstand bald eine gute Atmosphäre in der Klasse. Oft drängten sich die Termine der einzelnen Elternabende, der Schulpflegschaftssitzungen und der Lehrersprechtage. Aber für die Kinder war es wichtig, dass ich sie wahrnahm.

Christian war jetzt fünf Jahre auf der Realschule, sein Selbstbewusstsein war gestiegen, und seine Interessen hatten sich geändert. *Mickymaus*-Hefte und *Superman* wurden aussortiert, dafür wurden Sport- und Fußballbücher gelesen. Er kam selbst auf die Idee, die alten Heftchen auf dem Flohmarkt zu verkaufen, und zog an einem Samstag mit zwei schweren Koffern nach Bonn. Am Abend kam er ganz glücklich wieder nach Hause, hatte zwei leere Koffer und eine volle Brieftasche. Er erzählte uns ganz beglückt, wie und mit welcher Freude er die Hefte verkauft hatte. Ich sagte ihm damals: »Junge, du solltest Kaufmann werden!«

Isabell wollte auch ihr Glück versuchen. Sie hatte

eine Familienkasse angelegt für eine Skireise in die französischen Alpen. In der Adventszeit zog sie mit selbstgebasteltem Weihnachtsschmuck in die Innenstadt von Bad Godesberg und baute ihren kleinen Stand vor dem Kaufhaus Hertie auf. Als ich sie nach ein paar Stunden abholte, war sie weder glücklich noch erfolgreich. Die Freude am Verkaufen hatte sie offenbar nicht von mir geerbt. Dafür wurde sie für mich immer mehr zu einer Freundin. Wir spielten oft Tennis zusammen oder gingen in die Sauna, und sie wurde, zumindest während der Woche, wenn Hans in Hiltrup war, meine Hauptgesprächspartnerin. Sie gab mir die Bücher, die sie las, damit wir uns darüber unterhalten konnten. Wenn ich Ärger mit den »Männern« hatte, konnten wir uns darüber austauschen. Ich war froh, dass ich eine weibliche Gesprächspartnerin in der Familie hatte.

Wir unterhielten uns auch über Drogen. Sie hatte das Buch *Wir Kinder vom Bahnhof Zoo* gelesen. Ich las es ebenfalls. Das Buch war damals ein Kultbuch, das vielen Jugendlichen und Erwachsenen verständlich machte, wie Kinder in eine solche Situation absacken können und wie es ihnen in der Szene ergeht und dass drogenabhängige Jugendliche kaum eine Möglichkeit haben, sich aus dieser Schicksalsschraube wieder zu befreien. Mir gab das Buch die Möglichkeit, mit unseren Kindern über diese Probleme zu sprechen, was ich für einen wichtigen Weg der Prävention hielt.

Isabell hatte viel Mitleid mit diesen drogenabhängigen Jugendlichen. Ich wusste, wie gefährlich solches Mitleid sein kann, und sprach mit Isabell über die Gefahren. Als wir das nächste Mal nach Berlin fuhren, ging ich mit ihr zum Bahnhof Zoo und zeigte ihr die Toiletten. Schon in der Bahnhofshalle sahen wir apathische, verwahrloste junge Menschen. Ich sagte ihr, die hätten vielleicht auch einmal nur aus Neugier oder Mitleid angefangen zu spritzen. Mit Mitleid kannst du keinem Menschen helfen, helfen kann man nur mit Stärke!

BULLEN UND KAPITALISTENSCHWEINE, SO NANNTE DIE RAF IHRE FEINDE

Der Terror der RAF nahm in den Siebzigerjahren ständig zu. Er verunsicherte nicht nur den Staat, sondern berührte auch viele Familien – darunter unsere. Am 7. April 1977 hatte sie wieder zugeschlagen und hinterhältig und skrupellos Generalbundesanwalt Siegfried Buback sowie zwei seiner Begleiter ermordet. Die Nation war zutiefst getroffen, die Bevölkerung verunsichert, und im BKA lief nicht nur die Fahndung nach den Mördern, sondern es fanden auch rund um die Uhr Krisensitzungen statt. So war Hans' vierzigster Geburtstag von diesen Ereignissen stark überschattet. Wir waren froh und dankbar, dass er in seinem jetzigen Aufgabengebiet in Hiltrup von diesen Gefahren nicht direkt betroffen war.

Am 5. September 1977 erschütterte ein weiteres Ereignis ganz Deutschland. Der Präsident des Arbeitgeberverbandes, Hanns-Martin Schleyer, wurde von der RAF entführt. Im Austausch gegen ihn wollte man Andreas Baader, Gudrun Ensslin und Jan-Carl Raspe freipressen. Um dieser Aktion Nachdruck zu verleihen, entführten palästinensische Terroristen eine Lufthansa-Maschine mit deutschen Passagieren an Bord, nach tagelangen Irrflügen mit Zwischenlandungen, nach Mogadischu. Nach dem Fall Lorenz sollte der Staat ein zweites Mal durch eine Entführung von den Terroristen erpresst werden! Diesmal durfte man nicht wieder in die Knie gehen, man musste Schleyer finden und befreien. Was das für die deutsche Polizei, für die Politiker, für alle Deutschen bedeutete, ist vielfältig beschrieben worden. Mir wurde durch dieses grausame Ereignis bewusst, wie wichtig die Aufgabe der Justiz und der Polizei in unserem Staat ist. Von da an identifizierte ich mich noch mehr mit der beruflichen Aufgabe von Hans.

Trotzdem versuchte ich zu verstehen, was hinter den Aktionen der RAF steckte. Die Bundesrepublik war eine Demokratie, aber die RAF-Leute behaupteten immer wieder, sie sei ein faschistisches Land. Ich gewann den Eindruck, dass ihrem fanatischen Denken eine politische Verirrung zugrunde lag. Sie wollten Widerstand leisten um jeden Preis. Unsere Generation war nach den Erfahrungen der Nazizeit in den Fünfzigerjahren bewusst zu kritischem Denken erzogen worden, um nicht noch einmal von verantwortungslosen Demagogen verführt werden zu können. Mutige Menschen wie die Geschwister Scholl hatten mir immer sehr imponiert und mein Ideal aufrechter Demokraten geprägt. Diese jungen Widerstandskämpfer setzten ihr eigenes Leben aufs Spiel und leisteten mit friedlichen Mitteln Widerstand. Die RAF hingegen terrorisierte mit ihren mörderischen Taten unsere Demokratie. Leider fielen nicht wenige junge Menschen mit irregeleitetem Idealismus auf diese Verführer herein und teilten die Welt ein in Bullen und Kapitalistenschweine oder Sympathisanten und Anführer des antiimperialistischen Widerstands.

Inzwischen unterrichtete Hans schon im dritten Jahr Kriminalistik und Kriminologie in Hiltrup. Kein Mensch machte sich Gedanken, wie es weitergehen sollte. Auf ewig ein getrenntes Familienleben zu führen, war nicht mein Wunsch. Ich hatte ganz konkrete Vorstellungen: Entweder es gab die Perspektive, dass Hans in den nächsten Jahren nach Bonn zurückkam, oder wir würden im Sommer 1980 nach Münster umziehen. Zu diesem Zeitpunkt hätte Christian seinen Realschulabschluss, Isabell die achte und Matthias die sechste Klasse beendet. Ich war schon damals ein planender Mensch und wollte meine Zukunft immer aktiv beeinflussen. Hans ging diesen Gesprächen mehr oder weniger aus dem Weg. Er wollte an dem jetzigen Zustand nichts ändern, zumal die Situation im BKA wegen der Terrorismushysterie noch sehr gespannt war. Anlässlich einer AG-Kripo-Sitzung (die Arbeitsgemeinschaft der Chefs aller Landeskriminalämter unter Vorsitz des BKA-Präsidenten) in Berlin im Februar 1979 lernte ich den Präsidenten des BKA, Horst Herold, bei einem Empfang persönlich kennen. Ich konnte Hans jetzt gut verstehen. Schon bei der Begrüßung hatte ich den Eindruck, dass eine Ehefrau, geschweige denn ihre Probleme, für ihn keine Rolle spielten. Für ihn zählten nur die Interessen des Amtes. Es ergab sich aber ein Gespräch mit dem damaligen Vizepräsidenten des BKA, Günter Ermisch. Ihm trug ich meine Bitte vor. Das war ein Anstoß für die Amtsleitung, über eine baldige Rückkehr meines Mannes mit einer Aufgabe in Bonn nachzudenken.

Seit Ende der Siebzigerjahre begleitete ich Hans gelegentlich auf seinen Dienstreisen. 1978 war ich das erste Mal mit ihm in England, in Crainfield, auf der internationalen Konferenz »Prevention of Crime«. Für mich war das eine interessante Abwechslung. Hans war froh, dass ich ihm mit meinen Englischkenntnissen helfen konnte. Ich lernte bedeutende Führungspersönlichkeiten der Polizei kennen, darunter den damaligen Interpolchef, Monsieur Nepotè. Zu John Brown, dem Initiator dieser Konferenz, und seiner Frau Audry entwickelte sich ein herzliches, fast freundschaftliches Verhältnis. Durch sie lernten wir Cambridge kennen. Das Abschlussessen der Konferenz fand in der alten, ehrwürdigen Bibliothek des King's College statt. Diese vielfältigen Eindrücke und internationalen Begegnungen mit solch interessanten Persönlichkeiten erweiterten meinen geistigen Horizont. Unsere England-Begeisterung wuchs. John Brown empfahl uns beste Adressen für eine Reise im Sommer nach Mittelengland. Wir wollten zehn Tage alleine, ohne Kinder, in die Cotswolds fahren. Die Frage war nur, wohin mit den Kindern?

In den Sommerferien wollte Christian vier Wochen eine »Schnupperlehre« in einem Sportgeschäft machen. Dass er Kaufmann werden würde, stand für ihn seit seinen Flohmarkterfolgen fest. Sport interessierte ihn sehr, deshalb wollte er diese Arbeit in einem Sportgeschäft näher kennen lernen. Ein alter Schulfreund von Hans, der inzwischen Professor an der Sporthochschule in Lörrach war, bot uns an, dass Christian in den Sommerferien in einem Sporthaus in Lörrach arbeiten und bei ihm und seiner Familie wohnen könnte. So war Christian schon mal in den Sommerferien versorgt. Isabell und Matthias wollten wir auf dem Weg nach England bei der Familie in Dover abgeben, bei der schon Christian mit guten Erfahrungen Sprachferien gemacht hatte. Beide freuten sich auf die Reise.

Hans und ich freuten uns auf die schönen englischen Landhäuser. So fuhren wir im Juli 1979 erwartungsvoll mit dem Auto in die Cotswolds. Für sieben Nächte hatten wir in einem kleinen Landhaus in Lower Swell mit Halbpension gebucht. Es war klein, charmant und britisch. Landlady und Landlord kümmerten sich persönlich um ihre Gäste, höchstens zwölf an der Zahl. Vor dem Dinner wurden wir in die kleine Bar gebeten. Dort nahm man einen Aperitif und sprach erst einmal ein paar Sätze über die bewegenden Ereignisse des Tages, vom Wetter bis über die Ausflugspläne von morgen. Nach dieser angenehmen Plauderei wurden wir vom Landlord in das Speisezimmer geführt, mit der Bemerkung, der Tisch sei gerichtet. Die Kerze brannte, und nach kurzer Zeit wurde von der Landlady die Vorspeise serviert. Nach dem Hauptgang fragte uns der Landlord, ob wir Dessert oder Käse bevorzugten, er habe einen guten Stilton. Wir entschieden uns für den Stilton. Ob er uns einen Portwein dazu anbieten dürfe? Er habe einen Vintage Port, der ganz exzellent sei. Da wir davon ausgingen, dass er uns das ersatzweise anstelle des Desserts anbot, das ja im Halbpensionspreis enthalten war, sagten wir unbekümmert und unerfahren »ja«. Es schmeckte uns köstlich, und wir blieben sieben Tage immer bei der gleichen Entscheidung. Als wir am Ende der Woche unsere Rechnung bezahlten, merkten wir erst, wie teuer dieses köstliche Vergnügen war. Es war ein »very old Vintage Port«. Fünfundzwanzig Jahre sei er alt, so wurden wir aufgeklärt, und das habe seinen Preis!

Hans und ich erinnern uns heute noch gern an diesen Urlaub in Mittelengland. Wir sind gewandert, haben Ausflüge nach Chipping Candon, Bath und Oxford gemacht und uns am British Way of Life erfreut. Auf dem Rückweg holten wir Isabell und Matthias wieder ab und schauten uns mit den Kindern die Südküste an. Glücklich fuhren wir wieder nach Deutschland zurück.

EIN LANGER ABSCHIED OHNE WORTE

Von seinem Ruhestand als Professor hatte Hans' Vater wegen einer schweren Herzkrankheit noch nicht allzu viel gehabt. Im April 1979 feierten wir seinen letzten Geburtstag im kleinen Kreis mit der Familie. Er ordnete seine Bücher und Akten, schrieb bereits Anfang Mai einen wunderbaren Abschiedsbrief an seine Frau, den er mit seinem Testament zusammen in eine Stahlschatulle schloss. Ende Mai musste er wieder ins Krankenhaus, das er bis zu seinem Tod am 11. November 1979 nicht mehr verließ. Seine Frau besuchte ihn täglich, brachte ihm seine Lieblingssuppen in einer Thermoskanne ins Krankenhaus. Viel konnte er nicht mehr essen. Die ganze Familie unterstützte die Großmutter bei den Krankenbesuchen. Wir sprachen uns immer mit ihr ab, sodass auch sie stundenweise entlastet war. Manchmal kamen ihn auch ehemalige Studenten besuchen. Wenn er sich hilflos und schwach fühlte, war es ihm unangenehm. Er sagte mir, es sei ihm peinlich, dass seine früheren Studenten ihn in diesem Zustand sähen. Wie schwer muss es doch für einen alten Menschen sein, sich in seiner Schwäche zu zeigen.

Ich bin sicher, er wusste, dass er bald sterben würde, aber er konnte und wollte darüber nicht sprechen. Seine Frau verstand sich, so glaube ich, ohne Worte mit ihm. Aber für seine Kinder – Friedel, Hans und Eva – war es sehr schwer, nicht persönlich von ihm Abschied nehmen zu können. Wie unterschiedlich man das Sterben doch erleben kann.

»GELL JUPP, MIT DER TÄÄTST AAH NOCH EIN PAAR JÄNGE MAACHE!«

In jenem Herbst zog die Mieterin unserer kleinen Wohnung aus. Das eröffnete uns die Möglichkeit, uns wohnraummäßig zu vergrößern. Gleichzeitig bedeutete es aber auch den Wegfall der Mieteinnahme. Wir rechneten damit, dass Hans im kommenden Sommer von Hiltrup zurück nach Bonn kommen würde, und hofften auf eine weitere Beförderung im Laufe des nächsten Jahres – und damit auf eine finanzielle Aufbesserung. Deshalb bezogen wir die kleine Wohnung selbst und verbanden beide Wohnungen durch einen Mauerdurchbruch.

Besonderen Spaß hatten wir mit den rheinischen Handwerkern. Einer von ihnen, Jupp nannten ihn die übrigen, erzählte von einem Mann, der seine Frau erschlagen hatte, weil sie mit einem Nebenbuhler durchgebrannt war. Jupp bemerkte abschließend zu seinem Kumpel, dem Hennes, im besten, breitesten, rheinischen Platt: »Wenn meine Alte nur abhauen täät, der täät ich die Fahrkart' noch schänke!« Die beiden waren sicher, wir »feinen Leute« verstünden ihre Sprache nicht. Hennes kannte den dickbäuchigen Jupp wohl schon länger und antwortete ihm, indem er zu mir zeigte, als ich gerade in Arbeitskleidung, mit Kopftuch um die Haare, verkleistert auf der Leiter stand, um die Raufasertapeten aufzuweichen und abzukratzen: »Gell Jupp, mit der täätst aah noch ein paar Jänge maache!« Ich wäre vor Lachen beinahe von der Leiter gefallen.

Der Umbau war anstrengend, aber danach verwirklichten wir uns zur Belohnung einen großen Traum. Wir fuhren mit allen Kindern sowie mit unseren Freunden Löw und Hajo Mohr und ihren beiden Söhnen zusammen in die französischen Alpen zum Skilaufen. Seit zwei Jahren hatten wir zu diesem Zweck zusammen mit den Kindern eine Familienkasse angelegt. Aus Verkäufen von Spielsachen und Kleidern, die sie nicht mehr brauchten und die gut erhalten waren, hatten wir schon einen kleinen finanziellen Grundstock angespart. Unsere Freunde Mohr und wir mieteten uns jeweils eine kleine Wohnung in den »Betonwabenhäusern«. Löw oder ich kochten. Wir brauchten Geld für Miete, Skipässe und Benzin. Obwohl damals wegen des Umbaus finanziell alles sehr knapp geworden war, haben wir den Urlaub zum Glück doch gemacht.

Wir alle waren begeisterte Skifahrer, aber Isabell genoss es besonders mit unserem pistenerfahrenen Skiführer Hajo und dem exzellenten Skiläufer Patty. Jeden Tag machten wir weite Skiausflüge in die verschiedensten Täler der Trois Vallées. Abends wurde abwechselnd gekocht und zusammen gegessen. Danach spielten wir Karten oder andere Hüttenspiele. Mit neun Mann machte das richtig Spaß! Inzwischen war ich alt genug, um zu wissen, dass man das Leben nur im »Heute« leben kann.

1980 feierte ich meinen vierzigsten Geburtstag. Obwohl unsere Kassen leer waren – das Soll auf unserem Konto wurde trotz aller Finanzplanung immer größer –, wollten wir ihn weder ausfallen lassen noch verschieben. Es war der erste große runde Geburtstag, den ich feierte. Ich lud ein zu »Puppis Bergfest«, denn ich fühlte mich auf dem Gipfel meines Lebens. Hatte ich doch drei liebe, gute Kinder, die alle ihren Weg gingen, einen Mann, mit dem ich mich nach achtzehnjähriger Ehe immer noch herzerfrischend streiten konnte, ihn deshalb aber nicht weniger liebte, hatte eine sehr schöne Wohnung, die ich genoss, hatte gute Freunde und eine berufliche Aufgabe, die ich überschaute und die mich nicht stresste. Was wollte mein Herz mehr, ich war glücklich!

Wir luden dreißig Freunde ein zu Essen und anschließendem Tanz. Das war mein Wunsch, ich wollte so gerne tanzen. Isabell stellte mit unserer Anlage zwei tolle Kassetten zusammen, mit all den Ohrwürmern unserer Jugend bis hin zu den Beatles. Den Cocktailempfang gaben wir im Doppelzimmer, wo später getanzt wurde. Zwischendurch gingen wir zum Essen in die große Wohnung, wo ich in den Kinderzimmern große Tische gedeckt hatte. In Bellis Zimmer saßen »die Kriminellen«, in Matthias' Zimmer »die alten Berliner« und in Christians Zimmer »die neuen Bonner Freunde«. In der Diele hatte ich ein großes Buffet aufgebaut. Die Begeisterung, mit der die Kinder mir halfen, entzündete den Frohsinn der Gäste.

Am Tag darauf, wir hatten mein Geburtstagsfest auf den Samstag gelegt, feierten wir Christians achtzehnten Geburtstag. Auch er war in zukunftsfroher Stimmung, sah er doch seinem erfolgreichen Realschulabschluss entgegen. Schon im Frühjahr, als feststand, dass Hans von

Hiltrup wieder ins BKA nach Bonn versetzt würde, hatte Christian sich im größten Bonner Sportfachgeschäft um eine Lehrstelle beworben. Wir Eltern begleiteten ihn zu seinem Vorstellungsgespräch. Sein zukünftiger Chef unterhielt sich sehr angeregt mit ihm und bot ihm die gewünschte Lehrstelle an. Christian sagte zu, machte aber danach gleich folgende Einschränkung: »Nicht dass Sie sich zu viel von mir versprechen. Wenn ich die Lehre fertig habe, bleibe ich nicht lange bei Ihnen!«

»Warum denn nicht, was hast du vor?«

»Ich mache in München ein Sportgeschäft auf, so eines wie Schuster oder Scheck!« (Das sind zwei der größten Sporthäuser in ganz Deutschland.)

»Das will ich auch schon lange. Aber ich nehme dich trotzdem, du gefällst mir!« war zum Glück die Antwort seines zukünftigen Chefs.

Auch für mich war das ein großer Tag. Zehn Jahre lang hatte ich darum gekämpft, dass Christians Persönlichkeit nicht durch die schulischen Misserfolge kaputtging. Mit seinem Kampfgeist und mit unserer Unterstützung hat er die legasthenen Schwierigkeiten überwunden und sich seine Lebensfreude erhalten. Sicherlich haben ihm alle in der Familie dabei geholfen, auch Belli und Matthias, denn für sie blieb bei weitem nicht so viel meiner Zeit und Kraft übrig, wie ich sie ihm in diesen zehn Jahren gewidmet habe. Aber so ist das bei mir immer gewesen, dass ich mich dem Kind zugewendet habe, das mich am meisten gebraucht hat. Meine erste große Aufgabe als Mutter hatte ich erfüllt. Jetzt hatte ich nur noch zwei Schulkinder. Isabell kam nach den Schulferien in die neunte, Matthias in die siebte Klasse.

JETZT WAREN WIR WIEDER EINE KOMPLETTE FAMILIE

Hans kam im Sommer aus Hiltrup zurück. Ein neues Familienleben begann, und das feierten wir.

Zwei Mal im Monat gingen wir mit den Kindern aus, sei es ins Kino und hinterher zum Essen, mal zum Chinesen oder zum Griechen oder Italiener. Ein Mal im Monat hielten wir eine Familienkonferenz ab, bei der offen und fair alle Probleme oder Ärgernisse, aber auch gemeinsame Pläne besprochen werden sollten. Der Vorsitz wechselte jedes Mal zu einem anderen Familienmitglied. Auch Matthias oder Belli durften eine solche Familienkonferenz leiten. Diese Anregung hatten wir von Frau Dr. P. erhalten. Die Idee ging auf ein Buch von Thomas Gordon zurück, das damals viel gelesen wurde und bei vielen Familien einen Dialog in Gang setzte.

Der Abend begann immer mit einem besonders beliebten Familienessen. Damit war eine gute Atmosphäre geschaffen. Nach dem Essen sagte der »Vorsitzende«, über welche Punkte oder Probleme an diesem Abend gesprochen werden sollte. Hatte eines der Kinder den Vorsitz, dann wurden Fragen von der Art besprochen, wann sie abends nach Hause kommen durften, wer welche Aufgaben im Haushalt übernehmen sollte oder die Höhe des Taschengeldes usw. Streitpunkte unter den Geschwistern wurden ausgeräumt oder Konflikte zwischen uns Eltern mit einem von den Kindern angesprochen. Die Kinder störte es zum Beispiel, wenn wir ihnen vorschrieben, wann sie abends nach Hause kommen sollten. Vorschreiben wollten wir es ihnen gar nicht, aber wir wollten natürlich einen Anhaltspunkt haben, wann sie zurück zu sein gedachten. Ich fragte sie, ob es ihnen alternativ lieber wäre, wenn wir uns darum überhaupt nicht kümmern würden. Dann würden wir es aber auch nicht merken, wenn sie während der ganzen Nacht nicht nach Hause kämen. Sie könnten ja auch einmal aufgrund eines Verkehrsunfalls bewusstlos in einem Krankenhaus landen. Wir einigten uns mit ihnen, dass wir sie fragten, ab wann wir uns Sorgen machen sollten, falls sie nicht nach Hause kämen, und wen wir dann anrufen sollten, um nach ihnen zu fragen. Das war eine von uns allen akzeptierte Lösung, die sich mit dem Älterwerden der Kinder bewährte.

Christian war jetzt volljährig und verdiente sein eigenes Geld. Er wollte sich nicht mehr so viel von uns sagen lassen. Hans meinte, nachdem er mir vier Jahre während der Woche die Erziehung der Kinder überlassen hatte, dass er jetzt einiges nachholen müsse. Das führte natürlich zu Spannungen, die wir in diesen Familienkonferenzen abbauen konnten. Die Kinder lernten spielerisch eine Diskussion im Konferenzstil zu führen, und wir Eltern lernten dabei, sie als ernste Gesprächspartner zu respektieren. Es war eine fantastische Schulung für alle.

Mein Bruder Siegfried machte mir 1980 ein verlockendes Angebot. Er war ein erfolgreicher Immobilienkaufmann in Mannheim und hatte sich besonders in den Jahren der Rezession um Immobilien aus Zwangsversteigerungen bemüht. Dieses Geschäft wollte er auch auf Bonn ausdehnen und bot mir an, ihm auf Provisionsbasis dabei zu helfen. Weil ich jetzt größere zeitliche Freiräume hatte, sagte ich begeistert zu. Die Möglichkeit, bei erfolgreichen Abschlüssen gutes Geld zu verdienen, fand ich sehr verlockend. Siegfried ersteigerte die Häuser, ich ließ sie renovieren und suchte Käufer. Die Provision, die ich erhielt, war immer ein schönes Zusatzeinkommen, von dem wir entweder eine Reise machen oder eine neue Skiausrüstung kaufen konnten. Für mich waren diese Erfahrungen für meine spätere selbstständige Tätigkeit als Finanzberaterin von großem Nutzen.

MAX, MIT MIR KANNST DU PFERDE STEHLEN, ABER KEINE KIRSCHEN NASCHEN!

Das Jahr 1981 sollte in meinem Leben eine entscheidende Wendung bringen. Ich fuhr vier Wochen zur Kur. Nach meiner Unterleibsoperation 1977 hatten sich meine Rückenschmerzen nicht nachhaltig gebessert, sodass ich auf Anordnung des Arztes bei körperlichen Anstrengungen ein Stützkorsett tragen musste. Als letzte Möglichkeit vor einer sonst unumgänglichen Operation schickte er mich in eine Kurklinik für Wirbelsäulenschäden nach Bad Füssing. Dort sollte ich es erst noch einmal mit konventionellen Therapien versuchen, operieren könnte man ja immer noch.

Für die Kinder waren das vier Wochen ohne Mutter, für mich bedeutete es, das erste Mal längere Zeit ganz auf mich gestellt zu sein, ohne meine Familie, ohne meinen Mann, ohne meine Kinder. Ich brauchte mich um niemanden zu kümmern, wurde umsorgt und versorgt und sollte mich nur auf meinen Körper, auf meine Bedürfnisse, auf meine ureigensten Wünsche konzentrieren – eine völlig neue Situation für mich.

Am Anfang sagte mir der Arzt, dass ich ohne Stützkorsett und Wirbelsäulenoperation alt werden könnte, ich müsste nur etwas dafür tun! Ich sollte mir ein Korsett aus Muskeln anziehen und einige Pfunde abnehmen. Ich bekam Schmerztabletten verordnet und ein Programm mit Kuranwendungen, das morgens um 6.30 Uhr mit Wassergymnastik anfing und alle halbe Stunde eine weitere therapeutische Anwendung vorsah. Das Programm war konzentriert und effektiv, und das alles bei tausend Kalorien am Tag. Täglich schwamm ich mindestens einmal im Thermalwasser, was mir körperlich gut tat; nachmittags fuhr ich in den Inn-Auen Fahrrad. Ich spielte Tennis, und in der zweiten Woche ging ich mit einer Gruppe, die sich beim Sport gefunden hatte, sogar einmal tanzen! Und das alles schrieb ich ganz unbekümmert meinem Mann. Was hatte ich damit angerichtet!

Bei dem Konflikt, den ich damit auslöste, spielte Isabell die Rolle der Vermittlerin und bewies damit ihr großes Einfühlungsvermögen und ihre Integrationskraft. Isabell schrieb mir:

»Liebste Mutter,

11. April 1981

vielen Dank für Deine zahlreichen Briefe in der letzten Zeit. Ich verspreche Dir, sooft ich nur Zeit finde, Dir zu schreiben. Aber Du musst wissen, dass ich den ganzen Tag nach drei Männern (einer davon ist allerdings noch ein Männlein) Ausschau halten muss, die alles immer stehen und liegen lassen, wo sie gerade sind.

Ich habe nach Deinem Anruf eine kleine Auseinandersetzung mit Vater gehabt, weil er nicht so recht begreifen wollte, dass er sich im Unrecht befindet. Er hat argumentiert, dass er ebenfalls nicht Tanzen gegangen sei in den vier Jahren seines Münster-Aufenthalts. Ich habe daraufhin versucht, ihm diese doch ziemlich egoistisch-eifersüchtige Argumentation klarzumachen. Also, wie immer wollte er erst nicht zugeben, dass Du und ich recht haben. Nach dem Abendbrot hat er mir aber gesagt, dass er doch ein wenig eifersüchtig sei und dass das doch auch eine Form der Liebesbezeugung sei.

Ich glaube, er vermisst Dich auch sehr. Bitte nimm diese doch erklärbare, wenn auch wenig schöne Reaktion nicht allzu ernst und gehe weiterhin aus und trinke Deinen Schoppen mit anschließendem Tanz.

Bei uns klappt alles prima. Ich werde mein Möglichstes tun, dass wir Dich besuchen kommen.«

Ich antwortete Isabell am 13. April 1981:

»Meine liebe, kleine, süße Belli!

Eben habe ich Deinen reizenden Brief bekommen und mich riesig gefreut. Ich glaube, Papa sieht es inzwischen auch etwas normaler. Ich tue hier wirklich nichts Böses. Es ist eben meine Schwäche, dass ich ihm alles erzählen muss, aber warum auch nicht, ich brauche kein schlechtes Gewissen zu haben! Aber so war er schon immer – und ich liebe ihn trotzdem. Bloß darf er mir gegenüber kein Misstrauen haben, das würde mich fürchterlich kränken.

Du hast recht, dass die Kur hier sehr viele gute Seiten hat. Gesundheitlich fühle ich mich so wohl wie bestimmt seit zehn Jahren nicht mehr. Und darüber hinaus wird mir bewusst, was für eine gute Ehe Papa und ich führen und wie sehr wir uns lieben. Aber eines ist mir auch klar: Wenn ich noch einmal zur Kur fahre, dann nur mit Papa zusammen. Die Anwendungen, das Wasser und der Sport tun mir unheimlich gut. Heute war ich beim Wiegen. Drei Kilogramm habe ich in den letzten Wochen abgenommen. Jetzt wiege ich 53,5 Kilogramm. Ich will versuchen, bis zum Ende der Kur auf 51 Kilogramm zu kommen. – Mein Schatz, hab tausend Dank, dass Du Dich so um die Männer kümmerst und den Haushalt mit Teresas Hilfe schmeißt.

In Liebe, Deine Mama«

Während der Kur konnte ich viele Menschen beobachten. Und ich hatte viel Zeit und Muße, über mich selbst nachzudenken. Als Erstes fiel mir auf, wie sehr die neu angekommenen Patienten bemüht waren, sich einer Gruppe anzuschließen. Babsi, meine Tischnachbarin zur Rechten, eine junge Frau von zweiunddreißig Jahren, verheiratet und Mutter eines Kindes, klopfte schon beim ersten Abendbrot nervös und ungeduldig mit den Fingern auf dem Tisch herum. Wo sie denn hier Anschluss finden könne? Sie hatte schon Kurerfahrung und meinte, es sei das Wichtigste! Christiane, meine Nachbarin zur Linken, hatte als junges Mädchen Kinderlähmung gehabt und war eine auf regelmäßige Therapie angewiesene Rollstuhlfahrerin. Von ihr konnte ich viel lernen. Für sie zählte nur der gesundheitliche Kurerfolg. Sie erzählte mir, dass sie mit ihrem Freund zusammenlebe, der aufgrund eines Unfalls querschnittsgelähmt sei, trotzdem seien sie sich beide zärtlich verbunden, und den Rest, »den müssen sie sich eben denken«. Es hat mir großen Respekt abverlangt, wie diese Frau sich in ihr Schicksal fügte und aus dem, was das Leben ihr noch bot, versuchte, das Beste zu machen. Der Vierte im Bunde war Max, ein fröhlicher, kräftiger, sympathischer Mann, um die vierzig, Familienvater und Handwerksmeister. Meine drei Tischgenossen waren alle Bayern und duzten sich sofort. Ich war die einzige Preußin und merkte sehr schnell, dass mein »Sie« als störend empfunden wurde. So bot ich ihnen auch das Du an. Damit das von Max nicht missverstanden wurde, sagte ich ihm gleich: »Max, mit mir kannst du Pferde stehlen, aber keine Kirschen naschen!« Die Spielregeln waren von Anfang an klar und wurden auch respektiert. So konnten die drei Bayern mit der Preußin ungezwungen fröhlich sein.

In der großen BfA-Klinik gab es viele schwerkranke Menschen, frisch Operierte und Langzeitgeschädigte im Rollstuhl oder mit Krücken, mit Buckel oder Amputation. Mir wurde bewusst, welch großes Glück die Gesundheit ist. Von Woche zu Woche konnte ich mich schmerzfreier bewegen, nach drei Wochen sogar ohne Schmerzmittel. Wenn man über zehn Jahre fast mit konstanten Schmerzen gelebt hat, empfindet man ein Leben ohne Schmerzen beinahe wie einen Rausch. Tagsüber war ich glücklich, aber wenn ich abends in mein kleines Zimmer ging, überfiel mich furchtbare Traurigkeit. Ich musste entweder an den Tod meiner Mutter denken oder an meine immer wieder auftauchende Urangst, selbst an einer Tumorerkrankung zu sterben. Gegen diese Angst konnte ich nichts machen, ich war ihr ausgeliefert. Ich entschloss mich, den Psychologen der Klinik um ein Gespräch zu bitten. Er sagte mir, dass dieser Angstzustand eine Form der Depression sei, die ich behandeln lassen solle, weil es meine Lebensfreude entscheidend beeinträchtige. Da ich eine Behandlung in Bonn spontan ablehnte und als übertrieben zurückwies, gab er mir ein paar Worte mit auf den Weg. Ich solle nach dominierenden Menschen in meinem Leben suchen, die sich zwiespältig verhielten und dadurch Druck auf mich ausübten. Dieser Zwiespalt könnte sich auch aus der unterschiedlichen Reaktion bei den Eltern ergeben.

Aufgrund dieses konstruktiven Gesprächs wurde mir klar, dass ich in weiten Teilen meiner Jugend in diesem Zwiespalt, in dieser Spannung gelebt hatte. Oft in meinem Leben musste ich etwas ausbalancieren, und das kostete viel Kraft! Ich begriff, dass die Ängste, die ich Weihnachten 1958 gehabt hatte, als ich den Tod meines Vaters meinte vorauszuahnen, und auch meine Ängste jetzt, wo ich meinen eigenen Tod fürchtete, Formen einer Depression waren. Die Zeit der Kur bedeutete für mich eine Besinnung auf mein eigenes Leben, mein Rollenverhalten in der Familie, ein Erkennen meiner eigenen Bedürfnisse und Fähigkeiten.

In einem Brief an Hans schrieb ich unter anderem: »Unser gemeinsames Leben könnte so viel glücklicher und fröhlicher sein. Ich habe hier in der Kur gemerkt, welch positiv eingestellter, fröhlicher, aktiver und überaus lebensfroher Mensch ich bin – in einem spannungsfreien Zustand!«

Kurz vor meiner Abreise schrieb ich in einem anderen Brief: »Aber ich meine doch, Liebe sollte etwas Befreiendes und Beglückendes sein und nichts Schmerzhaftes und Beengendes! Ich habe hier viel Zeit gehabt zum Nachdenken. Die erste, beglückende Erkenntnis der Kur für mich war unsere tiefe gemeinsame Verwurzelung, unser Zusammengewachsensein, das Gefühl zu haben, kaum noch ohne den anderen leben zu können!«

Auch meine Familie nutzte die Zeit meiner Abwesenheit, um sich über vieles klarer zu werden. Hans spürte die alleinige Verantwortung für die Kinder und merkte, wie schwer es ist, sich allein erziehend um Haushalt und drei Kinder zu kümmern. Die Kinder lernten ihren Vater von einer neuen Seite kennen. Trotz aller Schwierigkeiten, die es in diesen Wochen gab, schrieb Hans mir: »Meine Kinder sind mir näher gekommen, eine beglückende Erkenntnis.«

So trug jeder in der Familie dazu bei, dass ich die Kur zu Ende machen konnte. Ganz besonders dankte ich Isabell für ihre mütterliche Umsicht, die sie mit den drei Männern hatte.

»WEN GOTT STRAFEN WILL, DEM SCHENKT ER EIN JUNGES WEIB«

Den neuen Zustand der Schmerzfreiheit und das neue Lebensgefühl wollte ich mir auf alle Fälle erhalten. Bei der Abschlussuntersuchung empfahl mir der Arzt: »Jeden Tag zwei Stunden Sport und eine gesunde Ernährung!«

Als ich am Donnerstagabend, dem 30. April 1981, auf dem Bahnhof in Bad Godesberg ankam, holte Hans mich mit den Kindern ab. Sie standen alle auf dem kleinen Bahnsteig, jeder mit einer langen roten Rose in der Hand. Ich stieg als einziger Fahrgast aus dem Zug, aber sie bewegten sich überhaupt nicht vom Fleck. Hans machte schon Anstalten, wieder zu gehen, da erkannte Matthias mich als Erster und rannte auf mich zu: »Das ist ja die Mama!« Acht Pfund hatte ich abgenommen, hatte ein keckes Hütchen auf und bewegte mich wohl mit den schweren Koffern so leicht und behände, dass sie mich zuerst gar nicht wiedererkannten. Die Freude über die »junge« Mutter war groß. Auch mein Mann staunte. Beim

Abendbrot wurde ausführlich erzählt, aber ich trank eben nur ein Glas Wein, danach trank ich Wasser. Hans meinte, das sei ungemütlich, das werde sich hoffentlich wieder geben. Aber da hatte er sich geirrt! Ich hielt mein Gewicht, dank eiserner Disziplin und viel Sport.

Durch den Ersten-Mai-Feiertag hatte Hans drei Tage frei. Gleich am nächsten Tag machten wir eine Radtour. Für mich war nach dem Training in der Kur ein Radausflug von zwanzig bis vierzig Kilometern überhaupt kein Problem. Also beschlossen wir, mit den Rädern hoch in den Stadtwald zu fahren und durch den Kottenforst nach Alfter. Die Kinder waren begeistert, Hans kam mir zuliebe mit. Alle staunten, als ich ihnen den Berg hinauf davonfuhr. Hans meinte, es läge an den Rädern. Daraufhin tauschte ich meines mit dem seinen. Aber es half nichts, ich hatte die bessere Kondition! Welch ein Glücksgefühl, mit einem Mal nicht mehr die kleine »Puppi« zu sein, auf die man warten oder Rücksicht nehmen musste. Jeden Tag wollte ich zwei Stunden Sport treiben und nicht nur nachmittags Tennis spielen. Belli schlug mir vor, morgens vor dem Frühstück mit ihr zu joggen. Das war für mich neu. Sie sagte mir, dass ich nicht *schnell* laufen, sondern nur gegen die Versuchung, aufhören zu wollen, anlaufen müsse. Nicht auf die Geschwindigkeit, sondern auf die Ausdauer komme es an. Ab Anfang Mai 1981 lief ich jeden Morgen mit Belli!

Ich laufe heute noch, das habe ich ihr versprochen.

Morgens um sechs Uhr standen wir auf, denn um acht Uhr mussten wir alle im Dienst oder in der Schule sein. Hans fand das gar nicht so lustig! Er erzählte von den Hunden und den Landstreichern, die mich an der Rheinpromenade so früh am Morgen anfallen könnten.

Aber ich ließ mich durch nichts einschüchtern und lief! Und siehe da, nach ein paar Wochen machte er den vorsichtigen Versuch, mich zu begleiten. Da er früher ein ausgezeichneter Sprinter gewesen war, rannte er mir die ersten hundert Meter auf und davon, dann blieb er mitleidig lächelnd stehen und wartete auf mich. Ich holte ihn ein und lief gleichmäßig weiter, was ihn sehr erstaunte. Dieses Spiel wiederholte sich einige Male. Zu dieser Zeit lief ich schon fünftausend Meter an einem Stück. Es sollte noch zwei Jahre dauern, ehe Hans wirklich regelmäßig joggte, aber er respektierte jetzt wenigstens mein morgendliches Laufen und kam auch ab und zu mit. Das war ein großer Erfolg für mich und ausschlaggebend für die weitere Entwicklung meiner Persönlichkeit.

Durch das konsequente, sportliche Training, wie Joggen, Schwimmen, Radfahren, hielt ich mein Gewicht, und meine Muskeln hielten meine Wirbelsäule. Natürlich spielte ich auch weiterhin Tennis, obwohl es nicht der beste Sport für mich war, aber es machte mir große Freude. Insgesamt zwei Stunden jeden Tag, das war mein Programm. Alle Wege, die ich mit dem Fahrrad erledigen konnte, ob nach Oberwinter oder zum Club, fuhr ich mit dem Rad und nicht mit dem Auto. Unsere Ernährung stellte ich auf eine fett- und zuckerarme Kost um. Kuchen wurde nur noch selten gebacken. Ich freute mich auch über die Anerkennung, die ich allseits bekam: Wie schlank ich sei, wie gut ich aussähe und wieviel besser ich Tennis spiele. Das alles motivierte mich sehr, auf diesem Weg zu bleiben. Ohne die Chance der Kur hätte ich mein tägliches Leben nie so umgestellt, und ohne das Gespräch mit dem Psychologen der Kurklinik wären mir nie die Zusammenhänge meiner Ängste mit meiner jeweiligen Lebenssituation klar geworden. Hans sagte oft humorvoll und anerkennend. »Wen Gott strafen will, dem schenkt er ein junges Weib.«

PROBLEME SIND ZUM LÖSEN DA – DEM SCHICKSAL MUSS MAN SICH STELLEN!

Ohne mein neues Lebensgefühl hätte ich die folgende schwere Zeit wahrscheinlich nicht meistern können. Eineinhalb Jahre später starb unsere Isabell an einem bösartigen Tumor. Im Nachhinein betrachtet, fing ihre Erkrankung ganz harmlos an, doch wann sie wirklich anfing, das wissen wir bis heute nicht und werden es auch nie erfahren. Begann es wirklich erst im November 1981, als Belli Wasser in den Lungen hatte und in die Klinik musste? Oder war es schon im Sommer 1981, als sie am Fußgelenk operiert wurde? Oder hatte alles schon im Jahr davor angefangen, als sie im Herbst 1980 anlässlich eines Schulsportfestes beim Laufen auf der Aschenbahn einen Spontanbruch im linken Mittelfuß erlitt? Das Datum kann ich noch nicht einmal sicher feststellen, so wenig Bedeutung hatten wir diesem »Unfall« beigemessen.

Im Sommer 1981 klagte Isabell nach anstrengenden Tennisturnieren über Fußschmerzen. Hans und mir fiel auf, dass sie beim Laufen nicht mehr gleichmäßig abrollte und anfing zu humpeln. Wir ließen sie in der Orthopädie der Bonner Uniklinik untersuchen. Man stellte einen wuchernden Dorn im linken Fußgelenk fest und empfahl uns, Isabell operieren zu lassen. Einen Termin konnte man uns erst im Herbst in Aussicht stellen. So lange wollten wir aber nicht warten. Wir gingen in das Petrus-Krankenhaus zu Professor Dederich, der früher einmal meinen Ballen erfolgreich operiert hatte. Er diagnostizierte dasselbe und gab uns einen baldigen Operationstermin. So wurde Isabell im Juli operiert, wie es hieß, mit gutem Erfolg. Die Knochenwucherung wurde entfernt, das Gewebe untersucht. Zur Erleichterung aller war es nicht bösartig.

Isabell wurde gesagt, dass sie die nächste Zeit auf keinen Fall Tennis spielen dürfe. So fuhren wir im August mit Matthias und Belli, das Bein im Gips, für zwei Wochen nach Pfronten im Allgäu. Dort joggte ich jeden Morgen – und mein Mann joggte mit mir. Viel konnten wir mit Belli nicht unternehmen, außer ein paar Ausflügen zu den Schlössern Ludwigs II. und einer Segelbootstour auf dem Ammersee. Mit Gipsbein und Krücken war halt alles etwas beschwerlich, und so fuhren wir früher zurück als geplant.

Als wir nach Hause kamen, erfuhren wir, dass Bellis Patentante an einem bösartigen Tumor erkrankt war und operiert werden musste. Isabell war in dieser Zeit oft traurig und niedergedrückt. Anfang September, als sie den Gips abbekam, ging sie sofort wieder schwimmen. Nach zwei Wochen fuhr sie schon wieder hoffnungsfroh mit dem Fahrrad zum Club. Ines hatte ihr zum Geburtstag ein rotes Tagebuch geschenkt. Darin schrieb sie auch über ihr sportliches Training. Am 19. September 1981: »Schwimme immer einen Kilometer!«

Ende September durfte Isabell auf eine Klassenfahrt mit nach Holland. Sie hatte zwar keinen Gips mehr, musste aber einen festen Kompressionsstrumpf tragen und beim Gehen immer noch Krücken benutzen. Als sie zurückkam, berichtete sie uns zwar begeistert von der

Fahrt, aber das Wichtigste schien ihr zu sein, dass sie sich beim Hinuntersteigen aus dem Etagenbett auf dem Schiff die Rippen angestoßen hatte. Der Schmerz muss so groß gewesen sein, dass er sie noch eine Woche später beunruhigte. Wir schickten sie zur Ärztin und ließen sie gründlich untersuchen, mit Röntgenaufnahme und Blutbild: Es war angeblich alles in Ordnung.

In den Herbstferien fuhr Isabell nach Antwerpen zu unserer Freundin Lou. Sie wollte ein wenig Französisch lernen. Sie freute sich auf die Kinder, besonders auf Caroline und Axel. Sie hatte in diesem Sommer stark zugenommen, fünf Pfund, und das war für sie sehr viel. Wir machten alle zusammen eine Diät.

Seit September wohnte Marie bei uns. Sie war die Tochter von belgischen Freunden. Maries Eltern hatten uns gefragt, ob ihre Tochter für drei Monate bei uns leben könnte, sie sollte auf einer Sprachenschule Deutsch lernen. Zum Wochenende fuhr sie immer heim nach Antwerpen und kam am Sonntagabend zurück. Marie machte mit uns nicht nur die Diät mit, sondern ging mit uns in den folgenden Monaten durch dick und dünn.

Anfang November fuhren Hans und ich mit Freunden für eine Woche nach Rom. Ulrich hatte uns seine Wohnung zur Verfügung gestellt, die er während eines Lehrgangs in der Stadt für sechs Monate gemietet hatte. Diese Gelegenheit lockte uns sehr. Marie war damals einundzwanzig Jahre, Christian neunzehn, Isabell fünfzehn, und Matthias wurde am 8. November vierzehn Jahre alt. Als wir unsere Pläne mit den Kindern besprachen, war Isabell gleich begeistert und schlug vor, auch ihre belgische Freundin Caroline nach Bad Godesberg einzuladen. Sie hatte in dieser Woche Ferien und konnte leicht mit Marie hin- und zurückfahren. In diesen fünf Tagen wollte sie mit Isabell in die Schule gehen.

Es muss eine sehr schöne Woche gewesen sein, denn wenn wir aus Rom anriefen, klangen die Berichte der Kinder immer sehr froh. Also konnten wir die Tage auch genießen. Hans und ich waren fasziniert von der Ewigen Stadt! Das Wetter war noch spätsommerlich warm. Wir liefen durch das antike Rom. Hans konnte mir als Humanist sehr viel über das Forum Romanum erzählen. Vieles aus dem Lateinunterricht fiel auch mir wieder ein. Die Bekannten, bei denen unsere Freunde wohnten, waren gute Rom-Kenner. Mit ihnen entdeckten wir auch abgelegene und versteckte Plätze. Beglückt fuhren wir zu viert am Samstag mit unserem Auto die fünfzehnhundert Kilometer an einem Stück nach Hause zurück.

Als wir dort ankamen, war Isabell schwer krank. Sie lag mit hohem Fieber im Bett, und die Ärztin diagnostizierte einen verschleppten grippalen Infekt. Drei Tage später wussten wir, dass es ein bösartiger Tumor im Endstadium war. Ein Jahr des Bangens, Hoffens und Kämpfens begann. In diesem Jahr mit zehn Chemotherapien, mit Rückschlägen und Erfolgen, mit Glück und Verzweiflung ist nicht nur Isabell zu einer großen Persönlichkeit herangereift, sondern auch meine lieben Söhne, und mein Mann und ich sind an diesem Schicksal gewachsen. Bellis Reifungsprozess von einem jungen, gesunden und ganz normalen Mädchen zu einer reifen Frau, die mit Gelassenheit und ohne Bitternis versöhnt mit ihrem Schicksal vom Leben Abschied nahm, habe ich in dem Buch *Wir treffen uns wieder in meinem Paradies* erzählt. Darin beschreibe ich dieses intensivste Jahr meines Lebens, Isabells letztes Jahr, und habe viele ihrer Briefe und Dokumente, vor allen Dingen ihr großartiges Tagebuch eingearbeitet.

Bis zu Isabells Erkrankung war mein Leben ziemlich gleichmäßig verlaufen. Ich erlebte alle Freuden und Kümmernisse einer Mutter und Ehefrau, wie sie fast alle Mütter und Ehefrauen durchleben. Aber jetzt wurde ich in einer ganz anderen, außerordentlichen Weise gefordert. Die Gefahr des baldigen Abschiednehmens vor Augen, wollte ich für Isabell dem Leben noch so viel abringen wie möglich. Der Faden des Lebens war überwiegend der Alltag. Die Feste und Höhepunkte waren die Perlen des Lebens, die durch diesen Faden zusammengehalten wurden. Und so wie bei einer Kette ohne Faden die Perlen verloren gehen, vergisst man die Höhepunkte des Lebens, wenn sich nicht der Alltag stabil und tragfähig durch sie hindurchzieht. Wir versuchten, mit Isabell aus jedem Tag das Beste zu machen. Dieses Lebensprinzip behielt ich für mich selbst bei. Ob es der Sternenhimmel am Abend war oder morgens der aufsteigende Nebel über dem Rhein, der mich beim Joggen begleitete, ich dankte dem Schöpfer für jeden Tag!

Von unseren Freunden, Kollegen und Nachbarn wurden wir dabei unterstützt, und durch den bedingungslosen Einsatz, mit dem alle Isabell halfen, wurde auch uns eine ganz außergewöhnliche Wertschätzung zuteil. Nicht nur mein Mann und ich, auch die Jungs haben das vielfältig erfahren. Matthias war damals in der achten Klasse, und bevor Isabell am Mittwoch ins Krankenhaus kam, wollten wir ursprünglich seinen Geburtstag am Samstag mit seinen Freunden feiern. Als Siegfried von Isabells Erkrankung hörte, bot er sofort an, Matthias' Geburtstagsfeier zu organisieren. Er kam am Samstag aus Mannheim und spielte mit den Kindern Fußball im Amerikanischen Club, ging mit ihnen zum Bowlen und Schwimmen und versuchte Matthias seinen Kummer vergessen zu lassen. Das war für uns Eltern eine große Hilfe.

Matthias' Konfirmation fiel glücklicherweise in eine Therapiepause von Belli. So war an diesem Tag die gesamte Familie vereint. Hans schenkte ihm die goldenen Manschettenknöpfe, die er von mir zum ersten Staatsexamen geschenkt bekommen hatte. Sie hatten einen großen symbolischen Wert für ihn. Wir sind ihm so dankbar, dass er in dieser Zeit in der Schule nicht abgeglitten ist, seine gesunden und geordneten Lebensbahnen in Schule, Freundeskreis und Sport nicht verlassen hat. Wochenlang war von uns Eltern höchstens einer nachts zu Hause, der andere war bei Belli in der Therapie im Krankenhaus, und keiner von uns konnte sich wirklich um die Jungs kümmern.

Für Christian galt das gleiche. Er war fünf Jahre älter, im zweiten Lehrjahr und den ganzen Tag eingespannt im Geschäft. Die Arbeit machte ihm Spaß und ließ ihm wenig Zeit zum Nachdenken, sodass wir uns um ihn weniger sorgen mussten. Beide Brüder nahmen an Bellis Krankheit Anteil. Zum Glück erlaubten beide Krankenhäuser, dass sie am Wochenende oder in ihren Ferien für ein paar Tage bei ihr bleiben durften. So hatten sie Zeit, sich auf den schließlich absehbaren Abschied von ihrer Schwester einzustellen. Ihnen und uns bleibt immer der Trost, Isabell in dieser schweren Zeit beigestanden zu haben. Dieses Bewusstsein hat uns allen geholfen, später ohne schlechtes Gewissen weiterzuleben.

Hans wurde in diesem Jahr mit der kommissarischen Leitung der Abteilung Sicherungsgruppe beauftragt.

Diese Abteilung war für den unmittelbaren Schutz der Mitglieder der Bundesregierung und deren Staatsgäste zuständig. Obwohl Hans einen stressigen Dienst hatte, löste er mich zum Wochenende im Krankenhaus ab oder nutzte wie ich seine Urlaubstage, um während der Chemotherapie ganze Wochen bei Isabell im Krankenhaus zu bleiben.

In diesem Jahr merkte ich, wie belastbar der Mensch ist, welche Kräfte wir hatten. Mir wurde meine Bedeutung in der Familie bewusst. Ich war zwar nicht ihre Ernährerin, aber ich hielt die Fäden zusammen. Ich plante und organisierte alle schönen Dinge dieses Jahres. Nicht alles konnten wir realisieren, manches mussten wir auch wieder absagen und stornieren, sei es die Reise nach Montalivet oder den gebuchten Urlaub am Gardasee, aber die Vorfreude auf diese Reisen war auch schon ein Stück Leben. So sind wir in den Osterferien mit Matthias und Belli in den Schwarzwald gefahren und im Sommer mit allen dreien nach Oberlahnstein. Mit Isabell waren wir noch bei Saschas Taufe in Mannheim, wo sie Patentante wurde, und zweimal besuchten wir Lou. Jedes dieser Unternehmen stand unter dem Stern der Ungewissheit. Aber hätten wir nicht jedes Vorhaben mutig geplant, hätten wir überhaupt nichts realisiert.

Mein Bruder Ulrich schrieb mir eine Karte aus Ägypten: »Meine liebe Schwester, wenn ich auch von Kairo aus nicht helfen kann und es auch von Bonn aus nicht könnte, will ich Dir aber doch sagen, wie sehr ich Deine Kraft, Deinen Mut und Deine Ausdauer bewundere. Erschöpfe Dich aber nicht zu sehr, und verschließe Dich nicht in Bitterkeit. Der Schmerz ist eine Folge der Liebe, und diese ist etwas Großes und Schönes!«

Diese Karte schrieb er mir sieben Wochen vor Bellis Tod. Ich versuchte, in dieser schweren Zeit keine Bitterkeit aufkommen zu lassen. Zum Schluss hoffte ich für Isabell auf einen gnädigen Tod. Dass sie uns alle mit einem so großartigen Abschied beschenken würde, konnte ich damals noch nicht wissen. Ich vergaß in dieser Zeit des Kampfes um Isabells Leben meine eigene Angst vor dem Tod.

So hat Isabells Leben und Sterben eine tiefe Bedeutung für unser aller weiteres Leben gehabt. Unsere Söhne und wir Eltern haben begriffen, dass das Leben ein Geschenk ist, das jeder nach seinen Begabungen und seinem Können nutzen muss. Nicht auf die Länge des Lebens kommt es an, sondern auf die Qualität und Intensität, mit der wir es nutzen. Wir alle sind durch Isabells Vorbild aufgefordert, das Beste aus unserem Leben zu machen.

Die Gefahr, nach diesem Jahr des Kampfes in ein tiefes, dunkles Loch zu fallen, bestand durchaus für die gesamte Familie. Doch Isabell hatte vorgesorgt. Bei ihrem Abschied vom Leben hatte sie jedem Einzelnen von uns gesagt, wie wir weiterleben sollten. Auch war das Tagebuch, das sie uns in den letzten Wochen geschrieben hatte, so tröstend, dass es uns trug wie ein Zauber. Sie vermittelte uns darin ihren Glauben, ihre Hoffnung und ihre Liebe. Isabells Tagebuch empfand ich als ein Vermächtnis und einen großen Schatz. Zehn Jahre Abstand habe ich gebraucht, ehe ich in der Lage war, es mit ihren übrigen Dokumenten zu einem Buch zusammenzustellen.

Zunächst mussten wir lernen, mit unserer Trauer umzugehen. Zusammen fuhren wir vier nach Altglashütten zu Gerda und Ernst, so wie Belli es uns aufgetragen hatte, aber nicht erst zu Weihnachten, sondern gleich nach der Beerdigung. Wir konnten uns fallen lassen in die Ruhe, die Einsamkeit und die Erinnerung an Belli. Wir gingen viel auf den Wegen der letzten Jahre spazieren, manchmal schweigend, und erinnerten uns an gemeinsam Erlebtes. Für mich war es eine große Hilfe, dass meine Söhne und mein Mann mich in den ersten Tagen der Trauer nicht allein gelassen haben. Wir alle mussten lernen, ohne Belli zu leben. Ein Jahr lang war sie für uns der Fixpunkt im Leben gewesen, dieser Halt fehlte uns jetzt. Mein Mann und ich wollten uns wieder mehr unseren Söhnen zuwenden, aber das war nicht so einfach. Sie waren in diesem Jahr gereift und erwachsen geworden, ihre Jugend und Kindheit war zu Ende.

Auch unsere Freunde halfen uns. Lou und Albert luden uns alle zum Jahreswechsel nach Belgien ein. Marie und ihre Eltern kümmerten sich um uns. Hans-Werner und Illa kamen uns besuchen. Zwei Wochen später fuhren wir zu ihnen nach Wiesbaden. Löw und Hajo fragten uns, ob wir in den Osterferien nicht wieder mit ihnen in die französischen Alpen zum Skilaufen mitfahren wollten. Sicherlich war es für unsere Freunde nicht immer leicht, mit uns zusammen zu sein. Wenn wir erschöpft und traurig waren oder gereizt miteinander umgingen, dann haben sie versucht, uns aufzuheitern oder abzulenken.

Kurz bevor wir nach Frankreich fuhren, starb Isabells Freundin Maren, die Tochter unserer Freunde. Inge rief uns Sonntagmorgen an und sagte uns, dass Maren in dieser Nacht gestorben sei. Von Marens plötzlichem Ende hatten wir nichts geahnt. Sie hatte ein paar Tage zuvor eine fiebrige Lungenentzündung bekommen. Nach zwei Tagen häuslicher Pflege brachten Inge und Hans-Jürgen ihre Tochter ins Krankenhaus zu Dr. Töbellius, dem Arzt, der auch Isabell fürsorglich behandelt hatte und dem sie vertrauensvoll verbunden war. Es war ein Virus, und Maren musste für zwei Tage in die Eiserne Lunge. Die Ärzte kämpften um ihr Leben – leider vergeblich!

Maren, Hans-Jürgen und Inge waren uns in der ganzen Zeit ein großes Vorbild darin gewesen, wie sie über acht Jahre die schweren Schicksalsschläge getragen hatten. Maren hatte durch ihren festen Glauben und ihre Stärke Isabell geholfen, ihre Krankheit anzunehmen. Unser gemeinsames Schicksal hat uns noch enger mit unseren Freunden verbunden.

Wie sollte ich mit unserem Schicksal fertig werden? Ich glaube, dass der Verlust eines Kindes für eine Mutter am schwersten zu verwinden ist. Wir Mütter sind am längsten mit unseren Kindern verbunden, schon in der Schwangerschaft. Wenn unser Leben ganz auf die Familie fixiert war, so wiegt der Verlust doppelt. Ich hatte Anfang des Jahres aufgehört zu arbeiten. Die Arbeit für Siegfrieds Versteigerungen hatte ich schon zu Beginn von Isabells Krankheit eingestellt. Bei Dolorgiet hörte ich nach Bellis Tod im Dezember 1982 auf.

Matthias ging jeden Morgen zur Schule, Christian war den ganzen Tag über im Geschäft und Hans im Dienst, ich blieb jeden Tag allein zu Hause. Sobald sie gegangen waren, joggte ich auf den Friedhof. Danach ging es mir etwas besser. Ein paar Monate brauchte ich, um die vernachlässigte Wohnung und unsere Kleidung wieder in Ordnung zu bringen, den liegen gebliebenen Aktenberg abzuarbeiten, Rechnungen zu bezahlen und Steuererklärungen nachzureichen. Und überall lauerten die Erinnerungen...

Lou hatte mir geraten, meinen Beruf nicht aufzugeben. Sie machte sich Sorgen. Aber ich brauchte diese »Auszeit«, dieses Sich-fallen-lassen-können, und ich glaube, dass ich es in dieser Situation besser hatte als Hans, der in den Korsettstangen dienstlicher Anforderungen steckte und gar nicht merkte, wie erschöpft er war.

»IHR WERDET JETZT EIN SCHÖNES LEBEN FÜHREN, DAFÜR WERDE ICH SCHON SORGEN«

Wie haben wir gelernt, ohne Isabell zu leben? Mein Mann hatte nach ihrem Tod genauso engagiert weitergearbeitet wie vorher. Am 3. März 1983, Isabell wäre siebzehn Jahre alt geworden, erhielt er seine Beförderungsurkunde zum Abteilungspräsidenten. Er hatte sich an diesem Tag dienstfrei genommen, um mit uns zusammen zu sein. Siegfried und Uli kamen aus Mannheim, um mit uns gemeinsam zum Grab zu gehen. Sie haben uns in dieser Zeit großartig beigestanden. Wir waren an diesem Tag gedanklich ganz eng mit Belli verbunden. Ich las meinen Söhnen zum zweitenmal aus Isabells Tagebuch vor. Dieses Zurückbesinnen löste viele Tränen aus und schmolz gleichzeitig ein Stück Trauer ab.

Die wichtigen Gespräche mit Dr. Töbellius, Frau Dr. P. und Professor L. halfen uns ebenfalls sehr. Dr. Töbellius besuchte uns kurz vor Weihnachten. Er war auf Fernost-Reise gewesen, als Isabell starb. Den Brief, den Isabell ihm in den letzten Nächten geschrieben, und das Bild mit der Rose, das sie ihm gemalt hatte, schickte ich ihm mit einem kurzen Brief ins Krankenhaus: »Bevor der

Zauber verfliegt, möchte ich Ihnen Isabells Brief und das Bild übergeben…«

Kurz vor Weihnachten rief er uns an. Meine Söhne waren gespannt, was er wohl sagen würde. Keiner von uns kannte den Inhalt des Briefes, den Isabell ihm geschrieben hatte. Christian wollte es wissen, aber Töbellius wich aus. Er meinte, wir hätten die Entwicklung bestimmt alle gesprächsweise miterlebt, und der Inhalt des Briefes wäre für uns sicherlich nichts Neues. Doch Christian hakte nach, ich bewunderte damals seinen Mut und wie direkt er den Punkt ansprach, den wir alle wissen wollten, aber nicht zu fragen wagten. Sinngemäß fragte er, welche Bedeutung denn Isabell für ihn habe? »Die einer einmaligen und außergewöhnlichen Patientin«, war seine Antwort. Dass Dr. Töbellius in den folgenden Jahren unser Freund werden würde, konnten wir damals nur hoffen.

Am ersten Weihnachtsfeiertag 1982 besuchte uns Frau Dr. P. Sie hatte uns in dem Jahr von Isabells Krankheit mit ihren Gesprächen und Briefen entscheidend geholfen. Sie war selbst schwer krank und wurde im November 1982 in einem lebensbedrohenden Zustand therapiert. Isabell hatte sich mit ihr kurz vor ihrem Tod, sozusagen schon im Paradies, verabredet. So war es uns ein großes Bedürfnis, Frau Dr. P. von Isabells letzten Tagen und Gesprächen zu berichten. Hans holte sie aus Köln mit dem Auto ab. Sie war immer noch sehr schwach und schonungsbedürftig. Ich hatte traditionsgemäß eine Weihnachtspute im Ofen, dazu Kartoffelklöße und Rosenkohl vorbereitet. Richtig von Isabell erzählen wollten wir erst nach dem Essen. Aber kaum war sie da, kamen wir sofort ins Gespräch, und ich vergaß die Pute und dass ich den

Rosenkohl und die Kartoffelklöße auf kleiner Flamme aufgesetzt hatte. Es tat so gut, über Isabell zu sprechen, und sie hörte nicht nur interessiert zu, sondern stellte auch detaillierte Fragen. Erst gegen 21.00 Uhr dachte ich wieder an die Pute. Sie war so zart wie noch nie, die Kartoffelklöße waren zu Suppe verkocht und die Rosenkohlköpfe zu Brei. Aber es störte uns alle nicht.

Im Frühjahr 1983 besuchte uns Professor L. mit seiner Frau. Er hatte in den letzten Monaten seinen Vater nach schwerer Krankheit verloren. Er wollte alles von Isabells außergewöhnlichem Abschied wissen, von ihren vorausahnenden und für uns bestimmenden Zukunftsvisionen: »Ihr werdet jetzt ein schönes Leben führen, dafür werde ich schon sorgen. Und wenn es einmal Probleme gibt, na dann flirte ich eben mit dem lieben Gott«, hatte sie gesagt. Ich erzählte ihm von den Verabredungen, die Isabell mit uns allen getroffen hatte, um aneinander zu denken. Mit Hans hatte sie sich einige Nächte vor ihrem Tod verständigt, dass sie beide abends um 22.00 Uhr auf den Polarstern schauen wollten und dass sich ihre Gedanken dort treffen würden. Aber ich konnte ihm nur weniges von diesem großartigen Abschied erzählen. Er sollte später einer der Leser meines ersten Buches werden, der sich von Anfang an sehr darüber freute, dass ich es geschrieben hatte. Als er sich spät nach Mitternacht von uns verabschiedete, sagte er noch: »Ob Isabell beim lieben Gott auch für mich ein gutes Wort einlegt?«

Wie wichtig und hilfreich ist es doch für Hinterbliebene, nach dem Verlust eines geliebten Menschen von ihm sprechen und berichten zu können. Wie sehr haben wir uns in der Folgezeit auch dagegen gewehrt, Isabell totzuschweigen.

Im Mai, als Hans und ich glaubten, das Schlimmste überstanden zu haben, fuhren wir zusammen nach Bad Füssing. Hans war ursprünglich nur mir zuliebe mitgekommen. Allein wollte ich nicht noch einmal fahren. Was war das für ein Glück für Hans! Erst dort registrierten wir, wie erschöpft er war. Seine Befunde waren so schlecht, dass die Ärzte in den ersten zwei Wochen buchstäblich auf einen Herzinfarkt warteten. Mir ging es im Vergleich zu Hans viel besser. Ich bekam von Anfang an meine therapeutischen Anwendungen, er durfte sich nur ausruhen. Es wurmte ihn, dass er im Dienst so lange ausfiel, aber ohne diese gründliche Regeneration wäre er wahrscheinlich nicht wieder so nachhaltig belastbar geworden. Für uns beide war der Aufenthalt eine Chance, wieder zu uns selbst zu finden. Anfangs nahmen wir gemeinsam an Kursen in autogenem Training und Entspannungsübungen teil. Nachdem sich der Gesundheitszustand von Hans stabilisiert hatte, machten wir Spaziergänge, am Wochenende auch längere Wanderungen, auf denen wir uns viel zu erzählen hatten. Ich sprach von meinem Wunsch, über Isabell zu schreiben, und er erzählte mir von seinen Gefühlen seinen Söhnen gegenüber und dass er sich sehr um sie bemühen wolle. Diese gemeinsame Kur gab uns die Kraft für einen neuen gemeinsamen Anfang. Abgeschirmt von allen beruflichen und familiären Verpflichtungen und Sorgen konnten wir uns ganz auf uns selbst konzentrieren. Die Wochenenden gestalteten wir gemeinsam. Einmal fuhren wir nach Salzburg, einmal machten wir eine Donaufahrt nach Linz. In den letzten zwei Wochen war Hans wieder so gut trainiert, dass wir sogar Radtouren unternahmen, nach Schärding oder sogar bis Passau und zurück. Danach hatten wir wirklich das Schlimmste überstanden.

Sechs Wochen später fuhren wir mit den Söhnen in die Sommerferien nach Malcesine am Gardasee. Wir wollten auch mit ihnen einen neuen Anfang versuchen. Siegfried hatte uns schon zu Beginn des Jahres angeboten, den ersten Sommerurlaub nach Bellis Tod mit uns zusammen zu verleben. So fuhren wir alle nach Italien, inklusive der kleinen Sascha. Und wie immer, wenn wir mit Siegfried zusammenhockten, wurde es von allein lustig! Die Söhne hatten genug mit uns geweint und getrauert, sie sollten wieder lernen, mit uns fröhlich zu sein, und dabei können Freunde sehr gut helfen. Siegfried und Uli versuchten, uns jede erdenkliche Freude zu machen und jeden Wunsch zu erfüllen. Siegfried, der selbst schon ein erfahrener Surfer war, versuchte es auch uns beizubringen. Mich nahm er dazu anfangs an die Leine. Die Vorstellungen, die ich, später auch Hans, den zuschauenden Badegästen gab, waren köstlich und erheiternd, aber ich gab nicht auf, obwohl das Surfbrett mit mir fuhr und nicht ich mit dem Surfbrett. Wenn ich zu weit auf den Gardasee hinaussurfte und die Wende nicht schaffte, landete ich im Wasser, und Siegfried kam und schleppte mich ab. Die Jungs erlernten diesen Sport schnell.

Einmal waren wir mit unseren Söhnen in Verona und sahen *Turandot* in der berühmten Arena. Hans und ich unternahmen auch eine Bergtour zum Monte Baldo. Als wir zurückkamen, hörten wir mit Schrecken, dass das Schicksal beinahe ein zweites Mal zugeschlagen hätte. Davon hätten wir uns sicher nie wieder erholt. Auf dem Berg schon hatten wir gesehen, dass am Gardasee ein starker Wind tobte. Im Gegensatz zu den übrigen Nachmittagen befanden sich keine Surfer und Segler auf dem See. Als wir am Abend zurückkamen, lag Matthias erschöpft im Bett. Siegfried erzählte uns, dass er fast ertrunken wäre. Nachmittags, als die Windstärke schon beunruhigend zugenommen hatte, wollte er mit einer kleinen Schwimminsel, die Siegfried für Sascha gekauft hatte, ins Wasser gehen. Da mein Bruder den Jungen in diesem Urlaub jeden Wunsch erfüllen wollte, hat er sich breitschlagen lassen. Matthias wollte sich nur in der Nähe des Ufers auf die Badeinsel legen. Aber eine hohe Welle packte die Schwimminsel, warf ihn hinunter, und er schwamm ihr hinterher. Siegfried beobachtete es mit Entsetzen vom Strand aus. Die Luftmatratze flog wie ein Spielball über die Wellen, und der Wind war schon so stark, dass selbst exzellente Sportler, die Siegfried fragte, es nicht mehr wagten, hinauszusegeln, um ihn zu holen. Matthias kämpfte einen sinnlosen Kampf, bis an die Grenzen seiner Kraft, um das aufgeblasene Plastikding zu retten. Zum Glück sah das ein letztes Segelboot auf dem See, steuerte ihn an und warf ihm ein Seil zu. So wurde er gerettet.

Wir haben von Familien gehört, bei denen das Schicksal mehrfach zugeschlagen hat. Oft waren es vergleichbare Umstände, dass nach der tödlich verlaufenen Krankheit des einen Kindes auch noch der Verlust eines zweiten Kindes durch einen Unfall dazukam. Aber wir bemühten uns, das Leben der Söhne nicht mit einer zwar verständlichen, aber übertriebenen Sorge einzuengen. Diese Verlustangst um einen geliebten Menschen kann zum regelrechten Zwang werden. Wir waren uns dessen zwar bewusst, konnten uns aber trotzdem von diesen Sorgen nicht immer freimachen.

Als wir von unserem Sommerurlaub zurückkamen, fing ich wieder an, im Institut Français Französisch zu lernen. Jeden Morgen, wenn meine drei Männer aus dem Haus waren, lernte ich eine Stunde aus meinem Lehrbuch. Das war die erste Konzentrationsübung, der ich mich wieder stellte. Sie verhalf mir zu einer neuen Disziplin im Alltag. Und ich begriff, was meine Mutter früher mit dem Begriff »Contenance« gemeint hatte.

Im November lud uns Professor Töbellius ins Weinhaus Maternus ein. Wir freuten uns riesig über diese Einladung. Er bat mich, bei Frau Maternus einen Tisch zu bestellen, und auch sie freute sich, ihn kennen zu lernen. Es war der Abend, an dem in Bonn der Bundespresseball stattfand, was wir aber gar nicht wussten. Frau Maternus hatte Zeit für uns und verbrachte den Abend überwiegend an unserem Tisch. Sie verwöhnte uns mit ihrer großzügigen Gastfreundschaft, erzählte uns vieles aus ihrem eigenen Leben und entwaffnete uns alle mit ihrem warmherzigen Charme. Professor Töbellius hatte keine Chance, uns einzuladen. *Die* Rechnung hatte er ohne die Wirtin gemacht.

Als wir nach den Weihnachtsferien aus Altglashütten zurückkamen, hatten wir das erste Jahr ohne Isabell überstanden. Ich hatte fast alles wieder in Ordnung gebracht, bis auf Isabells Zimmer. Das hatten wir so gelassen, wie sie es gestaltet hatte, mit ihren Bildern und Fotos und vielen kleinen Erinnerungen. Nun räumte ich Isabells Schubfächer auf und sortierte ihre Briefe.

Ich war mir der Einsamkeit doch sehr stark bewusst. Körperlich erholt hatte ich mich, alles Nötige und Machbare in Haushalt und in Familie war nachgeholt. Jetzt blieb mir nur noch, Isabells Nachlass zu sortieren, und das war schwer. Am liebsten hätte ich, bevor ich etwas Neues anfing, Isabells Tagebuch und einige ihrer Briefe dokumentiert. Doch ich fürchtete, noch nicht den genügenden Abstand zu haben.

Außerdem stand mir 1984 bevor, dass beide Söhne aus dem Haus gehen würden. Christian musste zur Bundeswehr. Zu seinem Gelöbnis fuhren wir im Februar nach Celle. Hans war stolz auf seinen kleinen Soldaten! In dieser Zeit war er »Zappes«, unser kleiner Soldat. So wurde er von seinen Kameraden genannt. Uns fiel es schwer, Christian in der aufmarschierenden Kompanie wiederzuerkennen, aber seine Kameraden erkannten seinen Vater und zischten in der zweiten Reihe: »Guck mal, da sind Zappes' Eltern!« Ich sah Christian während der Grundausbildung nur noch alle paar Wochen.

Matthias wollte in den Osterferien nach Frankreich zu einem Schüleraustausch und nach den Sommerferien für sechs Monate nach England in ein Internat. Obwohl es mir sehr schwer fiel, unseren Jüngsten mit noch nicht siebzehn Jahren für so lange Zeit aus der Familie zu entlassen, spürte ich, dass es für ihn ganz wichtig war. In letzter Zeit hatte er sich immer mehr in sein Zimmer zurückgezogen, und es war schwer für mich, mit ihm ein Gespräch zu führen. Aber die Souveränität, ihn ziehen zu lassen, konnte ich nur aufbringen, wenn ich mir selbst einen neuen Lebensinhalt suchte. Ich musste mein Leben wieder selbst in die Hand nehmen, so schwer es mir auch fiel.

TEIL III

EIN NEUES LEBEN BEGINNT

»DAS IST KEIN BERUF FÜR FRAUEN – UND SCHON GAR NICHT ÜBER FÜNFUNDDREISSIG«

An einem Sonntagmorgen im Januar 1984 sprachen Hans und die Söhne mit mir ein Machtwort: »Verstecke dich nicht in deiner Trauer, tu etwas! Sieh dir die Stellenanzeigen an und bewirb dich! Deine Trauer nützt niemandem!« Ein unnützes Leben, das wollte ich nicht führen! Mit dieser Provokation haben sie mich aus meiner Lethargie gerissen. Dass ich damals nicht in meiner Trauer gefangen blieb, das habe ich der Stärke und nicht dem Mitleid meiner drei Männer zu verdanken.

Mit der Samstagszeitung zog ich mich nach dem Frühstück zurück, fand jedoch nichts, was mich wirklich interessierte. Ich wollte mich nicht mehr in ein festes Angestelltenverhältnis begeben, außerdem hatte ich die Idee, mich im sozialen Bereich zu engagieren. Ich musste aber wenigstens *eine* Stellenanzeige finden, um die drei Männer zu beruhigen. In einer Annonce las ich etwas von einer Arbeit mit freier Zeiteinteilung, Auswertung von Computeranalysen und nebenberuflicher Tätigkeit. Das waren die Stichworte, die mich ansprachen. Eine Telefonnummer war angegeben. Da wollte ich am Montag anrufen. Jedenfalls versprach ich das am Sonntagmittag meinem Mann.

Am Montag regnete es. Das Wetter war schlecht und

meine Stimmung trüb. Nachmittags rief Hans an und fragte, ob ich mich wegen der Anzeige erkundigt hätte. Natürlich hatte ich es auf die lange Bank geschoben und musste die Frage verneinen. Als ich schließlich anrief, wurde mir gesagt, dass man um achtzehn Uhr eine Informationsveranstaltung abhalte, ich sollte in die Geschäftsstelle kommen. Das war gleich bei mir um die Ecke. Der Mann am Telefon hatte aber auf meine Frage, worum es denn bei der Tätigkeit überhaupt gehe, so ausweichend geantwortet, dass mein größtes Misstrauen geweckt war. Dort in der Nähe sollte es eine Gaststätte geben, über die man Übles und Dubioses berichtete. All diese Vorbehalte gingen mir durch den Kopf. Ich rief Hans zurück und sagte ihm die Adresse, damit er mich notfalls suchen konnte. Mit Regenmantel, Kapuze und Fahrrad fuhr ich zu der Informationsveranstaltung. Vor dem Haus parkte ein Porsche. Dessen Fahrer, ein junger Mann, ging auch dort hinein. Das kam mir sehr verdächtig vor. Na ja, dachte ich mir als gute Polizistenfrau, vielleicht kann ich meinem Mann ein paar interessante Informationen geben. Man hört ja so viel Schlechtes! Negativ, wie ich zu diesem Zeitpunkt eingestellt war, und angesichts der sprachlichen Unbeholfenheit der jungen Männer, die ihren Beruf nicht gerade überzeugend darstellten, warf diese Veranstaltung bei mir mehr Fragen auf, als sie klärte. Der Porschefahrer gab vor, in diesem Beruf erfolgreich tätig zu sein. Und alles mit der Auswertung von Computeranalysen, über die sie sprachen? Dreißig Mark musste jeder Kunde für diese Auswertung zahlen. Ich hörte auch etwas über den neunten Subventionsbericht der Bundesregierung und dass wir den Kunden als Bürger darüber aufklären sollten, wie er

Steuern sparen könnte! Dass man überhaupt Steuern *sparen* kann! Ich dachte bis dahin immer, Steuern müsse man *zahlen!* Von Berlin-Darlehen und Verlustzuweisungen hatte ich bis dahin auch noch nichts gehört.

Allmählich begann die Sache mich zu interessieren. Unter den erschienenen Interessenten gab es außer mir nur noch eine Frau. Ihr wurde am Ende der Veranstaltung gesagt, das sei kein Beruf für Frauen und schon gar nicht für Frauen, die älter seien als fünfunddreißig! Jetzt wollte ich aber doch etwas mehr über diese Firma wissen. Mir war sehr schnell klar, dass diese Organisation nur ein kleiner Ableger einer größeren Beratungsfirma sein konnte. Ich ließ mir daher Name, Sitz und Geschäftsführer nennen und machte für die nächsten Tage einen zweiten Termin.

Dabei brachte ich in Erfahrung, dass es sich um eine Beratungsfirma für die Vermittlung von Versicherungen, Bauspardarlehen und Kapitalanlagen handelte. Ja, und das war doch nichts Schlechtes! Wie viele solcher Versicherungs-, Bausparverträge und Sparanlagen hatten wir im Laufe unserer Ehe schon abgeschlossen! Dass man damit auch viel Geld verdienen, sich selbstständig machen kann, und das ohne eine akademische Ausbildung zu haben, das hatte ich bisher noch nie gehört. Ich kannte das Berufsbild des Finanzberaters überhaupt noch nicht. Wie viele Fehler hatten wir als junge Familie in unserem Finanzhaushalt gemacht!

Diese kleine Anzeige hatte mir offenbar der Himmel geschickt. Ich las alles, was ich über das Berufsbild erfahren konnte und machte mich sachkundig. Die Finanzberatungs-Betreuungsgesellschaft, auf die ich gestoßen war, hatte ihren Firmensitz in Bonn. Die Auskünfte, die ich beim Bundesaufsichtsamt für das Versicherungswesen und bei der Verbraucherberatung über sie eingeholt hatte, waren alle positiv. Das Beratungskonzept, nach dem die Gesellschaft vorging, beruhte auf einer Computeranalyse, die den derzeitigen Versorgungsanspruch für alle Lebenssituationen, zum Beispiel im Alter, bei Berufsunfähigkeit und bei Tod des Ernährers berechnete. Dies war eine Marktlücke für eine Dienstleistung, die jeder Bürger benötigte, was mir wichtig erschien und mich begeisterte. Hier konnte ich auch mein soziales Engagement einbringen und meine zehnjährige berufliche Erfahrung aus der Finanzplanung und dem Controlling einsetzen – und darüber hinaus gutes Geld verdienen –, wogegen weder ich noch meine Familie etwas einzuwenden hatten.

Als mein Entschluss nach vier Wochen feststand, ging ich in die Geschäftsstelle und meldete mich zur Ausbildung bei der Global-Finanzberatungsgesellschaft an. Alle erfolgreichen Kollegen, so hörte ich, seien eine Woche in Königsleiten zum Skifahren mit ihren Familien. Das wollte ich genauer wissen, und ich fragte nach.

»Ja, es gibt jedes Jahr eine Wettbewerbsreise dorthin für die erfolgreichsten Mitarbeiter.«

»Dann fahre ich im nächsten Jahr auch mit«, sagte ich forsch, ohne zu wissen, wie hoch die Anforderungen dafür waren. Aber mein Zutrauen zu mir war größer als der Respekt, den ich gegenüber meinen zukünftigen Kollegen hatte. Was die können, kann ich schon lange, war meine Einstellung. Mein Betreuer kam im März aus Königsleiten zurück, und wir begannen gemeinsam, erste Kunden zu besuchen.

Inzwischen näherte sich Isabells achtzehnter Geburtstag. Wie sollten wir ihn feiern? Die Jungen wollten ihn nicht wieder zu Hause begehen, damit es nicht so traurig war. Was wir ja auch verstehen konnten. Wir überlegten, im Weinhaus Maternus einen Tisch zu bestellen. Da der 3. März 1984 der Karnevalssamstag war, fragte ich vorher an, ob an diesem Tag dort auch Karneval gefeiert würde, denn dann wären wir nicht hingegangen.

Eine Woche vorher hatte ich mit Hans die im Rheinland obligatorische Karnevalsfeier im BKA in Meckenheim besucht. Als Dienststellenleiter musste er dieses Fest eröffnen und eine Büttenrede halten. Ich hatte zwar im Kostüm getanzt, aber insgeheim waren mir die Tränen heruntergelaufen. Daran musste ich denken, als ich den Tisch bestellte. Doch der Ober versicherte mir, dass der Karnevalssamstag ein ganz normaler Abend bei Maternus sei, und so reservierte ich einen Tisch für vier Personen in dem ruhigen und verschwiegenen kleinen Kacheleckchen. Als wir mit den Söhnen kamen, empfing uns Frau Maternus, nahm uns alle vier in die Arme und sagte: »Sie brauchen mir nichts zu sagen. Ich sehe es Ihnen an, dass für Sie heute ein ganz besonderer Tag ist.« Als wir uns setzten und Hans nach der Speisekarte fragte, sagte der Ober: »Sie sind heute Gäste von Frau Maternus!« Sie kam mit einer Flasche Champagner und stieß mit uns auf diesen »besonderen Tag« an. Ohne den konkreten Anlass zu kennen, setzte sie sich zu uns und fragte, ob sie uns heute Abend ein wenig unterhalten dürfe. Am Nebentisch saß der russische Botschafter, dem sie zuprostete. Sie erzählte uns von ihrem Bruder Willy, der am 13. Oktober 1928, an ihrem fünfzehnten Geburtstag, gestorben sei und wie diese Erfahrung sie geprägt habe. Es war ein besinnlicher Abend, der zum Schluss sogar einen recht heiteren Verlauf nahm.

An Marie schrieb ich in den Tagen darauf: »Um dreiundzwanzig Uhr hat Frau Maternus Musik machen lassen und hat mit Matthias und Hans getanzt. Belli hat sich mit Sicherheit gefreut, dass wir ihren achtzehnten Geburtstag so fröhlich gefeiert haben. Ich hätte mir das nie vorstellen können. Frau Maternus ist wirklich eine großartige Frau.«

Ab April 1984 besuchte ich für fünf Monate einen Kursus, der betriebswirtschaftliche Fachkenntnisse vermittelte. Nachmittags arbeitete ich in der Finanzberatung und war damit voll ausgelastet. Für mich war die Arbeit Medizin. Ich hatte endlich den Absprung zu einer neuen Lebensaufgabe geschafft!

Anfang Mai schrieb ich an Ines:

»...Heute gehe ich nicht eher ins Bett, bevor ich Dir geschrieben habe. Ich habe mich die letzten zwei Monate in die Arbeit gestürzt. Wenn ich meinen Gedanken überlassen bleibe und allein bin, ist es furchtbar. Auf der anderen Seite ist es mir momentan zu viel Arbeit, da neben der Arbeit beim Kunden noch sehr viel Lernarbeit für mich anfällt. Die beratende Tätigkeit beim Kunden macht mir viel Freude. Es ist zur Zeit das Einzige, was mich so fesselt, dass ich dabei alles vergesse. Am 11. Mai mache ich meine erste Prüfung als Finanzberaterin. Das hoffe ich jedenfalls. Das Erfreulichste daran ist für mich, dass ich dann meinen ständigen Betreuer los bin. Für mich hat der Aspekt, dem Kunden zu helfen, eine viel größere Bedeutung, als an ihm Geld zu verdienen...«

Das war der Anfang eines völlig neuen Lebens für mich, auch der vorläufige Abschluss meines Lebensabschnitts als Vollmutter. Für Matthias kam das vielleicht etwas zu früh. Aber was hätte er von einer depressiven oder kranken Mutter gehabt. Ich musste das Leben wieder anpacken. Das war der größte Liebesdienst, den ich meinen »drei Männern« erweisen konnte.

Und ich bin mir sicher, so wollte es auch Isabell!

MACH DIR EINEN NAMEN, ODER DU BLEIBST EIN NOBODY

Im September wollte Hans während seines Urlaubs für drei Wochen nach England auf eine Sprachenschule gehen. Gut Englisch sprechen zu können, war seit seiner Jugend sein Wunsch. Matthias war ab September auf dem Internat in Norwich, also fuhr Hans dorthin, um in der internationalen Sprachenschule Englisch zu lernen. Er wohnte bei einer englischen Familie. Ich nutzte die Zeit seiner Abwesenheit, um mich in meinen Beruf zu stürzen.

Ich hatte inzwischen schon einiges gelernt, hatte in dieser Zeit das Auto und konnte daher jeden Tag rund um die Uhr Kunden besuchen, beraten und Verträge machen. In diesen vier Wochen habe ich zehntausend Mark verdient und dachte das erste Mal an ein eigenes Auto! Es war so schön, dass ich wieder Ziele hatte, für die es sich lohnte, zu arbeiten und zu kämpfen. Es war so schön, dass ich wieder Wünsche hatte und mich auf ein eigenes Auto freuen konnte. Und was war es für ein tolles Gefühl, dass ich mir selbst eines kaufen konnte. Wie sollte es aussehen? Ein Cabrio musste es sein, und nach

Möglichkeit weiß! Das war klar. Ich nahm Kontakt zu der Mutter eines ehemaligen Klassenkameraden der Kinder auf. Sie und ihre Schwester waren Vertragshändler bei der Autofirma Ford. Zum einen wollte ich sie beraten, zum anderen wollte ich nach einem Cabrio fragen. Ich schloss für sie und ihre Tochter zwei Lebensversicherungen ab. Bei der Schwester stand eine große Finanzierung an, aber dazu fehlte mir noch die nötige Fachkompetenz. Ich konnte sie nicht überzeugen. Das Geschäft ging an mir vorbei, aber nicht an meiner Kundin, denn den Kaufvertrag für ein weißes Escort-Cabrio, den unterschrieb ich. Es war ein Vorführwagen, und im Dezember, das wusste ich, würde ich ihn bar bezahlen können, von meinem selbst verdienten Geld! Was war das für ein Glückserlebnis und ein großartiger Erfolg!

Und Erfolg macht süchtig. Die Beratung beim Kunden, sich auf seine Probleme einstellen zu müssen, sehen, dass auch der andere Kümmernisse und Sorgen hat, mitzuerleben, dass fast jede Familie ihr Schicksal trägt – all das hat mich gefesselt und mich von meinem eigenen Schicksal abgelenkt. Richtig Geld zu verdienen, hat mir nicht nur Freude bereitet, sondern vermittelte mir auch ein Gefühl der Anerkennung. Es eröffnete neue Perspektiven für unsere Familie, besonders für unsere Söhne. Selbstverständlich sollte Matthias bis Ende des Jahres auf dem englischen Internat bleiben, und wenn Christian wollte, sollte auch er sich nach der Bundeswehrzeit weiter qualifizieren.

Ich arbeitete wie eine Wilde. Der Erfolg trieb mich an. Bereits im August 1984 flog ich nach Berlin, um bei einem befreundeten Kunden von Siegfried eine Finanzierung zu vermitteln. Es ging um eine sehr große Hypothek und um eine hohe Lebensversicherungssumme. Siegfried sagte mir, dieser Kunde, ein erfolgreicher Arzt mit eigener Praxis, habe nur wenig Zeit und würde nur professionelle Arbeit akzeptieren. Außerdem wäre sein Wirtschaftsprüfer dabei. Zur Vorbereitung dieses Gesprächs rechnete ich mehrere Finanzierungsvarianten durch und entwickelte ein Gesprächskonzept. Zwei Stunden hatte der Kunde für diese Beratung, inklusive Finanzierung, zur Verfügung. Er stimmte meinen Vorschlägen zu und unterschrieb die vorbereiteten Verträge. Das war für mich ein exzellentes Ergebnis. Anschließend lud er mich noch zu einem guten Essen ein.

Danach flog ich nach Bonn zurück. Von diesem außergewöhnlichen Abschluss an, bereits fünf Monate nach meinem Eintritt in die Gesellschaft, kannte die oberste Geschäftsleitung meinen Namen.

Das Glücksgefühl des Erfolges ließ mich vergessen, dass ich in diesem Sommer gar keinen Urlaub machte. Ich wollte meine neue Karriere vorantreiben, bis ich die Qualifikationen zum Finanzberater hatte.

Hans schrieb mir entzückende Briefe über seine Eindrücke und Erlebnisse aus England, mit denen er mich jedes Mal aufheiterte und mir große Freude bereitete. Wir telefonierten oft miteinander. Die Telefonate waren ein willkommener und schneller Informationsaustausch, aber die Briefe waren etwas zum Festhalten. Ich konnte sie lesen, sooft ich wollte. Ich merkte ihnen an, dass die Sätze liebevoll formuliert waren. Sie übermittelten mir nicht nur Grüße, sondern auch Stimmungen.

»LASST UNS DIESE EINHEIT WIEDERGEWINNEN«

Weil wir uns in dieser Zeit alle vier intensiv unseren eigenen Aufgaben zuwandten, gingen unsere Wege stark auseinander. Ich konzentrierte mich auf meine neuen beruflichen Aufgaben und suchte Anerkennung und den Erfolg. Schwer fiel es mir immer noch, allein in der Wohnung zu sein. Hans verausgabte sich total in seinem Beruf. Er ahnte, dass weitere Herausforderungen und Aufgaben auf ihn zukamen, und wollte sich dafür rüsten. Und die beiden Söhne gingen auch ihre eigenen Wege, wie ich es ihnen wünschte.

Matthias hatte sich in der englischen Schule nach anfänglichen Schwierigkeiten gut eingelebt. Das Leben war spartanisch, die Sitten streng, die Lehrer gut, das Essen schlecht. Aber er wollte es besonders seinem Vater zeigen, dass er mit dieser für ihn schwierigen Situation fertig werden würde. Der Sport half ihm dabei: Er meldete sich für die Rugby-Mannschaft der Schule. Kräftig und durchtrainiert war er, und einstecken konnte er auch. Durch sein faires und sportliches Verhalten fand er schnell Anerkennung bei seinen englischen Mitschülern und bei seinen Lehrern. Lernen musste er viel, aber das konnte er schon immer. Zu seinem siebzehnten Geburtstag, den er das erste Mal außerhalb der Familie feiern musste, schickte ich ihm eine selbst gebackene Nusstorte und einen Brief:

»Mein lieber Mattis!

Zum 8. 11. 1984

Mit Deinen siebzehn Jahren (›Mit siebzehn fängt das Leben erst an‹, sagt ein alter Schlager, und Belli wurde noch nicht einmal siebzehn Jahre alt) hast Du schon viel erlebt, und ich glaube auch, von dem Erlebten hast Du viel in Dich aufgenommen. Zu Deinem heutigen Geburtstag wünsche ich Dir vor allem, dass Du mit einem brennenden Herzen, mit einem wachen Geist und mit einer selbstkritischen Moral weiter durchs Leben gehst. Du wirst sehen, dass Du dann viele Dinge positiv beeinflussen kannst. Auch wenn man schon als junger Mensch wissen sollte, dass man kaum einen Menschen, ein System, eine Gesellschaft grundsätzlich verändern kann, so ist es doch schon viel, wenn man auch nur etwas verbessert! Dass Du diese Kraft und das Verlangen danach in Dir spürst, das wünsche ich Dir. Versuche als heranwachsender Mensch, all das besser zu machen, was Du als junger Mensch negativ von den anderen erfahren hast. Und trotzdem: bei allem guten Willen und allem Engagement wirst auch Du Fehler machen, wie wir alle es ja auch getan haben. Verzweifle daran nie, sondern nimm sie immer nur als Ansporn für neue, bessere Taten.

Es küsst Dich Deine Mutter!«

Matthias schrieb uns zum 17. November 1984, Bellis zweitem Todestag:

»Liebe Familie!

Norwich, 11. 11. 1984

Nun ist es schon ungefähr zwei Jahre her, als wir fünf das letzte Mal zusammen waren. Damals standen wir um das Bett unserer sterbenden Schwester und Tochter und hörten ihre letzten Worte, die sie uns auf unseren weiteren Lebensweg mitgab. Gemeinsam standen wir dann beisammen und sahen, wie das Leben aus Bellis Körper wich. An diesem Tag und die folgenden Tage darauf waren wir eine geschlossene Einheit, die nicht auseinanderzubekommen war, da wir alle noch die Worte von Isabell tief in uns hatten.

Kurz danach, eigentlich zu kurz nach Isabells Tod, lockerte sich diese Einheit, da wir uns gegenseitig nicht immer akzeptierten, uns über Fehler des anderen überflüssig aufregten oder einfach zu launisch waren. Ein weiterer Grund war auch, dass Vater und Mutter sehr große Schwierigkeiten hatten, den Tod ihrer einzigen Tochter zu verkraften. Dabei vergaßen sie uns beide Brüder immer mehr, obwohl gerade wir noch ein bisschen hilfloser als sie waren. Wir auf unserer Seite hingegen bemerkten es nicht, dass unsere Eltern gerade nun all unsere Liebe und Zuneigung brauchten. Dies führte dann dazu, dass in die schon gelockerte Einheit ein kleiner Riss kam, und die kommenden gemeinsamen Ferien in La Plagne, Gardasee und Schwarzwald vermochten nicht, diesen Riss zu verkleinern, er wurde sogar manchmal größer.

Bundeswehr, Mutters Fortbildungszeit in Bonn, die ihr sehr zu schaffen machte, und Vaters Beförderungsrätsel führten dann immer mehr in die Richtung, dass jeder seinen eigenen Weg ging. Christian war meistens in seinem Zimmer zu finden und kam eigentlich nur heraus, um seinen Hunger zu stillen. Wenn er dann jedoch mal herauskam, weil er das Gespräch mit jemandem suchte, war selten einer von uns wirklich dazu bereit.

Auch meine Wenigkeit zog sich immer mehr ins eigene Räumchen zurück und versuchte das ein und andere Mal, die anderen Familienmitglieder zu meiden.

Vater und Mutter waren am Abend immer im Wohnzimmer anzutreffen, alleine. Keiner von uns Brüdern war bei ihnen und sprach mit ihnen.

Die Familie, die einst so tapfer um das Leben von Tochter und Schwester gekämpft hatte, ein Kampf, der Einigkeit, Verständnis und Liebe voraussetzte, war fast ganz und gar auseinander gesprungen.

Am 17. November ist es dann zwei Jahre her, wo wir noch alle fest beieinander standen und einer den anderen unterstützte. Lasst uns diese Einheit, die Belli uns so sehr ans Herz legte, wiedergewinnen. Die Familienabende waren ein guter Weg und Anfang dafür. In der englischen Sprache wird diese Einheit ›Scrum‹ genannt. Der Ausdruck kommt aus der Rugby-Sprache und bedeutet, wenn ein Scrum gut zusammenhält und keinen Zwischenraum aufweisen kann, so ist er der Bessere und kann auch die Kräftigsten und körperlich Überlegenen besiegen.

Lasst auch uns wieder zu einer Einheit werden, damit wir die Probleme, die oft genug den einen oder anderen von uns belasten, gemeinsam lösen können. Das sind wir nicht nur Belli, sondern auch uns schuldig, da ich ganz genau weiß, dass jeder von uns für den anderen sehr, sehr viel Liebe empfindet.

Bis bald, in großer Sehnsucht, Erwartung und Liebe grüßt Euch

Euer Sohn und Bruder Matthias!«

Wie hat uns dieser Brief betroffen gemacht, wie hilflos standen wir dieser Sicht der Dinge gegenüber. Dachten wir doch, wir hätten als Eltern alles getan, um den Söhnen über den Schmerz und die Trauer hinwegzuhelfen. Aber die Wahrheit sieht eben für jeden anders aus. Wir sahen nur unsere Bemühungen, ihnen beim Weiterleben ohne Belli zu helfen, und sie empfanden nur den Verlust, den Schmerz und die Einsamkeit und hatten das Empfinden, dass wir Eltern beide Brüder vergaßen. Auch wir empfanden den Verlust, den Schmerz und die Einsamkeit. Jeder von uns brauchte aufmunternde Zuwendung und Liebe, und jeder stürzte sich in seine Arbeit.

Kurz vor Weihnachten kam Matthias nach Hause. Er hatte sehr viel gelernt, Freundschaften geschlossen, Abstand gewonnen, viel Anerkennung erfahren, und ihm war bewusst, dass auch wir ihn liebten. Er kam mit vielen positiven Erfahrungen und einem Haufen guter Vorsätze und Einsichten zurück. Für mich als Mutter war das das schönste Weihnachtsgeschenk. Ich hatte wieder ein warmherziges Kind, das in der Lage war, seine Liebe zu zeigen. Diese Veränderung hatte ansteckende Wirkung auf den Rest der Familie.

Im Oktober wurde ich von der Münchner Kapitalanlage Gesellschaft zur Jahrestagung nach München eingeladen. Ich nutzte diese Reise, um hinterher für zwei Tage mit Ines zusammen zu sein. Ihr ging es in den letzten Monaten immer schlechter. Sie konnte uns nicht mehr besuchen und hatte Metastasen im ganzen Körper. Als Ärztin wusste sie genau, dass ihr Leben in kurzer Zeit zu Ende gehen würde. Sie bat mich noch, einige Abschiedsgeschenke für ihre beiden Töchter zu besorgen, und sprach mit mir ganz offen über ihren Tod. Als ich mich von ihr verabschiedete, versprach ich ihr zu kommen, wenn sie mich brauchte. Ich ahnte, was mir bevorstand, denn ich wusste, dass ihr Tod mich wieder in eine depressive Stimmung versetzen würde. In den Wochen bis zu ihrem Tod war ich wie versteinert und unfähig, an ihrem Schicksal Anteil zu nehmen. Ich weiß nicht genau, woran das lag, vielleicht war es eine Schutzfunktion oder eine Art Flucht vor der Erinnerung.

Im Januar 1985 rief Ines mich an und bat mich, nach München zu kommen. Sie müsse zum Sterben ins Krankenhaus gehen, und ihre Töchter wären dann allein zu Hause, da ihr Mann auf Dienstreise sei. Ich fuhr sofort nach München und konnte Ines noch sprechen. Als ihr Mann einen Tag später zurückkam, war sie schon tot. Ich blieb noch bis zur Beerdigung und versuchte zu helfen. Ich befand mich wieder in einem tiefen Loch. Aller Schmerz, alle Trauer waren wieder da. Das Einzige, was mir in dieser Situation half, war meine neue berufliche Aufgabe – die Finanzberatung. Arbeit kann überlebenswichtig sein!

MIT SCHIRM, CHARME UND MELONE

Als ich auf einem der letzten Workshops Ende des Jahres 1984 von meinem Direktionsleiter gebeten wurde, nach vorn zu kommen, um der Gruppe mit ein paar Sätzen zu sagen, wie ich es geschafft habe, so schnell die Ausbildung zu durchlaufen, bilanzierte ich meinen Erfolg mit den Worten: Mit Schirm, Charme und Melone! Ich war froh, dass ich mir in so kurzer Zeit so viel Fachwissen hatte aneignen können, dies war mein schützender Schirm. Mit Charme konnte ich die Herzen vieler Kunden erobern. Meine Zuverlässigkeit und Disziplin waren gleichsam die Melone, standen für dauerhaften Service und seriöse Beratung. Ich hatte festgestellt, dass man als Frau sehr wohl in diesem Männerberuf erfolgreich sein kann. Allerdings musste man fachlich mindestens so viel wissen wie ein erfolgreicher Mann, und das tägliche Arbeitspensum einer Frau in dieser Branche war wesentlich höher als das eines selbstständigen Finanzberaters, denn man hatte ja noch seine familiären und häuslichen Pflichten.

Wenn man als Frau seinen weiblichen Charme nicht im Vorzimmer der Emanzipation an den Nagel hängt, kann man in unserem Beruf genauso erfolgreich sein wie ein männlicher Kollege. So habe ich es jedenfalls empfunden und war stolz darauf, dass ich bereits nach den ersten neun Monaten der Selbstständigkeit Matthias' Aufenthalt in dem englischen Internat hatte mit finanzieren und mir mein erstes Auto hatte kaufen können.

Ich hatte in wenigen Monaten so viele Verträge vermittelt, dass ich fast den Wettbewerb für die Skireise nach Königsleiten für Hans und mich in der Tasche hatte. Ein paar Punkte fehlten mir noch. Ich musste arbeiten, und das half mir über Ines' Tod hinweg.

Im März fuhren Hans und ich das erste Mal mit der Firma Global nach Königsleiten. Ich hätte auch beide Söhne mitnehmen können, aber Christian hatte in Nagold sein Studium an der Textilfachschule angefangen, und Matthias ging wieder in seine alte Klasse und musste Französisch und Latein nachholen.

Hans und ich haben diesen Skiurlaub mit meinen Kollegen sehr genossen. Wir hatten auf der einen Seite die Möglichkeit, uns in die eigene Ferienwohnung zurückzuziehen, aber wenn wir wollten, konnten wir uns von der Fröhlichkeit und Ausgelassenheit der Gruppe anstecken lassen. Am Morgen trafen wir uns alle in der Sonneckalm – eingerichtet in der Art einer alten, großen

Skihütte – und nahmen dort ein kräftiges Frühstück ein. Um zehn Uhr ging es mit privaten Skilehrern los. Da wir gute Skiläufer waren, fuhren wir mit einer Gruppe jüngerer Kollegen, unter denen es sich schnell herumgesprochen hatte, dass Hans ein hohes Tier beim BKA sei. Einer meiner Kollegen hatte als ehemaliger GSG-9-Angehöriger in Mogadischu die »Landshut« gestürmt. Seit einigen Jahren war er bereits ein erfolgreicher Finanzberater. Ein Haudegen war er geblieben. Er wusste Hans genau einzuordnen, sodass uns aus dem Kreis meiner Kollegen viel Respekt und Anerkennung entgegengebracht wurde.

Tagsüber tobten wir uns im Schnee aus, und abends wurde gefeiert, bei Raclette oder Fondue, bei Tanz oder Spiel auf der Lamarck-Hütte, von der wir spätabends abfuhren, mit Fackeln in den Händen und Glühwein im Leibe.

In Königsleiten fand ich nach langer Zeit zu meiner Lebensfreude zurück. Zum einen waren wir an einem Ferienort, an dem wir einen neuen Anfang machen konnten. Außerdem wusste ich, dass ich wiederkommen könnte, wenn ich tüchtig wäre. In den darauf folgenden zehn Jahren war ich jedes Mal wieder mit von der Partie. Im Schnee, in der Sonne und in den Bergen war es so viel einfacher, im Kreis junger Kollegen wieder fröhlich und ausgelassen zu sein. Auch Hans, der in diesen Jahren unter permanentem Termindruck und beruflichem Stress stand, konnte in Königsleiten fast alles abwerfen! Jedes Jahr war diese Reise großzügig und fürstlich ausgerichtet, und meine Chefs verwöhnten uns alle mit großer Aufmerksamkeit!

Als ich aus Königsleiten zurückkam, fühlte ich mich

als echte Finanzberaterin und wollte so schnell wie möglich die nächste Karrierestufe erklimmen. Das war nur mit fleißiger und solider Arbeit zu schaffen. Zum Glück hatte ich viele Menschen, die mir dabei halfen und mich weiterempfahlen, oder Freunde, die ich nicht lange überreden musste, um sich beraten zu lassen. Siegfried war einer meiner ersten großen Kunden und mein bester Empfehlungsgeber. Das hatte zur Folge, dass ich immer mehr Kunden in Mannheim hatte und immer öfter meinen Bruder und seine Familie besuchen konnte.

So sammelte ich sehr schnell Erfahrung in meinem Beruf. Das Fachwissen eignete ich mir durch die Schulungen in unserer Gesellschaft an. Durch die Praxis lernte ich jedoch am meisten. Beim Kunden musste ich flexibel reagieren. Einmal kam ich zu Freunden, die sich wegen einer großen Kapitalanlage beraten lassen wollten. Es war ein warmer Sommertag, und meine Freundin nahm gerade ein Sonnenbad auf der Terrasse. Ich war korrekt gekleidet und spürte, dass dies eine ungute Schieflage für ein Kundengespräch war. Da meine Freundin keine Anstalten machte, sich anzukleiden, fragte ich sie, ob sie für mich einen Bikini habe. So konnten wir uns gemeinsam von der Sonne verwöhnen lassen und uns bei einem kühlen Erfrischungsgetränk über Kapitalanlagen unterhalten. Erfolgreich ging ich mit einem Vertrag nach Hause.

Mir wurde immer klarer, wie wertvoll und nützlich mein Know-how aus der Finanzplanung und dem Controlling war. Ich versuchte dieses Wissen auf den privaten Finanzhaushalt der Kunden zu übertragen und erstellte für diese einen Finanzplan und entwickelte eine Vermögensaufstellung. Im September 1985 wurde ich bereits zur Finanzberaterin ernannt und im Oktober von unserer Gesellschaft zu meinem ersten Rhetorikseminar geschickt, auf dem wir lernten, wie man durch richtigen Gebrauch der Sprache Menschen überzeugen kann.

»DEN FRÜHAUFSTEHER, MEINE HERREN, ICH LIEBE IHN!«

Es war das erste Mal in meinem Leben, dass ich drei Tage lang Zeit hatte, unter fachkundiger Anleitung meine eigene Kommunikationsfähigkeit zu beobachten. Durch geschickte Fragestellungen wurden die Seminarteilnehmer angeregt, über ihre eigenen Stärken nachzudenken. Uns wurde gezeigt, dass man Kommunikation lernen kann.

Ich selbst durchbrach auf diesem Seminar ein großes Tabu. Bisher wussten einige meiner Kollegen lediglich, dass eines meiner Kinder gestorben war, aber nicht mehr. Am zweiten Tag bekamen wir alle die Aufgabe gestellt, aus unserem eigenen Leben eine Szene zu erzählen, die uns entweder erfreut, bewegt, belustigt oder erschüttert hatte. Als ich an die Reihe kam und für meine Rede nach vorn ging, wusste ich immer noch nicht, ob ich die Kraft hätte, von Isabells Abschied zu sprechen, oder ob ich nur eine vergleichsweise banale Geschichte erzählen sollte. Ich holte tief Luft und fing an mit den Worten: »Für mich ist das hier keine rhetorische Übung, sondern ich will Ihnen die bewegendste Erfahrung meines Lebens erzählen.« Dann berichtete ich ihnen von dem großartigen Abschied eines sechzehnjährigen Mädchens. Ich konnte noch nicht sagen, dass es meine Tochter war, aber ich bekannte mich das erste Mal vor anderen Menschen dazu, dass sie mein Leitbild ist! Danach merkte ich, dass mir die meisten meiner Kollegen mit großem Respekt begegneten. Es gab aber auch einige, für die ich ein gewisses Problem darstellte. Sie waren es bislang nicht gewohnt, eine starke Frau in ihren Reihen zu haben. Aber das war *ihr* und nicht *mein* Problem!

Am dritten Tag veranstalteten wir einen rhetorischen Wettkampf. Es wurde immer ein Rednerpaar bestimmt, das zwei gegensätzliche Meinungen vertreten sollte. Bei meinem Kollegen und mir ging es um die Vorteile des Frühaufstehens oder des langen Schlafens. Die Themen wurden uns jeweils am Ende des zweiten Tages gestellt. Ich übernahm den Part des Frühaufstehers. Schon auf dem Heimweg dachte ich darüber nach und fuhr anschließend noch bei Hans vorbei, der wegen eines Rückenleidens im Krankenhaus lag. Als ich am späten Abend nach Hause kam, schrieb ich nachts dieses kleine Gedicht, das ich am nächsten Morgen im Seminar vortrug:

Den Frühaufsteher – meine Herren – ich liebe ihn!
Er ist ein Mensch mit Tatkraft und Dynamik,
er ist ein Mensch, der auf der Siegerstraße geht.
Wenn sich die Schlafmütz' noch die Augen reibt,
hat er bereits das erste Mal gesiegt:
Er hat sich selbst bezwungen!

Der Frühaufsteher – meine Herren – ist ein Pfundskerl!
Er hat das Kartenblatt voll in den Händen.
Ein neuer Tag – ein neues Spiel!
Was wird er mit dem Tag beginnen?
Er kann's bestimmen, kann es ordnen,
er wagt das Spiel und stürzt sich rein!

Der Frühaufsteher – meine Damen –
kann trotzdem sehr sensibel sein – das Schöne
lieben.
Er sucht die Stille noch, die ersten Strahlen,
wenn es hinaus ihn in den Morgen zieht.
Er gibt die Richtung an und auch das Tempo!
Der Erste, ja, der Erste wird er immer sein!

Ich erntete Beifall dafür und schickte den Text mit einem Dankesbrief an meine Chefs: »Ich habe in mir selbst eine Seite gefunden, die ich bisher nicht kannte. Am Abend des zweiten Seminartages fügte ich Worte zu Sätzen zusammen und hielt am Ende ein Gedicht in den Händen. In aller Bescheidenheit möchte ich Ihnen mein ›Erstlingswerk‹ schenken.«

Am Ende des Seminars dankte ich dem Seminarleiter mit folgendem Statement:

»Wir haben gelernt, unsere Stimme besser zu gebrauchen, wir haben rhetorische Fähigkeiten und Schwächen in uns entdeckt, wir haben das gesprochene Wort körperlich und geistig erlebt. Ist die Sprache nicht das verbindendste Element unter den Menschen? Mit dem Instrument der Sprache kann man andere mitreißen und motivieren. Aber die Sprache kann auch eine Waffe sein, eine gefährliche, eine verletzende, sogar eine tötende Waffe! Wie viel ist schon durch diese Waffe unbedacht zerstört worden. Wenn wir aber erkennen, dass der bewusste Gebrauch der Sprache eine Macht sein kann, dann werden wir unsere Sprache trainieren, hüten und pflegen und sie bewahren wie einen Gral.«

Dieses Rhetorikseminar hat mir nicht nur bei meiner beruflichen Arbeit geholfen, sondern auch im privaten Alltagsleben. Ich wusste, wie wichtig es im Umgang mit Menschen ist, dass man die richtigen Worte im richtigen Ton zum richtigen Zeitpunkt sagt.

ZU NEUEN UFERN UND ZIELEN

So wie ich mich in meine neue Aufgabe stürzte, suchten sich auch Matthias, Christian und Hans neue Herausforderungen und Ziele. Matthias schaffte nach dem halben Jahr England problemlos den schulischen Anschluss in seiner alten Klasse. Französisch und Latein holte er rasch nach. Deshalb schickten wir ihn Ostern auch gleich wieder nach Frankreich, wo er mit seiner Austauschfamilie in die französischen Alpen zum Skilaufen fuhr. Viel schwieriger war es für ihn, den freundschaftlichen Anschluss an seine Mitschüler wiederzufinden. Er hatte Schwierigkeiten mit der Disziplinlosigkeit an der deutschen Schule, hatte er doch im strengen englischen Internat erfahren, wie viel effektiver man lernen kann, wenn alle sich an die gleiche Ordnung halten. Außerdem fehlte ihm sein Freund Daniel. Die Familie von Moltke war schon Ende 1985 nach Amerika zurückgegangen, und Daniels Abwesenheit empfand er als große Lücke, die er in seiner Klasse nicht schließen konnte. Er war zu schnell erwachsen geworden und konnte diesen Abstand zu seinen Klassenkameraden nicht überbrücken.

In den Sommerferien arbeitete Matthias in einer Fabrik in Mannheim am Fließband, weil er Geld verdienen wollte. An Siegfried, den er um die Vermittlung dieser

Arbeit gebeten hatte, schrieb er: »...Ich bin für alles zu haben und scheue auch ›Drecksarbeit‹ nicht. Wie Du sicherlich weißt, hat man in diesem Alter einige Wünsche. Da ich aber nicht an die Eltern damit herantreten will, weil sie mir schon das englische Internat ermöglichten, will ich sie mir selbst erfüllen. Ich mache fast alles!«

In diesem Sommer fing auch Matthias an zu joggen. Am Anfang lief er morgens oft mit mir, manchmal liefen wir mit Hans zu dritt. Dann entstand sofort eine Wettkampfatmosphäre. Wenn Hans mir zeigen wollte, dass er doch der Schnellere war, auch wenn er nur ab und zu lief, dann packte Matthias manchmal der Ehrgeiz an meiner statt, und er setzte alles daran, seine Mutter siegen zu sehen.

Christian besuchte ab Frühjahr 1985 die Textilfachschule in Nagold und lernte dort das erste Mal ein normales Schülerleben kennen, ohne dass seine Legasthenie ein Problem darstellte. Er fand gute Freunde, verliebte sich, fand große Anerkennung als Diskjockey bei vielen seiner Kommilitonen, die »Texer« genannt wurden und ständig fröhliche Feste veranstalteten. Auch für ihn war es wichtig, seinen eigenen Weg zu suchen. Verbunden blieb er uns trotzdem. Im September 1985 verbrachte er eine Woche in Rom und war beeindruckt vom Petersdom und dem Papst, der die europäische Jugendgruppe, mit der Christian reiste, empfing. Da er als einziger von den Jugendlichen einen Anzug anhatte, wurde nur er dem Papst vorgestellt. Es gibt ein schönes Foto davon. Ganz besonders hat ihn die Pietà von Michelangelo beeindruckt, in der Maria den toten Christus auf ihrem Schoß hält. Er schickte mir eine Karte von ebendieser Marmorskulptur:

»Liebe Mama!

Das ist eine Karte an Dich. Auch Du würdest Dich um Deine Söhne und Vater so kümmern. Ich bewundere Michelangelo, wie lebendig er das in Marmor aufleben lässt. Für mich bist Du auch eine Heilige.

Dein Christian«

Hans machte von uns allen die dynamischste Entwicklung durch. Schon 1983 wurde er vom damaligen Innenminister Zimmermann zu einem Gespräch gebeten. Es ging um die neu zu besetzende Stelle des Hauptabteilungsleiters in Meckenheim, da Gerd Boeden zum Vizepräsidenten des BKA mit Sitz in Wiesbaden befördert wurde. Als Nachfolger standen zwei Kandidaten zur Wahl: Von Hoegen, das war der politische Vorschlag, und Zachert, das war die fachliche Alternative. Die Entscheidung wurde damals nach politischen Gesichtspunkten gefällt. Hans blieb Abteilungsleiter Sicherungsgruppe, von Hoegen wurde der neue Hauptabteilungsleiter in Meckenheim, bis man ihn Ende 1984 zum Chef des MAD (Militärischer Abschirmdienst) in Köln berief. Jetzt beauftragte der Innenminister Hans zunächst mit der kommissarischen Wahrnehmung der Geschäfte des Hauptabteilungsleiters. Im Juni 1985 erhielt er in Meckenheim dann offiziell diese Position. Damit war er der Chef von etwa tausend Mitarbeitern, und diese hohe menschliche wie fachliche Verantwortung nahm er sehr ernst.

Da er im Dienst verstärkt internationale Kontakte wahrzunehmen hatte, nutzte er seinen Urlaub wieder dazu, nach England auf die Sprachenschule in Norwich zu fahren. Als er zurückkam, stürzte er sich in die Arbeit und nahm keinerlei Rücksicht, weder auf seine Gesundheit noch auf mich! Zum Glück hatte ich meine Arbeit. Aber seine Gesundheit spielte bei diesem Stress auf Dauer nicht mit. Er bekam Probleme im Halswirbelbereich und musste monatelang eine feste Stützmanschette tragen. Als die Schmerzen unerträglich wurden und Dr. Töbellius, inzwischen unser Freund, schon überlegte, wohin er Hans zur Operation schicken sollte, ereignete sich ein glücklicher Zufall. Hans musste sich seinen schon lange bestehenden Leistenbruch operieren lassen. In der Vollnarkose entspannte er total, und der Wirbel renkte sich, Gott sei Dank, wieder ein, sodass er schmerzfrei aufwachte. Diese zehn Tage nach der Operation waren für Hans und mich eine schöne und intensive Zeit, denn wir hatten Muße, miteinander zu sprechen. Wir hatten uns beide durch unsere Arbeit etwas aus den Augen verloren und vergessen, gemeinsame Prioritäten und Ziele zu definieren. Im nächsten Sommer wollten wir wieder beide zusammen nach Bad Füssing fahren und uns um unsere Gesundheit bemühen.

Durch meine beruflichen Fortschritte und die dadurch erworbene finanzielle Unabhängigkeit wurde mein Selbstbewusstsein gestärkt, und so konnte ich auch auf privater Ebene neue und mutige Initiativen folgen lassen. Zum einen machte ich mit meinen Freundinnen Reisen oder besuchte sie. Nachdem ich mir das Geld dazu selbst verdient hatte, meinte ich, mir diesen Luxus auch leisten zu können. Zum anderen wagte ich, ein zweites Mal Schulden aufzunehmen. In unserem Haus stand eine kleine Wohnung zum Verkauf an. Diesmal konnte ich sie finanzieren, ohne dass Hans die Darlehensverträge mit unterzeichnen musste. Mein Einkommen war der darlehengebenden Bank Bonität genug, und darauf war ich stolz, denn als Finanzberaterin wusste ich dieses hohe Vertrauen der Bank in meine finanzielle Ertragskraft einzuschätzen!

In der Folgezeit wurde es immer deutlicher, dass der Gewinn aus meiner selbstständigen Tätigkeit mehr als ein zusätzliches Taschengeld war. Er wurde von Jahr zu Jahr stärker zu einem vollwertigen zweiten Einkommen. Dass das alles schwer erarbeitet werden musste, war nur mir klar. Denn wenn meine Lieben zu Hause waren, wollten sie, dass ich für sie Zeit hatte. Auch fiel es Hans nicht leicht zu akzeptieren, dass ich für diesen Erfolg auch zäh arbeiten musste, denn er wollte doch seine »Puppi« immer auf »Rosen betten« oder »auf Händen tragen«! Aber zum Glück waren sie ja alle nur wenig zu Hause und bekamen die Mühen, die meinem Erfolg vorausgingen, nur selten mit, und ich ließ sie in dem Glauben, dass für mich die Arbeit nur Spaß und Abwechslung sei. Meine Chefs wussten meine Arbeit zu honorieren.

WIR TREFFEN UNS AUF EINEM STERN

Als wir im Frühjahr 1986 von Königsleiten zurückkamen, hörten wir von Christian, dass es im WDR einen Film gegeben habe, in dem Isabells Bilder und Zeichnungen dokumentiert und interpretiert worden waren. Wie ich durch Nachforschungen herausbekam, handelte es sich um einen Film einer Autorin namens von Korf, die auf die Situation tumorerkrankter Kinder aufmerksam machen wollte. Sie bat mich um ein Gespräch und besuchte uns im April 1986. An diesem Abend überzeugte sie uns mit ihrer einfühlsamen und zurückhaltenden Art, an einem Interview teilzunehmen, das sie mit verschiedenen Eltern tumorerkrankter und verstorbener Kinder führen wollte mit der Zielsetzung, die Öffentlichkeit auf die damals untragbaren Zustände auf den Kinderkrebsstationen aufmerksam zu machen. Wir hatten uns als Betroffene nach Isabells Tod aus dieser Thematik herausgehalten, denn wir fühlten uns dem nicht gewachsen. Aber jetzt waren wir persönlich angesprochen und dadurch gefordert. Sollten wir kneifen oder uns den Problemen stellen? Hans und ich waren uns einig, doch die Jungens wollten wir damit nicht belasten. Wir verabredeten uns mit Frau von Korf an einem Wochenende im Sommer. Zwischen dieser Verabredung und dem zweitägigen Interview lagen mehrere Wochen. Hans hätte es am liebsten schon wieder abgesagt. Er meinte, er hätte gar nicht die Zeit dazu. Vielleicht fürchtete er auch seine Emotionen.

Als Frau von Korf uns am Wochenende mit einem ganzen Aufnahmeteam besuchte, war das für uns beide eine neue und gänzlich unbekannte Situation. Aus mir sprudelte es förmlich heraus. Ich wollte und konnte über Isabell berichten. Ich war sogar fähig, aus ihrem Tagebuch vorzulesen. Hans überwand seine anfängliche Zurückhaltung und konnte seine Empfindungen ebenfalls zeigen. Aus diesen vielen Stunden Filmmaterial entstand eine eindrucksvolle Dokumentation über Isabell. In mir wuchs das Zutrauen, dass ich doch einmal in der Lage sein würde, über das letzte Jahr unserer Tochter ein Buch zu schreiben. Der Film erhielt den Titel *Wir treffen uns auf einem Stern* und wurde mehrfach mit großer Resonanz ausgestrahlt. Das Honorar spendeten wir damals einem tumorkranken Kind in der Kölner Klinik.

1986 bekam Hans von den Franzosen seinen ersten Orden. Inzwischen hat er so viele aus der ganzen Welt, dass ich den Überblick verloren habe. Alle diese Auszeichnungen und Anerkennungen beglückten ihn und spornten ihn an. Ich beobachtete das mit einiger Sorge, denn in Meckenheim war er ja schon an der Spitze angelangt, und das mit erst neunundvierzig Jahren! In Gesprächen wollte ich von ihm wissen, wie er sich denn seine weitere Zukunft vorstelle, ob er eventuell auch daran denke, nach Wiesbaden zu gehen. Schließlich stand zum nächsten Frühjahr die Pensionierung des Vizepräsidenten an. Ich war immer ein planender Mensch und wollte wissen, was auf mich und die Familie zukam. Ich war beunruhigt durch die weiter fortschreitende militante Entwicklung des deutschen und internationalen Terrorismus – RAF, Brigate Rosse und Action directe –, wie sie sich in den Gruppen manifestierte.

Diese Veränderungen kamen schneller, als ich ahnte. In einer Nacht im September fand Hans keine Ruhe und wälzte sich schlaflos im Bett. Als ich nachfragte, sagte er mir lediglich, dass er am nächsten Vormittag einen Termin bei Staatssekretär Neusel habe. Mehr erfuhr ich nicht. Als er am nächsten Tag aus dem Dienst kam, erzählte er voller Stolz, er werde im kommenden Jahr der neue Vizepräsident des Bundeskriminalamtes. Wieder einmal trat er in die Fußstapfen von Gerd Boeden, dem er viel zu verdanken hat. Das erste Mal in seiner Karriere waren meine Gefühle angesichts seiner Freude geteilt. Ich hätte gern in irgendeiner Form an diesem Entscheidungsprozess teilgenommen, denn die Konsequenzen musste ich ja auch mittragen. Doch so wurde ich vor vollendete Tatsachen gestellt. Und das schmerzte mich bei aller Freude über Hans' Erfolg. Dabei hätte ich ihn mit aller Kraft auch bei dieser Entscheidung unterstützt. Hans hat daraus gelernt. Wenn er später in der Funktion der Amtsleitung einen Kollegen mit einer neuen Aufgabe betraute, die Folgen für die Familie hatte, fragte er immer, ob das auch mit der Ehefrau abgestimmt worden sei.

Als im Oktober 1986 Herr von Braunmühl vor seinem Haus in Bonn erschossen wurde, wurde mir abermals klar, wie berechtigt meine Sorge um Hans' Sicherheit war. Im Februar 1987 wurde er im BKA von Innenminister Zimmermann offiziell zum Vizepräsidenten ernannt. Am Abend lud ich Hans, unsere beiden Söhne und Siegfried mit seiner Frau ins Ingelheimer Zimmer in den Schwarzen Bock ein. Es war das zweite Mal, dass wir dort feierten – und es sollte nicht das letzte Mal sein!

WIR KONNTEN WIEDER FEIERN

Im Dezember 1986 luden wir wieder in alter Tradition einige ausländische Verbindungsbeamte, Kollegen und Freunde ein. Diesmal waren der noch amtierende Vizepräsident Gerd Boeden und das erste Mal auch der Präsident des Bundeskriminalamtes, Dr. Boge, bei uns. Aber ich bat auch einen meiner Chefs, Herrn Ervens, dazu. Bevor wir nach dem Cocktail zu Tisch gingen, begrüßte ich die Gäste mit einer kleinen Rede:

»Einige von Ihnen haben mich gefragt, ob wir einen besonderen Anlass zum Feiern hätten. Wir haben keinen besonderen Anlass, wir haben aber eine positive Einstellung zum Leben. Wir haben Feste gefeiert selbst in sehr schweren Zeiten, und diese Momente beglücken uns heute immer noch! Ist es dann nicht erst recht ein Grund zu feiern, wenn man auf ein gutes Jahr zurückblicken kann?«

Unsere bevorstehende silberne Hochzeit beschäftigte uns auch. Wie sollten und wollten wir sie begehen? Den zwanzigsten Hochzeitstag hatten wir noch mit Isabell gefeiert. Davor hatten wir zu fünft in Altglashütten immer von einer silbernen Hochzeit im Schnee mit Pferdeschlitten und Schwarzwald-Romantik geträumt. Das konnten wir uns jetzt ohne Isabell nicht mehr vorstellen. Wir wälzten Reisekataloge und malten uns eine silberne Hochzeitsreise mit den beiden Söhnen nach Mauritius aus. Eine sündhaft teure Reise, aber Hans und ich wollten sie gemeinsam finanzieren.

In heiterer Stimmung und großer Vorfreude flogen wir vier auf die Insel Mauritius. Die tropischen Früchte und Blumen, die ansteckende Fröhlichkeit der Inselbewohner, die warmen, verführerischen tropischen Nächte unter sternenklarem Himmel, die musikalische Untermalung am Abend, all das nahm mich vom ersten Tag an schon gefangen. Hans musste sich allerdings erst an die sengende Glut der tropischen Sonne gewöhnen. Er freute sich, wenn er eine deutsche Zeitung bekam und unter einem Schatten spendenden Sonnenschirm seine Ruhe hatte. Doch bald genoss er uneingeschränkt die tropische Atmosphäre und die Schönheit der Insel.

In unvergesslicher Erinnerung wird mir die Neujahrsfeier auf Mauritius bleiben. Drei Tage dauerten die Vorbereitungen, und wir spürten geradezu die sich von Tag zu Tag steigernde Spannung. Mit den schönsten Blumengebinden wurden die Terrassen geschmückt. Am letzten Tag des Jahres wurde um den Swimmingpool ein üppiges Buffet aufgebaut. Im Pool selbst schwamm ein Katamaran, den diese »Zauberkünstler« so kunstvoll mit tropischen Blumen und Früchten dekoriert und angestrahlt hatten, dass sich das Ganze zu einem großen Festplatz unter dem Sternenhimmel fügte. »Bonne année, bonne année«, sangen die Inselbewohner und tanzten und sprangen über ein loderndes Feuer am Strand. Später mischten sie sich unter uns Touristen und rissen uns alle beim Tanzen mit ihrer überschäumenden Lebensfreude mit.

WENN DU BEGEISTERT BIST, KANNST
DU AUCH ANDERE BEGEISTERN!

So gingen wir alle mit viel Schwung in das neue Jahr 1987. Matthias machte sein Abitur, und zwar glänzend! Was er studieren wollte, wusste er noch nicht, allerdings weder Medizin noch Jura. Er wusste nur, dass er studieren wollte, doch das war uns Eltern nicht genug! Wir gaben ihm den Rat, erst einmal zur Bundeswehr zu gehen. Als er dort einrückte, hatte Christian gerade erfolgreich seinen Abschluss als Textilfachwirt in Nagold gemacht und einige interessante Angebote bekommen. Er entschied sich für ein Sportgeschäft in Kiel. Damit waren wieder beide Söhne weg. Man muss als Mutter früh lernen, seine Kinder loszulassen.

Hans arbeitete auf Hochtouren in Wiesbaden. So musste er jede Woche zur Sitzung des Krisenstabs ins Kanzleramt nach Bonn fahren, um über den Entführungsfall Schmidt/Cordes zu berichten. Die beiden Siemens-Manager wurden im Libanon von dem palästinensischen Hamadi-Clan als Geiseln festgehalten. Diese Affäre zog sich über ein Jahr hin; erst dann wurden sie nach zähem Ringen freigelassen.

Gleich nach Hans' Amtseinführung gingen wir in Wiesbaden auf Wohnungssuche, was deprimierend und ernüchternd zugleich war. Wir kamen uns vor wie Bittsteller. Hans suchte eine kleine Zweitwohnung, da er vorerst pendeln wollte, um sich ganz auf die Arbeit konzentrieren zu können. Durch eine Bonner Kundin bekam ich endlich den entscheidenden Hinweis auf eine kleine freie Souterrainwohnung in einer Villa unweit des Amtes. Diese richtete ich innerhalb einer Woche her, und über Karneval holten wir mit einem Mietauto noch einige Möbel aus Bonn. In kürzester Zeit und mit geringen Mitteln hatte Hans eine hübsche Zweizimmerwohnung mit Küche und Bad, in der auch ich oder einer von den Söhnen übernachten konnten. Aber für Hans verbesserte das die Situation wenig. Er kam gegen zweiundzwanzig Uhr lediglich zum Schlafen nach Hause und wurde morgens um sieben schon wieder von einem seiner beiden Fahrer mit einem gepanzerten Fahrzeug abgeholt, denn er war als Vizepräsident des BKA in die Gefährdungsstufe eins eingestuft worden. Das hieß, dass er sich den Sicherheitsvorschriften zu fügen hatte: Er durfte nur mit dem Panzerauto gefahren und sollte ständig von einem Kommando geschützt werden. Da es nicht so viele Bodyguards gab, wie es diese gefährliche Zeit erfordert hätte, trug wenigstens der Fahrer eine Schusswaffe bei sich. Das war der Minimalschutz. Wenn Hans am Wochenende nach Bonn kam, dann nur mit einem Stapel Akten.

Jetzt fing auch für mich ein unruhiges Leben an. Ich fuhr oft nach Wiesbaden, um abends bei ihm in der

Wohnung zu sein. Seine beiden Fahrer beäugten mich kritisch, ob ich auch etwas für ihn gekocht hätte und gut genug für ihn sorgen würde. Schließlich war Hans ja *ihr* Chef! Aber da auch ich offensichtlich versuchte, »*meinem* Chef zu dienen«, akzeptierten sie mich bald.

Ich baute mir in Wiesbaden einen neuen Kundenstamm auf und betreute von dort auch meine Mannheimer Kunden, was zur Folge hatte, dass ich bei Siegfried nur noch kurze Besuche machte. Diese Fahrten legte ich nach Möglichkeit auf Tage, an denen Hans auf Dienstreise war. Wenn er wollte, begleitete ich ihn auch, damit wir uns wenigstens ab und zu sahen. Die meisten gemeinsamen Stunden verbrachten wir dann hinten im Panzerauto, wo wir beide nebeneinander saßen, während er seine Akten las und ich meine Fachliteratur. So fuhren wir auch zur Kieler Woche, wo er bei einer Veranstaltung des MAD einen Vortrag halten musste. Ich war froh, bei dieser Gelegenheit Christian besuchen zu können. In diesen Jahren fuhr ich Tausende von Kilometern – entweder wenn ich Hans auf Reisen begleitete oder mit dem eigenen Wagen zu Kunden in ganz Deutschland unterwegs war. Inzwischen war mein unmittelbarer Betreuer zum Regionaldirektionsleiter in Frankfurt ernannt worden, und ich musste häufig zu Schulungen und Seminaren dorthin fahren. Dies alles konnte ich nur schaffen, weil ich seit Oktober 1986 eine Sekretärin eingestellt hatte.

In unserer Godesberger Wohnung hatte ich mir zwischenzeitlich ein Zimmer als Büro eingerichtet, besaß eine elektrische Schreibmaschine und ein eigenes Telefon. Ich fing an, mir junge Mitarbeiter zu suchen, die mich später unterstützen konnten. Mich reizte es zunehmend, in den Kreis der Führungskräfte unserer Gesellschaft hineinzuwachsen. Diese trafen sich zwei Mal im Jahr zu einer Managertagung. Als Einzelkämpferin schrieb ich teilweise mehr Umsatz als so mancher Geschäftsstellenleiter mit seinem ganzen Team. Diese wurden dazu eingeladen, ich aber nicht. Das wollte ich ändern. Außerdem hatten mich einige meiner Kunden angesprochen, wie man denn Finanzberater werden könnte. Und da ich selbst von meinem Beruf begeistert war, konnte ich auch sie dafür begeistern!

Im Sommer 1988 hatte ich drei Mitarbeiter ausgebildet und wurde als erste Frau in der Global zur Geschäftsstellenleiterin ernannt. Auf dem Weg dahin wurde ich mit einer Wettbewerbsreise nach Lissabon belohnt, zu der zehn erfolgreiche Mitarbeiter mit unserem Geschäftsführer, Herrn Ervens, und dem Vorstand der Universa fuhren, aber alle ohne Ehepartner. Es war für mich eine völlig neue Erfahrung, als einzige Frau mit elf Männern auf Reisen zu gehen. Meine Kollegen waren alle viel jünger als ich. Die meisten hätten meine Söhne sein können. Auf der einen Seite wollte ich nicht die Rolle der Gouvernante übernehmen, auf der anderen Seite ging mir manches gegen den Strich. Manche nutzten die Gelegenheit, einmal ohne ihre Frauen kleine Abenteuer zu suchen. Andere brüsteten sich mit ihren männlichen Erfolgen. Ich versuchte ihnen entgegenzuhalten, dass Lebensfreude auch mit Kultur und Stil zum Ausdruck gebracht werden kann. Zum Abschiedsabend gab ich eine Runde Champagner aus und hielt eine kleine Rede: »Schaum ist wahrscheinlich schon genug geflossen, aber noch kein Champagner…«

Jedes Jahr gewann ich die Skireise für mich und meine Familie nach Königsleiten. 1987 fuhren Hans und ich das erste Mal mit dem Panzerwagen und einem Fahrer dorthin. Hennes, so hieß der Fahrer, genoss diese Reise ausgiebig, und meine Chefs ließen ihn an allen abendlichen Veranstaltungen teilnehmen. Das hob natürlich auch meine Reputation bei Hennes. So wurde ich nach kurzer Zeit für ihn die »Chefin«.

Im April dieses Jahres organisierte ich ein großes Fest. Mit fünfzig Jahren hatte Hans bereits Außergewöhnliches erreicht. Er stand im Zenit seines Lebens, und ich bewunderte ihn aufrichtig. Seinen fünfzigsten Geburtstag wollte ich im großen Kreis begehen. Am Vorabend feierten wir mit der Familie und Freunden bei Ria Maternus. Wir hatten die obere Etage ihres Restaurants für uns, und alle, alle kamen! Es war ein sehr intimes Fest in den uns so vertrauten Räumen. Nach dem Hauptgang hielt ich eine kleine Rede auf Hans:

»Die erste Zeit Deines Lebens kenne ich nur aus Erzählungen. Aber diese waren immer so aufregend und spannend, dass ich mir ein gutes Bild aus Deinen Kindheitstagen in Japan machen kann – und deshalb auch so forsch behaupte: ›Zum Häuptling bist du geboren worden!‹ Zum Häuptling, zum Hauptmann, zum Anführer, zum Sheriff – ganz genau war die Richtung nicht von Anfang an klar. Bei einiger Fantasie kann ich mir auch vorstellen, dass du ein Räuberhauptmann oder auch der Anführer von *Spitz*buben hättest werden können. Aber *Spitze* wärst du in deiner Rolle als Anführer immer gewesen, denn die Befähigung zur Menschenführung, der Wille, dich durchzusetzen, der Ehrgeiz, besser zu sein als die anderen, die Fantasie, um begeistern zu können – diese Eigenschaften sind dir in die Wiege gelegt worden. Die Umwelt, in die du hineingeboren wurdest, war ein

Paradies, in dem sich diese Eigenschaften prächtig entwickeln konnten – und wie wir heute bestätigen können, zum Glück und zum Wohle der Menschen!«

Um Mitternacht stießen wir alle auf Hans an. Er war zufrieden mit seinem Leben, glücklich mit seiner Familie und stolz auf seine Puppi!

»MUSS DAS HIER IM SOMMER SCHÖN SEIN!«

Mein Traum war es immer, auf die Berge zu steigen. Und in diesem Jahr meinte ich zu spüren, dass Hans mir diesen Wunsch erfüllen wollte. Ich besorgte Reiseprospekte, und nach dem Motto »Hättest du nicht auch Lust, dich in den herrlichen Alpen beim Wandern zu erholen?«, versuchte ich, Hans zu überzeugen. Das Rhetorikseminar trug Früchte. Er stimmte einer Hüttenwanderung zu – acht Tage mit Rucksack durch die Ötztaler Alpen mit Übernachtung, jede Nacht in einer anderen Hütte, mit Bergsteigern und in einer fremden Gruppe. Wir fuhren ein letztes Mal mit unserem eigenen Auto, allein und ohne Begleitschutz, in den Urlaub. Mir ging das Herz von Tag zu Tag mehr auf. Für Hans war es ein Urlaub ganz bizarrer Art. Am ersten Tag stiegen wir mit unserem Bergsteiger und zwölf anderen Hobbyalpinisten von Vent zur Breslauer Hütte auf. Wir beschnupperten uns nach Herkunft und Kondition. Die meisten aus der Gruppe waren wesentlich jünger, und vier von ihnen waren offensichtlich durchtrainiert wie Hochleistungssportler, die sich mit großem Vorsprung an die Spitze der Gruppe setzten. Am Abend hörten wir, dass sie der berühmten Rudermannschaft aus dem Leistungszentrum Ratzeburg angehörten. Na, das konnte ja heiter werden. So wanderten wir von Hütte zu Hütte, und jeden Tag war es aufs Neue spannend, ob wir am Abend eine Matratze oder einen Strohsack ergatterten.

Der Höhepunkt unserer Bergtour war die Ersteigung des Similaun. Wir wollten erst auf der Similaunhütte übernachten, um dann am frühen Morgen auf den dreitausendsechshundert Meter hohen Gipfel zu steigen. Wir kannten Hütte und Berg ja schon von unserer Tour, die wir dreiundzwanzig Jahre zuvor von Vent aus mit Skiern und Fellen gemacht hatten. Die Hütte war noch genauso einfach und eng, die Pasta asciutta noch genauso schmackhaft, der Rotwein noch genauso süffig und die Hüttenwirtin noch genauso tüchtig! Betten gab es immer noch nicht. Glücklich war, wer eine Matratze hatte, der Rest schlief auf Bänken und Tischen. Am nächsten Morgen sahen wir den Sonnenaufgang. Die schneebedeckten Berge glänzten. Hans stand ganz ergriffen vor der Hütte, nahm mich in den Arm und sagte am 1. August allen Ernstes: »Muss das hier im Sommer schön sein!«

Nach einer anstrengenden Gipfelbesteigung – wieder am Seil, aber diesmal mit wesentlich besserer Kondition als vor dreiundzwanzig Jahren – stiegen wir über den Gletscher und die Martin-Busch-Hütte nach Vent ab. Für mich war das ein großartiges Erlebnis, aber für Hans war es nicht der geeignete Urlaub, um sich zu regenerieren. Ich musste lernen, jetzt auf ihn Rücksicht zu nehmen. In seinen Urlaubstagen durfte ich ihm nicht noch körperliche Höchstleistungen abverlangen. Noch heute leiste ich Abbitte, dass ich ihn damals dazu verführt habe.

In der zweiten Woche fuhren wir nach Bayern in eine bequeme Luxushütte mit Doppelzimmer und Dusche. Zwei Tage machten wir gemütliche Wanderungen, dann kam ein Anruf vom BKA, wir sollten schnell nach Wiesbaden kommen. Es gebe in der Nähe des Amtes eine Wohnung, die frei werde und die man vernünftig sichern könnte. Eine schnelle Entscheidung sei nötig.

»DANN DARF IHR MANN EBEN NICHT AUF DEN BALKON GEHEN«

In den letzten Monaten hatten die terroristischen »Revolutionären Zellen« in der Bundesrepublik verstärkt Sprengstoff- und Brandanschläge auf staatliche Einrichtungen und Industriekonzerne verübt. Auch gab es von den gewalttätigen »Autonomen« zahlreiche Anschläge, bei denen sie Hunderte von Strommasten umsägten, um gegen die Atomenergie zu protestieren. Daneben wurden gefährliche Eingriffe in den Bahn- und Schienenverkehr verübt. Der Generalbundesanwalt, der das Großverfahren gegen all diese Anschläge führte, hatte das BKA mit der polizeilichen Ermittlung beauftragt. Für die »Autonomen« und die Revolutionären Zellen war genauso wie schon vorher für die RAF der so genannte Repressionsapparat der erklärte Feind Nummer eins.

Der Präsident des Bundeskriminalamtes musste kraft Gesetzes schon seit Jahren innerhalb seines Amtssitzes wohnen. Dr. Herold, der Vorgänger von Dr. Boge, nannte diese Wohnung immer seine »Burg« oder sein »Stammheim«. Das Amt ist als Hochsicherheitstrakt durch doppelte Drahtzäune geschützt. Dort lebte der Präsident in einer eigens für ihn gesicherten Wohnung, die durch den Umbau von sechs großen Büroräumen Ende der Siebzigerjahren eingerichtet worden war. Die Wohnung hatte den Charme eines kühlen Bürohauses. Und die Freiheit ihrer Bewohner bestand in der »Freiheit« einer beaufsichtigten Anstalt mit unbegrenztem Passierschein, doch die Wohnung war sicher! Der Präsident, Dr. Boge, war bestens geschützt.

In Hans' kleiner Zweitwohnung hatte man eingebrochen, trotz erhöhter Polizeistreifenbewachung. Die Experten hatten zuvor geprüft, ob diese Souterrainwohnung überhaupt zu sichern sei, was sich aber als undurchführbar herausstellte.

Wir brachen deshalb unseren Urlaub ab und fuhren sofort nach Wiesbaden zurück, um die uns angebotene neue Wohnung zu besichtigen. Dort trafen wir uns mit dem Chef der Verwaltung des BKA, mit einem Herrn der Wohnungsbaugesellschaft, der das Haus gehörte, und mit einem Herrn des Landeskriminalamtes, der für die Objektsicherung der Wohnung zuständig war. Das Haus war Anfang der Fünfzigerjahre gebaut worden und lag keine tausend Meter vom Amt entfernt. Die bisherige Mieterin, eine verwitwete alte Dame, hatte achtunddreißig Jahre in dieser Wohnung gelebt. Dementsprechend war die Wohnung ausgestattet und verwohnt. Der Fußbodenbelag in der ganzen Wohnung war vierzig Jahre altes Linoleum. In der Küche gab es keine Steigleitungen für Starkstrom, dafür aber einen altmodischen Spülstein an der Wand. Meine elektrischen Maschinen hätte ich gar nicht anschließen können. Das Bad bestand aus zwei kleinen Kammern, die eine mit Badewanne und Waschbecken, die andere mit WC und einem Waschbecken für die Hände, so groß wie ein »Fingernapf«. Alle Zimmertüren hatten hässliche Milchgläser und Blechbeschläge. Wenn wir die Wohnung mieten wollten, hätten wir sie mit einem Kostenaufwand von zirka siebzigtausend Mark aus privaten Mitteln sanieren müssen.

Die Wohnung hatte vier Zimmer und eine kleine Mansarde (eher eine Abstellkammer als ein Gästezimmer). Sie war zu groß für eine Zweitwohnung, doch wesentlich kleiner als unsere Godesberger Familienwohnung. Sie hatte aber drei große Vorteile: Sie war zum Amt günstig gelegen, sie war gut geschnitten, und das Wichtigste war, sie war angeblich hervorragend zu sichern. Sie lag in der obersten Etage, das Haus hatte zwei Ausgänge, und der Panzerwagen konnte direkt bei der Garage vorfahren. Der Herr von der Wohnungsbaugesellschaft hatte nichts dagegen, dass Panzerfenster und eine gepanzerte Wohnungstür eingebaut wurden. Er war auch damit einverstanden, dass wir die Wohnung komplett sanierten mit Parkett, Steigleitung und Fliesen in der Küche und einem großzügigen modernen Bad, allerdings ganz auf unsere Kosten. Dafür hätten wir die normale Belegungsmiete zu zahlen.

Hans und ich überlegten schnell. Wir mussten uns innerhalb einer Stunde entscheiden, da die Wohnungsvergabekommission am nächsten Tag zusammenkam. Ohne dass ich es damals schon sagte, ging mir ein Gedanke durch den Kopf: Wenn diese gepanzerte Wohnung für ihn als Vizepräsidenten sicher ist, müsste sie ja auch für einen Präsidenten sicher sein. Irgendwann einmal ins Amt einziehen zu müssen, wäre dagegen für uns alle ein Graus gewesen und für mich nicht infrage gekommen. So sagten wir notgedrungen ja.

Den Herrn vom Landeskriminalamt fragte ich noch, wie denn der Balkon zu sichern sei, damit kein Terrorist so leicht auf Hans schießen könnte, wenn er mal draußen sitze. In Godesberg wäre als Sichtschutz eine Markise und eine geschützte Ecke durch die Hauswände vorhanden gewesen. Er antwortete lakonisch: »Dann darf Ihr Mann eben nicht auf den Balkon gehen.« Da wäre ich beinahe geplatzt!

DIE BUNDES-HIGH-SOCIETY

Matthias fing gleich nach dem Abitur seinen Grundwehrdienst in Kastellaun an, nicht aus soldatischer Begeisterung, sondern weil er es für seine Pflicht hielt. Wir fuhren zu seiner Vereidigung nach Kastellaun, obwohl Hans gehetzt war von zahlreichen Terminen. Matthias freute sich sehr über unser Kommen, besonders darüber, dass sein Vater mit dem Panzerwagen kam und einem Fahrer. So fiel auch auf ihn ein wenig Glanz, war er doch sehr stolz auf seinen Vater. Ab Oktober diente er bei dem Fernmeldebataillon in Rheinbach und konnte zum Wochenende oft nach Hause kommen.

Zur gleichen Zeit unterschrieben Hans und ich den Mietvertrag in Wiesbaden. Matthias hoffte vielleicht, an unser altes Familienleben anknüpfen zu können, aber die Zeiten hatten sich geändert. Christian hatte seine Wohnung und seine Arbeit in Kiel, Isabell lebte nicht mehr, sein Vater hetzte von einem Termin zum anderen, und ich versuchte den dreibeinigen Spagat zwischen selbstständiger Finanzberaterin, Frau des Vizepräsidenten und Mutter. Neben seinen vielen dienstlichen Terminen bei der AG-Kripo, in Lenkungsausschüssen und Kommissionen, auf PFA-Seminaren und Polizeipräsidenten-Tagungen sowie internationaler Gremienarbeit hatte Hans immer öfter auch gesellschaftliche Verpflichtungen »in Begleitung« wahrzunehmen. Und die Begleitung war ich. Dies war für mich eine ganz neue Lebenserfahrung.

Einen Vorgeschmack darauf bekam ich schon Anfang 1987, als Hans zum Tag der Bundestagswahl eine Einladung zur Wahlparty in die Ente von Lehel in Wiesbaden erhielt. Die Karten musste man für hundertachtzig Mark das Stück kaufen. Kaufen durfte aber nur der, der auf der Liste stand. Und den zukünftigen Vizepräsidenten des BKA wollte man wohl als Gast für das Gourmetrestaurant gewinnen. Hans lud Siegfried und Uli ein und kaufte vier Karten. Es war ein Abend der Spannung, des Genusses, der Gaumenfreuden, der brillantesten Showeinlagen und allemal sein Geld wert. Champagner gab es bis zum Abwinken und Zauberkünstler, die selbst hochgestellten Kriminalbeamten die Brieftasche aus dem Smoking oder die goldene Armbanduhr vom Handgelenk entwendeten, ohne dass diese es merkten. Ein bisschen war ich hin- und hergerissen zwischen schlechtem Gewissen und Genuss. Ich entschied mich recht schnell für den Genuss!

Im Sommer gab es in Bonn mehrere heiß begehrte Einladungen politisch-gesellschaftlicher Art. Ob es nun das Sommerfest der *Bild*-Zeitung war oder das Laubenpieperfest der Berlin-Vertretung. Am begehrtesten war das Kanzlerfest, zu dem Bundeskanzler Kohl in den Park des Kanzleramtes und der Villa Hammerschmidt einlud. All diese Feste fanden mehr oder weniger im Freien statt und waren für mich neu. Die typisch weibliche Sorge »Was soll ich anziehen?«, überkam mich. Vor dem Sommerfest der *Bild*-Zeitung hatte es tagsüber stark geregnet. Ich fürchtete, knöcheltief im nassen Gras zu versinken und entschied mich für festes Schuhwerk und einen Lederanzug im Trachtenlook. Hans war zufrieden, ihm wollte ich gefallen. Wir trafen eine bunt gemischte Gästeschar aus Journalisten, Politikern und hohen Ministerialbeamten. Einige Frauen waren wie Paradiesvögel gekleidet. Stefan Vogel, Reporter der *Bild*-Zeitung und Organisator dieses Festes, begrüßte Hans herzlich. Mich erinnerte er mit seinen dunklen Augen, dem gewellten Haar und seiner markanten Mundpartie an meinen Vater in jungen Jahren. Er war der Typ eines dynamischen Machers mit Charme. Ihm gegenüber konnte ich meine Vorurteile, die ich besonders *Bild*-Reportern gegenüber hatte, schnell vergessen. Ich sah viele bekannte Köpfe und einige, die ich zwar kannte, aber nicht einordnen konnte. »Wer ist denn dieser braun gebrannte, attraktive ältere Herr mit den weißen Haaren?«

»Das weißt du doch, das ist der Pressesprecher!«, klärte mich Hans auf. Er war in Begleitung einer langbeinigen, schlanken, blonden und viel jüngeren Frau.

»Was meinst du, ist das seine erste oder zweite Frau? Die sehen nicht aus wie ein gestandenes Ehepaar.«

Was waren wir dagegen doch für naive Spießer! Ein selbstbewusster, aufrecht stolzierender Mann in den besten Jahren, mit einem Schnauzer auf der Oberlippe, trat in einer Gruppe von gut gewachsenen Männern an einen Nebentisch. Er sah Hans, dann musterte er mich mit fachkundigem Blick. Er war ein aufstrebender Politiker, der damals noch ein forscher Junggeselle war und zu dieser Gartenparty extra aus München angereist war. Diese Feste waren wie eine Börse der Kontakte und der Informationen, mit Austausch von Visitenkarten und der Demonstration der eigenen Bedeutung – man gehörte eben dazu! Während ich das am Anfang eher kritisch sah, erkannte ich nach einiger Zeit auch den Nutzen.

Diese Feste waren alle von Wirtschaft und Industrie gesponsert. Schon am Eingang erhielt man kleine Geschenke, zum Beispiel einen schönen Schirm mit Firmenlogo, einen Bierkrug, Buttons oder Stickers. Es gab Amüsement zum Nulltarif. Verschiedene Kapellen und Künstler sorgten für Unterhaltung, Freibier floss in Strömen, und das Essen war gut und reichlich.

Das Laubenpieperfest der Berliner war ebenfalls sehr beliebt und originell. Das Schönste aber, aus meiner Sicht, war das Kanzlerfest. Wenn das Wetter mitspielte, waren es unvergessliche Abende. Hans hatte auch die Gelegenheit, mich einflussreichen Persönlichkeiten vorzustellen, während wir durch den zauberhaft beleuchteten Park wandelten – etwa Staatssekretär Neusel oder Generalbundesanwalt Rebmann; Innenminister Schäuble sah ich dort das erste Mal persönlich. Bei diesen Begegnungen galt es immer, einen guten Eindruck zu machen. Gut aussehen allein genügte nicht, viel wichtiger war es, dass man kluge Antworten gab und keine dummen Fragen stellte. Oft führte Hans aber auch kurze dienstliche Gespräche, dann plauschte ich artig mit den dazugehörigen Damen dieser *bedeutenden Herren.*

Einer der gesellschaftlichen Höhepunkte des Jahres war der Bundespresseball. Das erste Mal hatten wir einen Platz im begehrten Festsaal, in dem auch das Bundespräsidentenpaar saß. Ich hatte von Hans ein großes Ballkleid aus schwarzer Spitze geschenkt bekommen und einige Pfunde abgehungert, damit es gut saß. Wir genossen es, von dem Fahrer im Panzerwagen direkt vorgefahren zu werden. Für dieses Privileg gab es Sonderausweise, entsprechend der Wichtigkeit der Gäste. Früher musste ich mit meinen Ballschuhen die oft beschwerliche Strecke vom Parkplatz zu Fuß gehen. An der Garderobe brauchten wir nicht anzustehen, die Mäntel deponierte der Fahrer im Auto – wie angenehm. Der paarweise Einzug der Gäste erfolgte auf dem roten Teppich. Das hasste ich wie die Pest, denn die daherschreitenden Gäste wurden von den vielen Fotoreportern eingeteilt in wichtige und uninteressante. Je stärker das Blitzlichtgewitter aufleuchtete und je lauter das Klicken der Kameras zu hören war, desto bedeutender war der Gast. Auffallend viele gut durchtrainierte junge Männer sah man, das waren die Bodyguards, auch alle im Smoking. Später erkannte ich sie an ihrer BKA-Nadel am Revers, manche kannte ich auch vom Sehen. Hans selbst hatte noch keine Bodyguards; damit zu leben musste ich später erst lernen. Ich bekam eine kleine Vorahnung davon, was Statussymbole sind und was Privilegien der Macht bedeuten. Ich spürte, dass Persönlichkeiten des öffentlichen Lebens auf große Teile ihrer Privatsphäre verzichten müssen, dass sie zwar gewisse Vorteile der Bequemlichkeiten erlangen, aber auch permanent der besonderen und unnachsichtigen Aufmerksamkeit der Medien ausgesetzt sind.

ZUM GLÜCK HATTE ICH ERSATZMÄNNER

Einer meiner arbeitsintensivsten Lebensabschnitte begann nach der Anmietung der Wiesbadener Wohnung. Hans konnte sich darum nicht kümmern, das war mir von

Anfang an klar. Als erstes musste ich eine Hypothek von hunderttausend Mark besorgen, um sämtliche Sanierungsarbeiten finanzieren zu können. Jede Woche fuhr ich nach Wiesbaden und traf mich mit den Handwerkern in der Wohnung, entwarf Grundrisse für die Badezimmergestaltung und für die Küche. In der gesamten Wohnung mussten die Wände aufgeschlitzt werden, um die Leitungen für die Überfallmeldeanlage zu legen.

Der Umzug von Bad Godesberg nach Wiesbaden war ein Musterstück präziser Organisation. Ich bestellte ergänzende Elemente für die Einbauschränke, denn die Wände in Wiesbaden hatten natürlich andere Längen. Auf Millimeterpapier plante ich den Wiederaufbau in Wiesbaden.

In den Tagen vor dem Umzug wurde Hans sehr krank. Am Wochenende hatte er hohes Fieber, lag im Bett und konnte noch nicht einmal Akten lesen. Als Matthias und ich am Sonntagmorgen mit dem Auto zum Joggen fuhren, trafen wir zufällig Professor Töbellius, dem ich von Hans' Zustand erzählte. Er befahl mir förmlich, nach dem Joggen mit Hans zu ihm ins Krankenhaus zu fahren, um ein Blutbild machen zu lassen. Trotz Töbellius' Anraten sträubte sich Hans, im Krankenhaus zu bleiben. Er versprach aber, je nach Ergebnis der Laborwerte und der Höhe des Fiebers, am Montag ins Krankenhaus zu gehen. Schon am Nachmittag rief Töbellius an, Hans müsse unbedingt stationär behandelt werden. Am Montag früh kam eine Brigade Möbelpacker. Hans bereitete noch, ohne dass ich es bemerkte, ein paar Thermoskannen Kaffee für die Männer vor und fuhr dann mit Hennes, seinem Fahrer, ins Krankenhaus. Er hatte eine schwere Stomatitis im Rachenraum, seine Mundhöhle war wund, vereitert und schmerzte. Hans und ich teilten uns die Aufgaben: Er versuchte, allein gesund zu werden, und ich versuchte, allein den Umzug durchzuziehen, jeder wohl wissend, dass er dem anderen dabei nicht helfen konnte.

Am Mittwoch hatten die Möbelpacker den gesamten Hausrat unserer hundertsiebzig Quadratmeter großen Wohnung verpackt und beförderten ihn mittels eines Förderbandes vom Balkon in den Umzugslastwagen. Am Abend fuhren wir los, am nächsten Morgen sollte in Wiesbaden ausgepackt werden. Ich saß vorn im Führerhaus des Lasters neben dem Fahrer der Möbelpackerbrigade, und mir ging vieles durch den Kopf. Wohin ging wohl der Zug meines Lebens? Aus zwei Meter Höhe sah ich auf die kleinen Pkws hinunter. Als ich abends in Höhe des Elzer Berges mit dem Möbelwagen über die Autobahn fuhr und auf die Lichter des nächtlich beleuchteten Limburg sah, wusste ich nicht, ob ich mich auf das neue Abenteuer freuen oder den Abschied von Bonn bedauern sollte. Ich entschied mich für die Freude!

Eine Woche später holte ich Hans mit Hennes und Norbert, dem zweiten Fahrer, aus dem Krankenhaus in Bonn ab. Wir fuhren direkt nach Wiesbaden in die neue Wohnung. Hennes und Norbert freuten sich wie Max und Moritz, als sie uns beiden Alten – Hans war noch sehr schwach – in die neue Wohnung brachten. Sie hatten uns schon so gut kennen gelernt, um zu spüren, dass für Hans und mich der Einzug in die neue Wiesbadener Wohnung ein ganz wichtiger Schritt war. Ohne die Entscheidung, die Familienwohnung nach Wiesbaden zu verlegen, um Hans damit etwas mehr Geborgenheit und Ruhe zu geben, hätte er die kommenden Jahre wohl nicht durchgestanden. Als Familie und Ehepaar hätten wir uns vielleicht auseinander gelebt, wie wir es bei so vielen Berufskollegen bereits beobachtet hatten.

Anfang April luden wir in Wiesbaden zum ersten Mal ein, und zwar all die Menschen, die uns bei der Bewältigung unserer Probleme geholfen hatten. Vor allen Dingen wollte ich meinen »Ersatzmännern« danken, allen voran Norbert und Hennes, die mir mit praktischen Hinweisen zur Hand gegangen waren, den Herren aus der Verwaltung des BKA, die mich mit Rat und Tat unterstützt hatten, und einigen zuverlässigen und hilfsbereiten Handwerkern, die es durchaus auch gibt! Die dreck- und lärmgestressten Mitbewohner des Hauses, die ich ebenfalls alle eingeladen hatte, versuchte ich damit ein wenig für die monatelangen Belästigungen zu entschädigen.

ALLER ABSCHIED IST SCHWER

Nicht nur für Matthias war dieser Umzug mit Schwierigkeiten verbunden. Auch für uns bedeutete er einen Neuanfang – hatten wir doch siebenundzwanzig Jahre in Bonn gelebt, dort unsere Familie gegründet und unseren Freundeskreis aufgebaut.

Deshalb feierten wir Ende Januar 1988, kurz vor unserem Umzug, noch zwei große Feste in der alten Wohnung. An einem Wochenende mit Hans' Mitarbeitern und ihren Frauen, am darauf folgenden Wochenende mit unseren Freunden und einigen für uns sehr wichtigen Menschen. Zu jedem Fest hatten wir vierunddreißig Gäste geladen, das war die Anzahl, die wir zum Essen setzen konnten. Christian, Matthias und ein professioneller Ober übernahmen den Service, eine hervorragende italienische Köchin machte das Pasta-Buffet und organisierte die Küche. Die meisten Gerichte hatte ich vorbereitet. Staatssekretär Neusel war mein Tischherr zur Rechten, und ich nutzte die Gelegenheit, um vorbeugend die Weichen zu stellen. Als wir über die neue Wiesbadener Wohnung sprachen und über die Sicherheitsvorkehrungen, die dort getroffen wurden, ließ ich ganz nebenbei, aber trotzdem sehr bestimmt, die Bemerkung fallen, dass ich es mir nicht vorstellen könne, jemals in die Präsidentenwohnung innerhalb der BKA-Festung einzuziehen, falls Hans dieses Schicksal einmal ereilen sollte. Für mich wäre es ein Graus gewesen, im Amt wohnen zu müssen. Dass ich die Möglichkeit zu dieser Bemerkung hatte, schon dafür hatte sich die ganze Feier gelohnt. Es war ein fröhliches Abschiedsfest.

Mein Lebensrhythmus änderte sich in der folgenden Zeit entscheidend. Jetzt war ich diejenige, die zwischen Familienwohnsitz in Wiesbaden und Büro in Bonn hin- und herpendelte. Drei Tage wollte ich in Bonn arbeiten, das heißt zwei Nächte dort schlafen. De facto arbeitete ich in diesen drei Tagen von frühmorgens bis spät in die Nacht. Inzwischen hatte ich schon vier Mitarbeiter ausgebildet und betreute mindestens zweihundert Kunden. Das konnte und wollte ich nicht aufgeben. Im Juli 1988 wurde ich das erste Mal zur Managertagung eingeladen. Damit hatte ich eines der mir selbst gesteckten Ziele endlich erreicht!

Hans versuchte, dem Präsidenten den Rücken freizuhalten und ihn zu entlasten. Dr. Boge übertrug ihm immer mehr Führungsaufgaben und ließ erkennen, dass er bereit sei, seine Dienstzeit um ein Jahr zu verlängern. Ohne dass es irgendjemand aussprach, wusste Hans genauso wie ich, dass das seine Chancen, Präsident des BKA zu werden, vergrößerte. Hans lief »volle Kraft voraus«!

Zum Glück konnten wir vier Anfang März 1988 eine Woche Urlaub in Königsleiten machen. Ich hatte trotz Umbaus und Umzugs erneut den Wettbewerb gewonnen.

Für uns alle war diese Woche in Sonne und Schnee herrlich entspannend, aber für Hans war sie bestimmt anstrengend. Zwischendurch las er immer wieder Akten. Hennes, der als Fahrer mitgekommen war, hielt per Telefon den Kontakt zum Stab und besorgte ihm täglich die Zeitungen. Wenn nötig, musste Hans von der Telefonzelle aus mit dem Amt telefonieren; Handys gab es ja damals noch nicht. Das Wichtigste für Hans war, dass er laufend über das aktuelle Geschehen informiert blieb, denn bei einem Anschlag hätte er sofort nach Wiesbaden zurückfahren müssen. Ich weiß es heute noch nicht, ob es für ihn nicht besser gewesen wäre, wenn er sich in einen Liegestuhl auf den Balkon gesetzt und ich ihm Händchen gehalten hätte! Aber mich trieb die Lebensfreude in die Sonne, in den Schnee und auf die Bretter, und ich riss ihn mit.

Als wir aus Königsleiten zurückkamen, waren wir beide voll guter Vorsätze. Ich versprach Hans, nicht mehr so viel zu arbeiten. Er versprach mir, dass er unser

Privatleben nicht völlig dem Dienst opfern wolle und wir den Kontakt zu unseren Freunden am Wochenende aufrechterhalten würden, sei es, dass wir sie selbst besuchten oder sie zu uns einluden.

So organisierte ich die Wochenenden mit Freunden, der Großfamilie oder den Söhnen. Hans gab sich darüber hinaus alle Mühe, mir das Eingewöhnen in Wiesbaden zu erleichtern. Er ließ über seine Sekretärin Theaterkarten für die beliebten Maifestspiele besorgen, kaufte ein Abo für die Konzerte im Tierschsaal. Auch die Einladungen zu den Rheingau-Festspielen nahmen wir an, im Tennisclub wurden wir sofort aufgenommen, und sogar in einen Tanzkurs ging er mit mir. Viele dieser privaten Termine mussten wir absagen, oft Karten verschenken oder verfallen lassen, da immer wieder dienstliche Termine dazwischenkamen. So befanden wir uns beide in einer Art Karussell der terminlichen Überforderung, das sich immer schneller drehte. Dass wir diese Situation zum Teil selbst verursacht und deswegen auch die Folgen zu tragen hatten, sehe ich erst heute aus der Distanz von zehn Jahren so klar.

Im November 1988 wollte der Präsident Hans erstmals zur Generalversammlung der Interpol nach Bangkok mitnehmen. Zu diesem Treffen brachten die internationalen Polizeiführer oft auf eigene Kosten ihre Frauen mit. Auch in der deutschen Delegation fuhren einige Ehefrauen mit, sodass Hans mich mitnehmen wollte. Ich hatte mir schon einen Reiseführer gekauft und freute mich sehr. Dr. Boge wollte, dass Hans in das Exekutivkomittee gewählt würde, da er selbst nach drei Jahren ausschied. Aber es kam alles ganz anders. Hans wurde krank, seine

»Batterie« war leer. Er bekam nicht nur Nierenkoliken, sondern auch eine Lungenentzündung mit hohem Fieber. Zwei Mal habe ich ihn nachts ins Krankenhaus gefahren, als er schwere Koliken hatte, er kam an den Tropf, und als es ihm besser ging, bestand der »Herr Vizepräsident« darauf, wieder entlassen zu werden. Töbellius fehlte uns in Wiesbaden. Er hätte sich von diesem Theater nicht beeindrucken lassen, hätte ein Machtwort gesprochen und ihn im Krankenhaus »an die Kette gelegt«. Tagsüber ging Hans, voll gestopft mit Medikamenten, in den Dienst und nachts »starb« er. Trotz aller ärztlichen Kunst und starker Medikamente war sein Gesundheitszustand nicht so stabil, dass er mitfliegen konnte. Dies waren Warnsignale, die uns zum Umdenken veranlassten.

Die Kontakte mit der Großfamilie und mit unseren Freunden mussten reduziert werden, das heiß begehrte Konzertabo gaben wir an die beglückte Nachbarin weiter. Außerdem befreite ich Hans von der Bürde des Tanzens. Wir kauften mittlerweile selbst keine Karten mehr für kulturelle Veranstaltungen, es reichten die Einladungen, die Hans offiziell bekam.

In der Folgezeit lernten wir, besser mit dieser Fülle von Verpflichtungen zurechtzukommen. Hans absolvierte sehr viele Dienstreisen, und er fuhr immer öfter ins Ausland. Auf diese Tage legte ich nach Möglichkeit meine auswärtigen Kundentermine.

In meinem Büro verfügte ich jetzt über einen PC. Die Global hatte für uns Orgaleiter ein EDV-System entwickelt, das uns die Arbeit erleichtern sollte. Ich musste eine zweite Halbtagssekretärin einstellen, damit das Büro ausreichend besetzt war, und hatte deshalb beachtliche Fixkosten, die ich erst einmal verdienen musste.

Hans fuhr jede Woche mehrere Male nach Bonn, sei es ins Innenministerium, zur Sicherungsgruppe nach Meckenheim oder zu anderen dienstlichen Terminen. Auch für ihn war es hilfreich, in Bonn einen Unterschlupf und Stützpunkt zu haben, wo er sich schnell umziehen oder das ein oder andere Mal auch übernachten konnte. Er sagte dann am Abend nach dem letzten Termin zu seinem Fahrer: »Und jetzt fahr mich zu meiner Geliebten!«

Im Juni 1989 wurde ich zum drittenmal zur Managertagung eingeladen. Ich war unter meinen Orgakollegen sozusagen noch ein junges Huhn. Diesmal war es eine besondere Tagung, da die Global ihr zehnjähriges Firmenjubiläum und zusätzlich den Umzug in eine prachtvolle Villa am Rhein feierte. Am dritten Tag sollte es ein rauschendes Fest geben. Leider war Hans auf Dienstreise in Marokko. Aber in den Tagen davor fragte ich ihn bei der Lösung einer für mich wichtigen Frage um Rat. Vonseiten der Direktionsleiter war eine Woche vor dem Fest noch nichts geplant, um unsere Chefs zu beglückwünschen und zum Gelingen dieses großen Festes beizutragen. Man hielt es nicht für nötig! Ich sah das anders, und Hans auch! »Schenk etwas für den Park der Villa, einen besonders seltenen Strauch oder Baum!« Ich kam auf die Idee, eine zehnjährige Eiche zu kaufen und eine Rede über die Global und die Eiche zu halten: »Die Eiche steht im deutschen Volksgut als Sinnbild für Freiheit, Kraft und Standhaftigkeit, und diese drei Eigenschaften verbinden mich mit der Global und der Eiche...«

Am Ende der Rede überreichte ich ein kleines, mit bunten Bändern geschmücktes Eichenbäumchen, das erst wenige Jahre alt war, keine Wurzeln und nur symbolischen Charakter hatte. Die zehnjährige »Global-Eiche«, die schon fünf Meter groß war, eine Krone von drei Metern und bereits lange Wurzeln hatte, wurde erst im Winter im Park eingepflanzt und hat sich inzwischen prächtig entwickelt.

So habe ich als erste Frau unter meinen Kollegen auch einen neuen Stil in die Firma eingeführt. Noch in der Nacht besorgte ein langjähriger Direktionsleiter verschämt bei einem seiner Kunden, einem Antiquitätenhändler, eine antike Kaminplatte, die unserem Chef am nächsten Tag beim offiziellen Fest symbolisch von allen Orgaleitern überreicht wurde. Es war eine gelungene Feier und ein weiterer glanzvoller Tag auf der Perlenschnur meines Lebens.

DER SONNE ENTGEGEN

Nach und nach entdeckte ich an mir, dass ich nicht nur fähig war, meinen Mitarbeitern und Kunden gegenüber Verantwortung zu tragen, sondern offensichtlich auch die Kraft und die Ausstrahlung besaß, Entwicklungen positiv zu beeinflussen. Ich verdiente soviel Geld, dass es nicht nur ein gutes Zubrot war, sondern mir auch das Gefühl der Freiheit gab. Ich merkte, dass ich im Alter von neunundvierzig Jahren noch entwicklungsfähig war, und meldete Hans und mich zu einem einwöchigen Management-Training und Persönlichkeitsseminar bei einem Institut an. Von einem Mainzer Chefarzt, der schon mehrere Male diese offenen Ferienseminare in Zypern besucht hatte, hatte ich gehört, dass man dort in einer Woche so viele Kräfte auftanken könnte wie sonst in drei Wochen Urlaub.

Das erste Seminar im Jahr 1988 war für mich das wichtigste. Was ich hörte, entsprach meiner eigenen Lebenseinstellung, ohne es bisher reflektiert zu haben. Jetzt hörten Hans und ich zusammen Vorträge zu verschiedenen Themen, darunter »Positives Denken«. Wir wurden angeregt, über unsere eigenen Vorbilder nachzudenken, auch über unsere eigenen Begabungen und Stärken oder über unsere Wünsche und Ziele. Über Mittag hatten wir vier Stunden Zeit, durch das Gehörte inspiriert, über diese Themen miteinander zu sprechen und sie zu unserem eigenen Leben in Beziehung zu setzen. Noch nie hatte es in unserer Ehe solch intensive und offene Gespräche gegeben. Wir haben auch viel über unsere Kinder gesprochen und über unsere unterschiedliche Auffassung in Erziehungsfragen. Wir konnten einander nach diesem Seminar noch besser verstehen und toleranter miteinander umgehen. Natürlich genossen wir auch das Strandleben, das Meer und die Sonne, bevor wir nachmittags das Seminar fortsetzten.

Zwei Dinge werden mir in Erinnerung bleiben. Einmal erfüllte ich mir einen großen Wunsch. Ich wollte schon immer die Morgensonne aus dem Meer aufsteigen sehen und ihr dabei entgegenschwimmen. Ich stand also bei Dunkelheit auf und schwamm bei verblassendem Sternenhimmel in dem spiegelglatten Wasser der ruhigen See hinaus aufs offene Meer, bis die Sonne am Horizont langsam am Himmel aufstieg. Die Positionslampen der Schiffe, die draußen ankerten, und die Lichter von Larnaka waren meine einzigen Zeugen.

Das zweite Erlebnis, das mich jedes Mal wieder hell entzückte, wie ein kleines Kind, war das Fliegen mit dem Fallschirm. Nachmittags, wenn der Wind gut blies, konnte man sich – an einem Fallschirm befestigt und gezogen von einem Motorboot – hoch in die Luft und dann hinaus aufs offene Meer ziehen lassen. Und wenn der Fallschirmflieger mutig war, drosselten die Beachboys im Motorboot die Geschwindigkeit, und der Luftgleiter senkte sich ab bis zum Meer, sodass ich mit den Füßen das Wasser berühren konnte. Danach gaben die Boys wieder Gas und zogen mich hoch, der Sonne entgegen. Bei der Landung wurde ich von den kräftigen Armen der Beachboys aufgefangen.

Mein positiver Bericht über das Seminar bei meinen Chefs trug dazu bei, den Trainer, Herrn Enkelmann, auch für die Global-Mitarbeiter zu gewinnen.

WIE EIN BLITZ AUS HEITEREM HIMMEL

Das Jahr 1989 war für Deutschland ein Schicksalsjahr: Es war das Jahr der Maueröffnung. Als alte Berliner haben wir daran besonderen Anteil genommen. Am liebsten wäre ich in den Tagen des 9. und 10. Novembers nach Berlin geflogen, um dieses historische Ereignis hautnah mitzuerleben, aber wir hatten eine größere Gesellschaft zu einem offiziellen Essen nach Hause eingeladen, und so konnten wir nur im Fernsehen verfolgen, was sich in Berlin tat. Als die ersten Ost-Berliner durch die Mauer nach West-Berlin strömten, lief uns eine Gänsehaut über den Rücken, und die Stimmung bei uns zu Hause war überschäumend vor Glück! Wir alle dachten für kurze Zeit, jetzt wäre die Welt in Ordnung!

Ende November nahm mich Hans zur Interpol-Generalversammlung nach Lyon mit. Es war das zweite Mal, dass ich ihn zu einer Veranstaltung der Interpol begleitete, nachdem ich bereits im Frühjahr bei der europäischen Regionalkonferenz in Monaco dabei gewesen war. Einige der europäischen Polizeiführer hatte ich schon kennen gelernt. Diesmal machte Dr. Boge uns mit weiteren international wichtigen Interpol-Angehörigen bekannt, allen voran mit Mr. und Mrs. Kendall, dem Generalsekretär und Macher von Interpol seit vielen Jahren. Für mich waren diese Reisen hochinteressant. Tagsüber bot man uns Damen – Frauen aus der ganzen Welt – ein kulturelles Programm, während die Herren konferierten. Abends besuchte man als Ehepaar die verschiedensten Einladungen. Mit meinem Englisch und Französisch konnte ich Hans etwas helfen und nahm so von Jahr zu Jahr mehr Anteil an einem sehr interessanten Teil seines beruflichen Lebens.

Zwei Tage vor Ende der Konferenz ging ich vormittags mit Frau Boge bummeln. Mittags sollten wir uns mit unseren Männern im Konferenzgebäude treffen, da wir gemeinsam zu einem Essen eingeladen waren. Als wir um zwölf Uhr zum Treffpunkt kamen, war Dr. Boge schon mit seinem gepanzerten Wagen und seinem Fahrer auf dem Rückweg nach Deutschland. Der zweite Wagen fuhr mit Hans, dem Gepäck und uns Frauen sofort hinterher.

Die RAF hatte erneut zugeschlagen. Der prominente Vorstandsvorsitzende der Deutschen Bank, Alfred Herrhausen, war Opfer eines Anschlags geworden. Zuvor hatte die RAF ihn wochenlang unbemerkt ausgespäht. Durch eine Lichtschranke wurde mit höchster Präzision eine Sprengung ausgelöst und der gepanzerte Wagen von Herrhausen von einem Geschoss durchschlagen. Er wurde dabei tödlich verletzt.

In diesen Tagen der Freude und des friedlichen Miteinanders der Deutschen aus Ost und West schlug dieses Attentat ein wie ein Blitz aus heiterem Himmel. Der Generalbundesanwalt beauftragte das Bundeskriminalamt mit der Aufklärung. Der Vorfall hatte auch Auswirkungen auf unser Privatleben. Die Sicherheitsmaßnahmen für Hans wurden verschärft. Ein Hauptkommissar wurde zusätzlich als Sicherheitsbeamter für ihn abgestellt. Wenn er jetzt im Auto saß, war immer ein bewaffneter Bodyguard dabei. Man vermutete, dass unsere Wohnung von der RAF ausgekundschaftet wurde. Mehrere Anzeichen deuteten darauf hin. Auch gab es fast täglich anonyme Anrufe. Die Sicherheitsbeamten installierten eine Fangschaltung und stellten ein Infrarot-Nachtsichtgerät in unserer Wohnung auf. Wir hofften, dass wir damit präventiv einen Terroristen in dem unserer Wohnung gegenüberliegenden Weinberg aufspüren könnten, falls er die Wohnung und unsere Lebensweise ausspähte. Mich ergriff große Angst um Hans' Leben! Ich lernte schießen. Zwei Mal in der Woche ging ich mit dem Sicherheitsbeamten in den Schießkeller des BKA und machte mit der gleichen Waffe, die Hans immer bei sich hatte – einem Trommelrevolver – Schießübungen. Es kostete mich große Überwindung, aber wenn Hans einmal von einem Terroristen mit einer Waffe bedroht worden wäre, hätte ich es mir nie verziehen, ihm nicht helfen zu können.

EIN TRAUM GEHT IN ERFÜLLUNG

Im März 1990 wurde Dr. Boge von Innenminister Schäuble als Präsident des BKA verabschiedet und Hans in das

Amt des Präsidenten eingeführt. Zweiundzwanzig Jahre vorher hatte er in dem gleichen Amt mit Begeisterung und großem Engagement als Hauptkommissar und junger Nachwuchskriminalbeamter angefangen, hatte über all die Jahre in den verschiedensten Funktionen Verantwortung übernommen, hatte den Abwerbungsversuchen aus der Industrie genauso widerstanden wie den Lockrufen der verschiedenen Parteien, weil er seiner Überzeugung treu bleiben wollte, dass ein Exekutivbeamter unabhängig sein muss. Er war der erste Präsident, der aus dem Amt hervorgegangen war, das erste »Eigengewächs« sozusagen. Ich war stolz auf ihn und wollte ihn feiern!

Hans wollte kein Aufhebens machen und verbat sich jedes private Fest. Zur offiziellen Amtseinführung hätte er ein paar persönliche Einladungen aussprechen können. Aber er wollte nur die Söhne und mich dabeihaben. Intensiv bereitete er sich auf den wichtigen Tag seines Amtsantritts vor. Schon Mitte März hatte er dem *Stern* ein entscheidendes Interview gegeben. Ein paar Tage danach fuhren wir nach Königsleiten, er zum Ausspannen, ich zum Skilaufen. Dort arbeitete er seine Antrittsrede aus. Er musste nach vier Tagen schon wieder zurück, da er eine AG-Kripo-Sitzung leiten musste. Ich fuhr, wie geplant, am Samstag mit einem meiner Kollegen zurück, denn am Dienstag war der große Tag. Hans war so stark auf seine neue Aufgabe fixiert, dass er den Alltag um sich herum gar nicht mehr wahrnahm. Ich hatte schon Wochen vorher im Schwarzen Bock ein Überraschungsfest für den Abend vorbereitet.

Vormittags fand die Verabschiedung des alten Präsidenten und die Einführung des neuen durch Innenminister Schäuble statt. Hinterher gab es noch einen Empfang.

Als wir mit unseren Söhnen am frühen Abend in die Wohnung in Wiesbaden kamen, wollte Hans erst einmal die Nachrichten sehen. Sowohl ARD als auch ZDF berichteten über den Amtswechsel. Glücklich, dass er diesen großen Tag überstanden hatte, wollte Hans zu Hause bleiben, aber zu dritt konnten wir ihn überzeugen, dass wir doch essen gehen sollten. Hans musste also das Kommando rufen, damit wir in die Stadt fahren konnten. Die Jungs vom Kommando hatte ich in meinen Überraschungsplan eingeweiht. Als wir auf der Dachterrasse eintrafen, spielte der Jazzpianist »Oh When The Saints Go Marching In« – die Überraschung war gelungen!

Ich begrüßte die Gäste, beglückwünschte Hans, sprach meine Hoffnung aus, dass Belli schon auf ihn aufpassen werde, und bat ihn, die Gäste richtig zu setzen. Ich hatte Tischkärtchen ohne Namen gemacht, nur geschmückt mit Fotos der Gäste aus uralter Zeit und einer Sprechblase mit einem für sie typischen Ausspruch. Dies war als kriminalistische Aufgabe gedacht, nachdem Hans von den Vorbereitungen für ein solches Fest nichts bemerkt hatte. Er löste das Problem zu unserer Freude glänzend.

»ZUM FEST WÜNSCHT SEINE FRAU IHM EINEN GEFASSTEN TERRORISTEN!«

Nun stand Hans an der Spitze der Behörde. Wie oft hatten wir innerhalb der Familie über die Bedeutung der Polizei in unserer Gesellschaft gesprochen, und wie oft hatte es Hans schon als Vizepräsidenten geärgert, wenn Polizisten abfällig als »Bullen« bezeichnet wurden. Als Präsident hatte er sich vorgenommen, das Ansehen des Bundeskriminalamtes mithilfe der Medien zu verbessern und seine Aufgaben und internationale Bedeutung darzustellen. Bislang hatte man dort eine eher restriktive Medienpolitik betrieben. Nun galt es, stärker auf die Informationsbedürfnisse der Medien einzugehen. Wir unterstützten Hans bei diesem Vorhaben, das er erfolgreich realisierte.

Schon als Herr Osterkorn vom *Stern* um das erste große Interview bat und Hans dazu in ein Nobelrestaurant einladen wollte, schlug ich vor, dieses Interview doch bei uns zu Hause zu machen. Ich bereitete für diesen Abend ein japanisches Essen, Sukiyaki, vor. Hans kam mit der Pressesprecherin des Amtes und Herrn Osterkorn, der von einem Fotografen begleitet wurde, gegen achtzehn Uhr aus dem Amt nach Hause. Vor dem Essen wurde er zwei Stunden lang mit einem detailliert ausgearbeiteten Fragenkatalog konfrontiert. Ich bekam eine Ahnung davon, wie schwer solche Interviews sein können und welch große Konzentration man benötigt, um wichtige Informationen zu vermitteln. Aber die Anstrengung des Interviews und die Vorbereitungen dafür hatten sich gelohnt: für das BKA, für Hans, für die Polizei – und für mich! Später kamen mir all diese Erfahrungen zugute. Der *Stern* brachte einen hervorragenden Artikel über das BKA und seinen neuen Präsidenten.

Aufgrund dieses Interviews gestatteten wir auch Hans-Helmut Kohl von der *Frankfurter Rundschau*, Hans in der Vorweihnachtszeit zu Hause zu besuchen, als er um ein Interview bat. Die Anspannung war die gleiche, die Fragen gut, die Antworten konzentriert. Nach dem Interview fragte Herr Kohl mich in aufgelockerter Stimmung, was ich mir denn so wünsche. Und ich sagte ganz harmlos und locker: »Ich wünsche meinem Mann, dass das Amt einen von den Top-Terroristen fängt!« Zwei Tage später lasen wir das Interview in der *Frankfurter Rundschau*. Es füllte eine ganze Innenseite aus und war übertitelt: »Zum Fest wünscht seine Frau ihm einen gefassten Terroristen!« Hans, seine Behörde und ich waren entsetzt und empört. Das Interview selbst war sachlich und sehr gut – aber diese Überschrift! Einige Wochen später traf ich Herrn Kohl auf dem Frankfurter Flughafen und fragte ihn, was er sich dabei gedacht habe? Seine Antwort war, dafür könne er nichts, die Überschriften mache jemand anderer. Ich empfand das als Manipulation, denn meiner Meinung nach sollte ein Journalist nicht nur für den Inhalt eines Artikels, sondern auch für dessen Überschrift verantwortlich sein.

Auch zu seinen ersten Fernseh-Live-Auftritten begleitete ich Hans und erlebte, wie er es sich verbat, dass der Moderator von seinen Polizeikollegen als »Bullen« sprach. Zweierlei hat Hans mit dieser offenen Medienpolitik erreicht: Erstens erhielt das Bundeskriminalamt in der Öffentlichkeit neues Profil und Ansehen. Es verlor den Anschein der Geheimniskrämerei und grenzte sich dadurch eindeutig von den Geheimdiensten ab. Zweitens stärkte diese Politik das Selbstwertgefühl der Kriminalpolizei. Jetzt fehlten dem BKA nur noch sichtbare Erfolge, Festnahmen von Terroristen. Zwar konnte man es auch als Erfolg verbuchen, wenn aufgrund von Präventivmaßnahmen Anschläge verhindert worden waren, aber die Öffentlichkeit erkannte dies nicht als Erfolg an. So machte ich meine ersten Erfahrungen mit den Medien, und die sollten mich selbst später noch viel stärker beschäftigen.

Die Hingabe und der Einsatz, mit denen ich in meinem Leben immer alles gemacht habe, hatten sich gelohnt. Zu meinem fünfzigsten Geburtstag überraschte mich Hans schon in Wiesbaden mit fünfzig langstieligen dunkelroten Rosen. Als er damit in die Wohnung wollte, kam er mit dem riesigen Strauß kaum durch die Wohnungstür. Wir hatten auch keine Vase, die ein solches Prachtgebilde standesgemäß hätte aufnehmen können. Statt dessen musste ein Eimer herhalten, den ich mit Alufolie umwickelte. Hans beschenkte mich mit einer wunderschönen Perlenkette und einem dazu passenden Ohrgehänge und fuhr mit mir nach Bonn, wo er bei Ria Maternus ein großartiges Fest für mich organisiert hatte. Neben meiner Familie und meinen Freunden war auch Herr Ervens mit Frau eingeladen. Dass einer meiner Chefs zu meinem Geburtstag kam, war für mich auch ein sichtbarer Ausdruck meines beruflichen Erfolgs. Hans hielt eine Rede über meine Rolle als Mutter, Ehefrau und »sein Weib«.

Matthias hatte an diesem Tag die Aufnahmeprüfung in die European Business School, EBS, bestanden und mir eine Rede in Form eines Gedichts vorgetragen: *Fünfzig Jahre Erdenleben.* Anschließend hielt ich selbst eine kleine Rede und sprach über die Früchte meines Lebensbaumes, indem ich die einzelnen Gäste diesen Früchten zuordnete.

Nach seiner Ernennung zum Präsidenten des BKA erhielt Hans ein ständiges Begleitschutzkommando, das aus zwei gepanzerten Mercedes-Fahrzeugen mit zwei Fahrern und vier Begleitbeamten bestand. Der Kommandoführer war ein Kriminalhauptkommissar und die drei übrigen Bodyguards junge, stattliche, durchtrainierte BGS-Beamte. Von ihnen wurde er morgens zum Dienst abgeholt. Zum Glück konnte Hans auf meine dringenden Bitten hin verhindern, dass er ins Amt einziehen musste. Die Fahrten von zu Hause in den Dienst und abends wieder zurück waren die riskantesten Momente in seinem Berufsleben. Da sein Konterfei durch alle Medien ging, wurde er auch immer öfter erkannt. Die Zeitungen scheuten sich auch nicht zu schreiben, wo wir wohnten. Niemand dachte daran, dass sich dadurch die Gefahr für Hans erhöhte.

Wenn ich in Wiesbaden war und Hans morgens abgeholt wurde, schaute ich ihm nicht vom Balkon nach, sondern beobachtete den gegenüberliegenden Weinberg oder die Balkone und Dächer der gegenüberstehenden Häuser. Frühmorgens holte ihn der Kommandoführer vor der Wohnungstür ab, ohne Licht im Treppenhaus zu machen, damit man von außen nicht einschätzen konnte, ob und wann Hans aus der Haustür oder aus der Garage kam oder in welches der beiden Panzerautos er einstieg. Auch wurde täglich ein anderer Wagen gewählt, die Autos fuhren schon mal in unterschiedlicher Richtung weg, oder Hans saß auf einem anderen Platz, sodass ein terroristischer Anschlag nur schwer zu planen gewesen wäre. Die »Jungs«, wie wir das Kommando bald nannten, waren da sehr einfallsreich.

Heute kann man sich die Gefahr gar nicht mehr vorstellen, aber damals war die Angst groß, insbesondere nach der Ermordung von Treuhandchef Detlev Karsten Rohwedder, dem mit einem Präzisionsgewehr aus sechzig Metern Entfernung in den Rücken geschossen wurde, als er in seiner Wohnung am Fenster stand.

Die Sicherungsgruppe des BKA war besonders beunruhigt, denn im Herbst tauchten im Bonner Raum an den Litfaßsäulen Plakate mit den Köpfen von Schäuble, Stoiber und Hans auf, versehen mit massiven rechtsradikalen Parolen.

Unsere privaten Reisen gestalteten wir nach Möglichkeit unter sportlichen Gesichtspunkten. In Königsleiten fuhren wir Ski, jetzt nicht mehr mit Skiführer und meinen Kollegen, sondern mit den Bodyguards, die auch gut Skilaufen konnten. Im Sommer machten wir organisierte Radtouren von acht bis zehn Tagen. Länger konnte Hans sowieso nicht Urlaub nehmen, es sei denn, er ging zur Kur. Oder wir wanderten, wenn Hans einen Vortrag oder eine Dienstreise in den Süden hatte. Dann hängte er ein paar Tage Urlaub an, wenn es sich terminlich einrichten ließ.

Für uns wurde es bald zur Routine, dass wir immer von den Jungs umgeben waren, nicht aber für die anderen Urlauber, die mit uns fuhren. An eine Reise kann ich mich besonders gut erinnern. Zusammen mit Christian fuhren wir mit einer Gruppe Radtouristen von München nach Wien. Wir trafen uns alle auf einem Parkplatz, wo die Tour begann. Die meisten Teilnehmer der Gruppe hatten sich schon versammelt und standen mit ihren Rädern im Kreis, ohne zu wissen, wer noch dazustoßen würde, und schauten erst erwartungsvoll und dann mit Schrecken auf uns, denn wir fuhren mit zwei gepanzerten Autos und Christian mit seinem Chrysler-Voyager vor. Als wir dann mit den Bodyguards ausstiegen, dachten unsere Mitreisenden, die Mafia käme, verkleidet als Radfahrtouristen. Ich ging zu jedem einzelnen, stellte mich artig vor, versicherte ihnen, dass es nicht so schlimm sei, wie es aussehe, und bat sie, es doch mit uns zu versuchen. Da sich die Jungs überall nützlich machten, wurden sie auch schnell akzeptiert. Als wir später ein eingespieltes Team waren, sind wir nur noch mit einem Panzerwagen und dem Kommandoführer zu den Radreisen gefahren.

Hans konnte selbst auf solchen Reisen nie richtig abschalten, denn wenn wir wieder nach Hause kamen, musste er erst einen ganzen Berg von Akten aufarbeiten. Einmal kamen wir von einer Tour an der Loire zurück und trafen am letzten Nachmittag mit den Rädern auf der Burg von Saumur ein. Der Kommandoführer war uns jeden Tag mit dem Wagen gefolgt, sodass Hans barsch meinte: »Jetzt fahren wir gleich nach Hause!« Ich konnte ihn überreden, doch wenigstens zum Abschied mit der Gruppe und dem Kommandoführer noch zusammen Mittag zu essen. Als wir dann aber auf dem Rückweg die deutsche Grenze passierten und Hans per Autotelefon zum Amt in Wiesbaden Kontakt aufgenommen hatte, bestellte er sich zur Ankunft, nachts um ein Uhr, die Akten nach Hause. Die beiden BGS-Beamten, die Hans an unserer Wohnung erwarteten, brachten ihm zwei große Kartons mit Vorgängen, die er noch im Schnellverfahren überflog, um sich einen Überblick zu verschaffen. Erst um drei Uhr nachts kam er ins Bett. Den ganzen Sonntag wurde dann gearbeitet, am Montag musste er in eine Sitzung. Bei all dem Terminstress blieb wenig Zeit für die Söhne. Auch die übrige Familie und die Freunde mussten zurückstecken.

An einem Abend wurde mir schlagartig bewusst, dass sich unsere Ehe auch anders hätte entwickeln können. Hans und ich waren zu einem gesellschaftlichdienstlichen Ereignis im Frankfurter Hof eingeladen. Wir trafen viele bekannte und interessante Gäste, unter anderem auch einen ranghohen Kollegen von Hans, den wir gut kannten. Er war vor zwei Jahren nach Wiesbaden versetzt worden. Seine Frau war aus den verschiedensten Gründen nicht mit umgezogen. Ich war wie vom Schlag getroffen, als er uns die Dame an seiner Seite vorstellte, die nur seine Freundin sein konnte. Offensichtlich hatte sich das Ehepaar auseinander gelebt. Und wie vielen Kollegen ist das ähnlich ergangen. Das versuchte ich zu verhindern und bemühte mich, wo immer ich konnte, an Hans' Leben teilzunehmen.

NUR FLIEGEN KANN SCHÖNER SEIN!

Auch *ich* musste lernen, mit den Bodyguards zu leben. Für mich spielte das Begleitkommando nur eine Rolle, wenn ich mit Hans außerhalb der Wohnung zusammen war, und das war im Urlaub, an Wochenenden, zu den Dienstreisen, auf die er mich mitnahm, und als »Begleitung« zu allen Einladungen. Solange Hans nur die Fahrer Hennes und Norbert hatte, wurden die beiden im Urlaub einfach »eingemeindet«, das heißt, sie sollten uns möglichst viel Freiheit lassen, aber Hans trotzdem wachsam begleiten. Hans verstand sich damals mit seinem Fahrer Hennes so gut – beiden saß häufig der Schalk im Nacken –, dass ich mir manchmal vorkam wie das dritte Rad am Wagen. In einer solchen Situation – es war in Schaffhausen am Bodensee –, wir hatten unsere Räder nach einer langen Tour schon wieder auf dem Auto und wollten noch gemeinsam essen gehen – witzelte Hans über mich, wohl wissend, dass Hennes auf seiner Seite stand. Ich wurde wütend und sagte in meiner Verletztheit zornig zu Hennes: »Gib mir mein Rad runter!« Dann fuhr ich wie der Teufel die vierzig Kilometer in die Unterkunft zurück. Die beiden Männer gingen genüsslich essen. Mein Ziel war es, vor ihnen zu Hause zu sein. Danach war mein Zorn verflogen.

Schmerzlich musste ich lernen, dass ich auch im Beisein der wachsamen Bodyguards auf mich und meine Sachen selbst aufpassen musste. 1992 leitete Hans in Magdeburg eine AG-Kripo-Sitzung. Da diese Sitzung erstmalig in einem neuen Bundesland stattfand, hatte der veranstaltende Leiter des Landeskriminalamtes die Damen dazugebeten. Es ging auch darum, die Leute aus dem Westen für den Osten zu motivieren. Also gab ich mir als meiner eigenen Chefin frei und fuhr mit nach Magdeburg. Dort hatte man zusätzlich zu Hans' Bodyguards noch weitere Sicherheitsvorkehrungen getroffen, und Hans und ich waren geradezu umringt von bewaffneten jungen Männern, die auf uns aufpassen sollten. Selbst nachts wachten sie vor unserer Hotelzimmertür. Trotz dieses massiven Schutzes ist mir am nächsten Morgen beim Frühstück im Hotelrestaurant meine Handtasche gestohlen worden. Ich hatte sie mir nicht – wie sonst, wenn ich allein war – um die Schulter gehängt, sondern über die Lehne des Stuhls. Als ich nach dem Frühstück aufstand, war sie weg. Eine professionelle Bande hatte sie entwendet. Der Schaden war groß, aber am größten meine Verunsicherung! Die Schuld der Unaufmerksamkeit lag eindeutig bei mir, aber ich fühlte mich eben so sicher – zu sicher – im Schutz der vielen Bodyguards.

Es dauerte einige Zeit, bis Hans in seinem Kommando die richtige Mannschaft zusammenhatte. Auf der einen Seite mussten sie ein wenig zu ihm passen, die gleichen Sportarten betreiben, die auch wir ausübten, aber was noch viel wichtiger war, sie mussten untereinander und vor allem mit dem Kommandoführer harmonieren. Hans konnte kein Weichei gebrauchen, aber auch keinen Rambo. Wir gaben uns beide Mühe, wenn wir einmal Krach miteinander hatten – was bei all diesem Stress durchaus vorkam –, das Kommando unsere miese Stimmung nicht merken zu lassen. Denn wenn man viele Stunden zu viert in einem gepanzerten Auto fährt, in dem man noch nicht einmal das Fenster öffnen kann, dann überträgt sich die schlechte Laune des einen schnell auf die anderen. Insofern war auch von uns Disziplin gefordert.

Wenn es andererseits passierte, dass einer aus dem Kommando schlechte Laune hatte, so habe ich das auch nicht geduldet. Einmal waren wir in der Schweiz auf einer Regionalkonferenz von Interpol. Es war eine schöne Reise. Stress hatte nur Hans, aber keiner aus dem Kommando. Das Hotel und das Wetter waren gut, nur ein Fahrer lief herum mit einer Miene wie Sauerbier. Nachdem ich zwei Mal nachgefragt hatte, ob denn seine Frau und seine Kinder gesund wären, kam ich dahinter, dass der Mann schlichtweg schlechte Laune hatte. Da platzte mir der Kragen und ich sagte: »Es ist schon schlimm genug, wenn Frauen ihre Tage haben, aber wenn Männer sie bekommen, ist das nicht auszuhalten!« Das offene Wort half.

Oft wurde ich gefragt, ob ich unter den Bodyguards meines Mannes leide. Ich sage ganz offen Nein, in der

Hoffnung, nicht missverstanden zu werden! Teilweise habe ich ihre Gesellschaft sogar genossen. Zum einen hatte ich mich von Anfang an geweigert, unter jemandem zu leiden, von dem ich erhoffte, dass er im Ernstfall das Leben meines Mannes schütze. Wenn die Jungs das Gefühl gehabt hätten, dass sie uns lästig fielen, wie hätten sie dann ihren Dienst mit der notwendigen Begeisterung ausüben können? Zum anderen hatte ihre Begleitung im Urlaub für mich durchaus amüsante und hilfreiche Seiten. Einmal haben sie mich in Königsleiten aus einer abgehenden Schneewechte ausgebuddelt. Hans war mit seinen Skiern schon so weit voraus, dass er diesen Zwischenfall gar nicht bemerkt hatte. Wenn Hans in der Kur Akten studierte oder nur in Ruhe Zeitung lesen wollte, dann radelte ich manchmal allein mit den Jungs los und erkundete eine neue Fahrradroute. Auch das machte Spaß und gab mir Sicherheit.

Vergnügen bereitete es mir auch, wenn ich mit meinem Auto in Dreierkolonne mitfuhr. – Ich hatte mir zu meinem fünfzigsten Geburtstag von selbst verdientem Geld ein nagelneues BMW-Cabrio gekauft. Es ergab sich dann hin und wieder, dass ich von Bonn zurück nach Wiesbaden und Hans gleichzeitig vom Ministerium nach Hause fuhr. Wir fuhren dann mit drei Autos in Kolonne, und die Jungs nahmen mich in die Mitte. Bei gutem Wetter fuhr ich mit offenem Verdeck. Nur fliegen kann schöner sein! Hans war zum Glück so in seine Akten vertieft, dass er diese »Lustfahrten« gar nicht bemerkte. Ich wusste, ich konnte mich auf die Fahrer verlassen und hielt das hohe Tempo mit, aber nur bei gutem Wetter. Bei Regen und Schnee hatte ich mit meinen breiten Reifen keine Chance, mit den schweren Limousinen mitzuhalten. Als sie mir einmal bei schwerem Gewitter auf und davon fuhren, wurde ich ungerechterweise ziemlich böse, aber die Jungs haben es mir verziehen.

Ein älterer Fahrer, der neu zu Hans ins Kommando kam, nannte mich immer sehr höflich »Madame«. Mir war das nicht recht. Die anderen sagten alle »Frau Zachert«. Ich wollte einen normalen, natürlichen Umgangston und bat ihn, mich doch mit meinem Namen anzusprechen. Das sei mir lieber: »Madame kann jede Tussi sein. Aber eine Frau Zachert gibt es hier nur ein Mal, und der Name hat einen guten Ruf!«

Als dieser Fahrer pensioniert wurde, schrieb ich ihm folgenden Brief:

»Lieber Herr Schmidt,

30. September 1993

zu Ihrem Abschiedsfest können mein Mann und ich nur in Gedanken bei Ihnen sein. Wir werden Ihre ruhige und zuverlässige Art vermissen und werden Sie nicht vergessen! Der rote Trachtenschirm, der mich schon bei manchem plötzlichen Regen beschirmt hat, wird mich immer an Sie erinnern. Haben Sie Dank für Ihre liebenswürdige Aufmerksamkeit.

Allerdings werde ich auch oft an unseren ›Flug‹ übers Siebengebirge denken, als wir am Sonntagmittag meinen Mann nach einer Nacht mit Nierenkoliken aus dem Krankenhaus abholten und wir in Dreierkolonne nach Wiesbaden fuhren. Wir hatten alle wenig geschlafen und waren etwas gestresst, und ich war ungeduldig, als die rote Ampel im Siebengebirge auf Grün umschaltete und Sie nicht gleich losfuhren. Einen solchen Fehler begehe ich nicht mehr! Wahrscheinlich sagten Sie sich: ›Wenn es der Alten nicht schnell genug geht, dann werde ich es ihr zeigen!‹ Ich war noch nie so schnell in Wiesbaden! Zum Glück war das Wetter gut und die Straße trocken. Als ich in Wiesbaden ausstieg, meinten Sie nur: ›Nicht schlecht!‹

Lieber Herr Schmidt, wir wünschen Ihnen zu Ihrem neuen Lebensabschnitt Gesundheit und viel Glück, aber auch Freude beim Angeln – so dann Prost!

Ihre ›Madame‹ und Ihr Chef«

SENTIMENTAL JOURNEY

1992 war Hans vom Chef der japanischen Nationalpolizei zu einem zehntägigen offiziellen Besuch eingeladen worden. Unter der Voraussetzung, dass er meinen Aufenthalt und meinen Flug zahlte, durfte er mich mitbringen. Da seine Großmutter Japanerin war, bezeichnet er Japan als sein Mutterland und Deutschland als sein Vaterland. Seit Jahren war es sein Wunsch, mir das Land zu zeigen, in dem er die ersten zehn Jahre seines Lebens verbracht hatte. Endlich sollte dieser Wunsch wahr werden, da bekam ich vier Wochen vor Reisebeginn eine Thrombose und musste ins Krankenhaus. Dr. Töbellius gab sich alle erdenkliche Mühe, mich wieder fit zu bekommen, denn er wusste, was uns beiden diese Reise bedeutete. Mit fest bandagierten Beinen und eingestellt auf eine hohe Dosis Markomar durfte ich fliegen. Für keine andere Reise wäre ich das Risiko eingegangen, aber diese Reise nach Japan – für Hans war es das erste Wiedersehen nach fünfundvierzig Jahren – wollte ich mit ihm gemeinsam erleben. Es war riskant, aber es hat sich gelohnt!

In den ersten Tagen wurde Hans über die Probleme

der Polizei in der Megastadt Tokyo informiert. Er selbst hielt einen Vortrag über die deutsche Polizei und hatte viele offizielle Termine. Aber dann begleiteten ihn die Japaner an die Orte, an denen er gelebt hatte, nach Matsumoto, wo er geboren worden war, nach Yokohama, wo er in den Kindergarten gegangen, und nach Karuizawa, wo er die letzten fünf Jahre vor der Repatriierung gelebt hatte. Für mich war es von atemberaubendem Zauber, wie Hans zu den vergessenen und verschütteten Erinnerungen seiner Kindheit zurückfand. Die Japaner waren begeistert und verwöhnten uns mit einer unvorstellbaren Gastfreundschaft. Hans erntete damit auch die Früchte der Arbeit seiner Eltern, die beide – sein Vater als Japanologe, seine Mutter als so genannte »Dolmetscherin der Herzen« – sehr viel für die Verständigung beider Völker getan hatten.

In Hans erwachte nicht nur die Erinnerung an die Sprache seiner Kindheit, sondern auch an die Lieder und Verse, die er zu vorgerückter Stunde und nach dem Genuss von etlichen Schälchen Sake zum besten gab. Dies wiederum freute die Japaner zutiefst, und es entstanden herzliche Kontakte, die sich in der Folgezeit auch auf die Verbindungen zwischen deutscher und japanischer Polizei auswirkten.

ICH ERFÜLLE EIN UNAUSGESPROCHENES VERSPRECHEN

Nachdem diese großartige Reise so gut verlaufen war, wollte ich ein Versprechen einlösen. Ich wollte Isabells Tagebuch und die Briefe, die ich von ihr erhalten hatte, ergänzt durch meine eigenen Erinnerungen zu einem Buch zusammenstellen. Ich wollte all die Erlebnisse ihres letzten Jahres festhalten und aufschreiben, für die Familie und Freunde, aber vor allem für ihre Brüder. Doch bisher hatte ich nie den Mut gehabt, damit anzufangen. Schon als ich 1989 das erste Mal auf dem Seminar in Zypern war, stand dieser Plan auf meiner »Lebensziel-Wunschliste« mit an oberster Stelle.

Im Sommer 1991 erzählte ich Renate von Loebbecke von diesem Wunsch. Hans und ich hatten sie und ihren Mann nach Isabells Tod kennen gelernt. Jetzt war ihr Mann verstorben, und ich machte ihr einen Besuch. Nachdem sie über den Tod ihres Mannes gesprochen hatte, erzählte ich ihr von Isabells Tagebuch. Sie meinte, ich müsse ein Buch darüber schreiben. Ich wusste aber nicht, wo. Weder in Bonn noch in Wiesbaden hätte ich dazu die Ruhe gefunden. »Dann fahren Sie doch in mein Ferienhaus nach Belgien, dort ist es ganz einsam.«

»Ich habe Angst, in diesen Tagen mit meinen Erinnerungen allein zu sein.«

»Dann komm ich eben mit und passe auf Sie auf – wenn Sie das wollen!« Wir reservierten uns beide den ganzen Mai des nächsten Jahres.

Zu Weihnachten 1991 schrieb ich an Frau Dr. P., die Ärztin, die uns während Isabells Krankheit viele wichtige Ratschläge gegeben hatte, über diesen Plan. Sie schrieb mir zurück: »Ihren Wunsch, Isabells Briefe und ihr Tagebuch zusammenzustellen, kann ich sehr gut verstehen. Ich kann mir auch vorstellen, dass es vor allem junge Menschen gibt, denen Isabell helfen kann, seien sie selbst betroffen oder auch gesund, Eltern bestimmt auch. Ich glaube auch, dass Sie es nun nach zehn Jahren schaffen können und das Ordnen Ihnen auch manch Schönes schenken kann. So wünsche ich mir, Sie finden die Zeit und den Mut, anzufangen.«

Als ich Anfang Mai zu Frau von Loebbecke nach Somme-Leuze fuhr, waren die vier Wochen in meiner Planung auf zehn Tage zusammengeschrumpft. Mitte Mai kam die Frau des Chefs der japanischen Polizei nach Deutschland, und ich musste sie selbstverständlich vom Flughafen abholen und mich um sie kümmern. Aber ich hatte den festen Willen, auch in zehn Tagen – die Nächte würden natürlich kurz sein – den Bogen zwischen Anfang und Ende dieses intensiven Jahres zu spannen. Schon auf der Autofahrt in die Ardennen formulierte ich den Prolog. Als ich nachmittags ankam, setzte ich mich auf den Balkon und schrieb die ersten zehn Seiten.

In den nächsten zehn Tagen flossen die Sätze förmlich aus mir heraus. Wenn mich manchmal die Traurigkeit einholte, forderte Frau von Loebbecke mich auf, sie zum Bauern zu begleiten oder Kaminholz aus dem Keller zu holen. Nach dem Essen schickte sie mich wieder zum Arbeiten, wie sie es nannte, auf den Balkon, abends las ich ihr das Geschriebene vor. Sie war meine erste kritische Leserin. In diesen zehn Tagen lernte sie das Wesentliche aus meinem Leben kennen und ging sehr einfühlsam auf mich ein. Als ich nach zehn Tagen wieder zurückfuhr, hielt ich nicht nur ein Manuskript in den Händen, sondern hatte auch eine mütterliche Freundin gefunden.

Inzwischen hatte Hans den Söhnen erzählt, was ich in den Ardennen machte. Er hatte mich über das Wochenende besucht, den Anfang des Buches gelesen und mich bestärkt, weiterzuschreiben.

Im August war Matthias aus Dijon zurückgekehrt, denn nun ging es zu einem zweiten Auslandssemester nach San Diego in die USA. Wir nahmen uns alle vier zwei Tage Urlaub und trafen uns in Wiesbaden. Dort las ich das zum Teil noch handschriftliche Manuskript vor. Es waren sehr schwere Tage für alle, aber wir erlebten gemeinsam auch viele beglückende Empfindungen. Die Familie gab mir noch ergänzende Anregungen für das Buch. Ich wollte es zum zehnten Todestag von Isabell der Familie und allen Freunden schenken.

SCHICKSAL ODER ZUFALL?

Im September 1992 waren wir wieder einmal zum Laubenpieperfest eingeladen. Zum einen freuten wir uns als alte Berliner natürlich immer darauf, zum anderen gaben diese gesellschaftlichen Anlässe Hans die Möglichkeit, innerhalb weniger Stunden mit vielen Menschen, mit denen er dienstlich zu tun hatte, völlig unkompliziert die eine oder andere Information auszutauschen, kleinere Missverständnisse zu klären oder einfach zu Angehörigen anderer Behörden oder Institutionen Kontakt zu halten. Auch ich traf mittlerweile auf diesen Festen viele Bekannte – oft waren es auch Kunden von mir – und fühlte mich wohl. An diesem Abend sprachen wir mit Stefan Vogel, der früher das Fest der *Bild*-Zeitung organisiert hatte. Hans erzählte ihm: »Meine Frau hat ein Buch geschrieben über das letzte Jahr unserer Tochter!«

Stefan Vogel wusste bis dahin noch nichts über Isabell, hörte aber nicht verlegen weg, sondern fragte interessiert, ob er das Manuskript einmal lesen dürfe. Ich sagte nicht Nein. Zehn Tage später rief er noch einmal an und fragte, wie weit ich denn sei. Was wir bis zum Laubenpieperfest nicht wussten, war der Umstand, dass Stefan Vogel inzwischen für den Gustav Lübbe Verlag in Bergisch Gladbach arbeitete. Ende September brachte ich ihm nachmittags die erste Fassung meines Manuskripts. Er musste jedoch zur Frankfurter Buchmesse, und seine Frau lag krank zu Bett. Also verabschiedete ich mich gleich wieder.

An diesem Abend übernachtete Hans in Bonn, da er am nächsten Tag anlässlich des zehnjährigen Kanzlerjubiläums zu einem großen Fest eingeladen war. Um dreiundzwanzig Uhr klingelte das Telefon. Zu so später Stunde rief sonst nur Hans an, aber der konnte es nicht sein. Es war Frau Vogel. Sie hatte das Buch in einem Stück durchgelesen und war so beeindruckt, dass sie unbedingt mit mir sprechen wollte. Ihr Mann war noch nicht zu Hause. Am nächsten Tag traf Herr Vogel Hans beim Kanzlerjubiläumsfest, ging auf ihn zu und gratulierte ihm zu meinem Buch. Noch in der Nacht, als er aus Frankfurt zurückgekommen war, hatte er zwei Stunden darin gelesen. Dies war die erste Reaktion eines Lesers, der Isabell nicht gekannt hatte. Herr Vogel bat mich, das Manuskript in seinem Verlag einem Lektor zeigen zu dürfen.

Er gab es Stefan Lübbe zu lesen, dem Sohn des Verlegers Gustav Lübbe. Der las es ebenfalls in einem Zug durch und brachte es abends seinem Vater. »Das musst du unbedingt lesen!« Gustav Lübbe las es und verabredete schon am nächsten Morgen mit den Lektoren, Kontakt zu mir aufzunehmen. Er ließ mir ausrichten, dass er mich gern kennen lernen wollte, wenn er Mitte Dezember von einer geplanten Reise zurück sei.

Anlässlich Isabells zehntem Todestag im November 1992 gaben wir im Bonner *General-Anzeiger* eine Anzeige zu Isabells Angedenken auf, in der wir am Totensonntag zu einem Gottesdienst bei Pfarrer Dr. Bitter in »unserer« Erlöserkirche einluden. Viele kamen, und ich hatte zu diesem Anlass Isabells Vermächtnis und mein unausgesprochenes Versprechen erfüllt: Dreißig Ausdrucke des Manuskripts im DIN-A4-Format waren privat bei einem Buchbinder in blaues Leinen gebunden worden. Außen war in goldenen Lettern der Titel eingeprägt: *Wir treffen uns wieder in meinem Paradies.* Ich verschenkte sie in den folgenden Tagen mit persönlicher Widmung an meine Familie und an unsere Freunde.

GUSTAV LÜBBE, EIN VERLEGER MIT GROSSER SENSIBILITÄT

Als ich Mitte Dezember 1992 mit Stefan Vogel zu Gustav Lübbe in den Verlag fuhr, beschäftigten mich widersprüchliche Gefühle und Gedanken. Einerseits freute ich mich, dass dieses Buch auf Interesse stieß, und ich fühlte mich geehrt, dass ein so erfolgreicher und renommierter Verleger sich für die Rechte interessierte. Auf der anderen Seite war ich mir der Intimität der Dokumente bewusst und der möglichen Kritik, der ich mich durch eine Veröffentlichung aussetzen würde.

Gustav Lübbe begrüßte mich freundlich und nahm sich viel Zeit. Zuerst lud er mich zu einem Spaziergang in seinem nach japanischer Art angelegten Garten ein und erzählte mir aus seinem Leben. Dann sprach er über Isabells und mein Buch, sagte, wie stark es ihn bewegt habe und dass ich diese Botschaft der Hoffnung weitertragen müsse. Er sei davon überzeugt, dass es vielen Menschen helfen könnte. Nach gut einer Stunde rief er die Cheflektorin zu sich herunter und bat sie, mich über die geschäftlichen Formalitäten zu informieren. Sie gab mir einen bereits ausgefüllten und unterschriebenen Vertrag mit. Ich sollte ihn zu Hause in Ruhe durchlesen und, wenn ich einverstanden sei, unterschrieben zurückschicken.

An den Weihnachtsfeiertagen hatten wir Zeit und Muße, diese Entscheidung innerhalb der Familie zu besprechen. Wir fragten uns immer wieder, wem es helfen und was Isabell dazu sagen würde. Für Matthias war es am schwersten. Er wollte den Schmerz nicht wieder gegenwärtig werden lassen. Noch im Mai 1993, als er das erste Leseexemplar in seinem Zimmer fand, schrieb er mir einen kleinen Zettel: »Liebe Mutter, allein der Anblick des Buches macht mich traurig, und der Schmerz über den Verlust meiner Schwester ist wieder da!« Natürlich mussten wir uns nach der Veröffentlichung immer wieder mit den schmerzlichen Erinnerungen auseinander setzen, aber hat uns das nicht auch geholfen?

Wir fragten auch unsere Freunde, was sie zu einer Veröffentlichung sagen würden. Keiner hatte etwas einzuwenden, und alle wollten, dass wir ihre Namen so belassen. Selbst Dr. Töbellius war nach verständlichem Zögern mit der Publizierung des Briefes von Isabell an ihn einverstanden. Lediglich die Namen der Ärzte und Krankenhäuser anonymisierte ich.

Unsere Freundin Ulrike von Moltke schrieb mir Anfang 1993 aus Amerika:

»Wir haben Euer Buch bekommen, zwischen den

Jahren traf es ein... Wie eine reife Frucht, die gepflückt werden wollte, so stehen Deine Worte da. Die Pflege und Sorge, das Wachsen und Reifen, auch die Gefahr, vielleicht die Angst ums Verlieren der Frucht, ach, und was alles noch an Arbeit und Kampf und Kraft dazu gehört, wenn man so das innerste, nächste Leben nach außen zu fördern hat, dieses Entäußern, Hergeben, das ahnen wir Leser nur... Dass Ihr uns teilhaben lasst, liebe Christel, sei gedankt!«

Konrad von Moltke, ihr Mann, schrieb mir mit der gleichen Post:

»Es muss Dich viel kosten, diese Zeilen preiszugeben. Ich sehe das auch immer wieder an meiner Mutter [Freya von Moltke]. Mancher denkt, es bereite ihr Freude, die Briefe meines Vaters an sie veröffentlicht zu sehen. Das tut es zwar auch, aber daneben stehen das Pflichtgefühl und die Preisgabe ihres Innersten. Ähnlich empfinde ich es bei Deinem Bericht.

Über Matthias und Daniel hören wir immer wieder von Euch. Es muss auch schwer sein, mit Hans in solchem Amt. Wir wünschen Euch beiden Stärke und Ausdauer.

Mit Dank und herzlichen Grüßen, Dein Konrad.«

Nach diesen ermutigenden Worten und gründlichem Abwägen kamen wir einmütig zu dem Entschluss, das Buch zur Veröffentlichung freizugeben. Heute weiß ich, dass unsere Entscheidung richtig war und auch in Isabells Sinne, denn unser beider Buch hat viel bewegt.

Ende Februar unterschrieb ich den Vertrag, nachdem ich ihn schon zehn Wochen in Händen hatte. Das Buch sollte im August 1993 als Hardcover veröffentlicht werden. Dieser enge Termin löste natürlich Aktivitäten aus. Im April sollte ich auf der Vertretertagung des Lübbe Verlages über das Buch berichten, und Ende Mai sollten die ersten Leseexemplare an den Buchhandel und die Medien verschickt werden. Ich hatte also noch viel zu tun. Ich überarbeitete die Familienfassung und schrieb die erforderlichen Ergänzungen, die für die Leser – die unsere Familie ja nicht kannten – unbedingt aufgenommen werden mussten. Ende Mai hatte der Verlag schon zwei Anfragen für ein Exklusivinterview, eine vom Magazin *Stern* und die zweite von einer großen Sonntagszeitung. Die Auswirkungen beider Presseanfragen konnte ich nicht einschätzen, und nur für eine konnten wir uns entscheiden. Was sollte ich tun? Wieder kam mir der Zufall zu Hilfe.

ZWISCHEN BAROCKKONZERT UND BRANDANSCHLAG

Im Mai hatte Hans im Rahmen eines Seminars der Juristischen Fakultät der Universität in der Würzburger Residenz einen wichtigen Vortrag über »Organisierte Kriminalität im Europäischen Binnenmarkt« zu halten. Eingeladen waren auch die überregionale deutsche Presse und das Fernsehen. Nach dem Vortrag, den ich mir aus beruflichem Interesse anhörte, war eine Pressekonferenz geplant, und Hans hatte dem Redakteur des *Stern*, Herrn Osterkorn, ein Interview zugesagt. In dieser Zeit sah ich mir die Residenz an. Als ich Hans nach dem Interview abholen wollte, traf ich zufällig noch Herrn

Osterkorn bei ihm an und erkundigte mich nach dem Kollegen, der das Leseexemplar meines Buches gelesen hatte. Herr Osterkorn war ganz Ohr und wollte wissen, um welches Buch es sich handle, und sich das Leseexemplar am nächsten Tag selbst besorgen. Jetzt wusste ich, dass das Exklusivinterview beim *Stern* in guten Händen war.

Für den Abend hatte Professor Sieber Karten für ein Konzert in der Würzburger Residenz besorgt, die heiß begehrt waren. Es war ein Barockkonzert im passenden Rahmen und einer jener Höhepunkte, die einen für so manchen Stress entschädigen.

Am nächsten Morgen erreichte uns eine furchtbare Nachricht: In Solingen hatte es einen Brandanschlag mit fremdenfeindlichem Hintergrund gegeben, der fünf Türken das Leben kostete. Hans fuhr sofort mit dem Kommando und mir dorthin. Es war Pfingstsamstag, und eigentlich wollten wir mittags in Hamburg sein. Dort war über die Pfingsttage seit Monaten schon ein Treffen aller Japandeutschen geplant, auf das Hans sich freute. Trotzdem fuhren wir erst einmal nach Solingen, wo er sich vor Ort informieren und seinen Polizeikollegen wenigstens moralische Unterstützung geben wollte. Diese extremistischen Anschläge – ob von rechts wie der Brandanschlag in Solingen oder von links wie die Sprengung des neuerbauten Gefängnisses in Weiterstadt – erschütterten nicht nur die deutsche Bevölkerung, sondern hatten auch katastrophale Folgen für den Ruf Deutschlands in der Welt. Albträume und Ängste vor uns Deutschen wurden dadurch wieder geweckt.

EIN »FAHNDUNGSERFOLG« WIRD ZUR TRAGÖDIE

Anfang des Jahres 1993 hatte Hans beim Amtsarzt eine Kur beantragt. Sie war langfristig geplant, abgestimmt mit dem Vizepräsidenten und den Hauptabteilungsleitern des Amtes und vom Ministerium genehmigt worden. Das erste Mal seit zwei Jahren wollte er vier Wochen am Stück »Urlaub nehmen vom Amt«. Lediglich einen Vortrag konnte er nicht mehr absagen, der in die Zeit seiner Kur fiel. CDU-Generalsekretär Hintze hatte Hans gebeten, am 26. Juni 1993 vormittags im Rahmen einer Tagung im CDU-Haus zum Thema Sicherheit zu sprechen. Ich wusste, dass er deshalb in der Mitte der Kur für zwei Tage nach Bonn fliegen musste. Ende Mai erwähnte Hans, dass ihm der Termin für die Kur nicht so recht passe, denn das BKA rechne mit einem großen Fall im Laufe der Sommermonate. Den Termin wisse man nicht, der werde von der anderen Seite bestimmt. Das war alles, was ich wusste. Ich konnte also nur hoffen, dass die Kur irgendwie stattfinden würde.

Vorher hatte Hans noch ein ausführliches Interview über das brandheiße Thema »Rassismus in Deutschland« gegeben. Innenminister Seiters muss sich über die Aussage von Hans, dass die Fremdenfeindlichkeit aus der Mitte des Volkes komme und nicht nur die Abneigung einiger Skinheads gegen Ausländer ausdrücke, so geärgert haben, dass er am Tag der Abfahrt nach Bad Füssing bei uns in der Wohnung anrief und ihn um mehr Zurückhaltung bat. Diese Zurechtweisung des Ministers traf ihn tief. Umso leichter fiel es ihm, in der folgenden Kur alle Gedanken an die Arbeit beiseite zu schieben.

Am 27. Juni 1993, gegen 17.30 Uhr, wurde der Kommandoführer, der Hans in Bad Füssing begleitete, telefonisch vom Stab informiert, dass der Präsident Kontakt mit dem Amt aufnehmen solle. Wir saßen gerade beim Abendbrot. Hans ging sofort in die Telefonkabine der Klinik und wurde lange nicht mehr gesehen. Nach einiger Zeit kam der Kommandoführer zu mir in den Speisesaal und sagte sinngemäß, das Amt habe endlich einen großen Fahndungserfolg. Zwei hochrangige, lange gesuchte Terroristen der RAF seien in Bad Kleinen gefasst worden. Eine Frau lebendig, ein Mann tot; ein BGS-Beamter kämpfe noch um sein Leben. Als Hans wieder zum Tisch kam, hoffte er nach der Auskunft, die er vom Gesamteinsatzleiter in Wiesbaden erhalten hatte, recht zuversichtlich, dass der BGS-Beamte Newrzella überleben werde. Aber Newrzella starb noch am gleichen Sonntagabend.

Spätestens am Montag hätte Hans ins BKA zurückfahren müssen. Heute weiß ich das ganz genau, aber warum hat damals mein Instinkt versagt, warum habe ich in dieser prekären Situation überhaupt nichts gesagt? Weder habe ich ihn gebeten zu bleiben, noch habe ich ihm geraten zu fahren. Ich weiß es nicht. Sicherlich dachte ich als seine Frau zuerst an seine Gesundheit und wollte nicht, dass er die Kur ein zweites Mal unterbrach, war er doch gerade erst am Samstag aus Bonn vom Vortrag zurückgekommen. Auch hatte ich bis zum Sonntagabend keine Ahnung von dem Informanten des Verfassungsschutzes, dem V-Mann Steinmetz, der erfolgreich in die Terroristenszene eingeschleust worden war und diese spektakuläre Festnahme der RAF-Leute hatte ermöglichen sollen.

Am Montag war die Presse voll von den Berichten über die Schießerei in Bad Kleinen. Am Dienstag schon lauteten die Überschriften »Wo ist der dritte Mann?« und »Fahndungspanne?« Für Mittwoch wurde vom Parlament eine Innenausschusssitzung einberufen und das BKA zur ausführlichen Berichterstattung aufgefordert. Am Dienstagvormittag telefonierte der Vizepräsident mit Hans. Bei diesem wichtigen Gespräch war ich im Zimmer. Er fragte ihn, ob er nicht selbst im Parlament von diesem Erfolg berichten wolle. Schließlich habe man ja seit Jahren auf die Ergreifung der Terroristen hingearbeitet!

Hans überlegte. Zum einen war er über den Tatablauf nicht ausreichend informiert, und zum anderen konnte einen solchen »Erfolg« auch der Vizepräsident vortragen. Dieser bedankte sich für das Vertrauen. Stolz legte der Vizepräsident also am Mittwoch seinen Bericht vor dem Parlament ab, ohne dabei den dritten Mann, den V-Mann Steinmetz, erwähnen zu dürfen. Dessen Existenz und Identität durften aus übergeordnetem Interesse, auch aus Gründen seines Schutzes, nicht zur Sprache kommen. Dadurch entstanden schlimme Vermutungen. Es sah so aus, als ob eine Fahndungspanne vertuscht werden sollte. Denn die Presse wusste ja schon durch gezielte und aufwändige Befragung von Zeugen, dass ein dritter Mann dabei gewesen war. Und diesen dritten Mann gab es im Bericht des BKA nicht. Selbst im Innenausschuss des Parlaments durfte er der Wahrheit zuwider nicht erwähnt werden – auf ausdrückliche Weisung der Bundesanwaltschaft und des Bundesinnenministeriums.

Am Donnerstagabend präsentierte Klaus Bednarz in der Fernsehsendung *Monitor* eine Zeugin, die in ihrem

Kiosk versteckt beobachtet haben wollte, wie der Terrorist Grams, auf den Gleisen liegend, von den BGS-Beamten erschossen worden sei. Am Freitag lagen den Nachrichtenagenturen und Ministerien dann die Vorabmeldungen der nächsten Ausgabe des *Spiegel* vor, in der behauptet wurde, der Terrorist Grams sei in Bad Kleinen von der GSG-9 »hingerichtet« worden. Am Wochenende war die Presse voll von schlimmsten Spekulationen. Am Montag brachte der damalige *Spiegel*-Redakteur Hans Leyendecker einen ausführlichen Bericht, der sich auf die Aussage eines anonymen Zeugen, angeblich ein BGS-Mann, stützte. Der habe gesehen, dass zwei BGS-Beamte Grams mit gezielten Schüssen auf den Gleisen förmlich hingerichtet hätten. Außerdem habe er *gleichzeitig* gesehen, wie Birgit Hogefeld in der Bahnunterführung festgenommen wurde. Im *Spiegel*-Artikel wurde der Eindruck erweckt, dass Leyendecker den Informanten mit Namen kannte und unter vier Augen gesprochen hätte. Diesen Vorabdruck hatte Minister Seiters am Samstag auf dem Tisch.

Am Sonntag reichte er Kanzler Kohl sein Rücktrittsgesuch ein, das dieser auch annahm. Hans hatte seit Beginn der Kur mit Innenminister Seiters keinen Kontakt mehr gehabt. Die Rücktrittsnachricht erhielten wir am Sonntagabend, als wir gerade von unserer Radtour zurückkamen. Hans zog das Radtrikot aus und seine »Krawatte« an, raste mit dem Kommando nach Wiesbaden und versuchte zu retten, was noch zu retten war. Beim Rücktritt eines Ministers sind automatisch die parlamentarischen Staatssekretäre nicht mehr im Amt, und der für die innere Sicherheit zuständige beamtete Innenstaatssekretär war erst vierzehn Tage vorher wegen einer politischen Indiskretion einer Journalistin gegenüber in den einstweiligen Ruhestand versetzt worden. So war das Innenministerium für Tage politisch quasi führungslos.

Ich blieb allein in Bad Füssing und hatte kaum noch Kontakt zu Hans. Tagsüber war er in Besprechungen, und nachts studierte er die Berichte. Am Montag, dem 5. Juli, um zwölf Uhr, musste der Abschlussbericht des BKA dem Ministerium zur Veröffentlichung in der Presse vorliegen. Am Dienstag, dem 6. Juli, war Hans in Bonn bei einer Besprechung mit dem zurückgetretenen Innenminister Seiters und dem Präsidenten des Bundesamtes für Verfassungsschutz.

Ich saß hilflos in Bad Füssing und schrieb in meiner Wut und Empörung einen Brief an die Presse:

»Der Rechtsstaat hat sein Ehrenwort gegeben, an das sich jeder Beamte zu halten hatte! Wenn es dem Verfassungsschutz, wie ich aus der Presse erfahren habe, in mühseliger Vorarbeit gelungen ist, einen Vertrauensmann in die terroristische Szene zu schleusen, so muss das Ehrenwort des Staates, diesen Mann zu decken, auch etwas wert sein. Aus dieser Notsituation heraus ist es offensichtlich zu lückenhaften und widersprüchlichen Pressemitteilungen gekommen. Die Beamten müssen sich dieser Kritik stellen. Aber darf das Informationsbedürfnis der Presse so weit gehen, dass aufgrund anonymer Zeugenaussagen – die Ungeheuerliches behaupten – ein Minister zurücktritt und der Generalbundesanwalt gehen muss? Sind wir ein Rechtsstaat oder ein Pressestaat?

Der angebliche Zeuge und Informant des *Spiegels* sollte soviel Charakter haben, dass er seine Beobachtungen dem Staatsanwalt anvertraut. Wer Zeuge solch unglaublicher Taten wird, müsste, wenn er nur einen Funken Charakter hat, durch seine richtige Aussage die Aufklärung und Bestrafung ermöglichen und sollte dafür geachtet und belobigt werden. Aber das Gegenteil scheint er ja zu fürchten. Warum – weil wir in einem Rechtsstaat leben oder in einem Pressestaat?

Dieser ursprüngliche Fahndungserfolg der Sicherheitsbehörden, bis in die Kommandoebene der Terroristen Kontakte aufzunehmen, ist umgeschlagen in eine Tragödie.

Für mich *persönlich* liegt die Tragödie aber nicht in dem Tod von Herrn Grams – sosehr ich diesen Tod auch bedauere, doch wer ein Feuer entfacht, der muss damit rechnen, dass er darin umkommt –, sondern im Tod des fünfundzwanzigjährigen BGS-Mannes, der seinen Lebensweg angetreten hat, um den Staat zu verteidigen, und nun sein Leben dabei gelassen hat. Wo bleibt da unsere Presse? Ist das der Dank?

Unser Innenminister, Herr Seiters, ist gegangen. Der GBA, Herr von Stahl, musste gehen.

Je schneller wir unsere Minister und Behördenleiter austauschen, desto ineffektiver wird unser Rechtsstaat.

Bad Füssing, 6. Juli 1993.«

Diesen Brief wollte ich an die *Frankfurter Allgemeine* zu Händen von Dr. Fromme schicken, damals der für die Innenpolitik zuständige Redakteur. In seine Objektivität hatte ich großes Vertrauen. Bevor ich ihn abschickte, wollte ich ihn Hans vorlesen. Ich erreichte ihn im Auto nach der Besprechung beim Minister in Bonn auf dem Weg zur Pressekonferenz nach Wiesbaden und las ihm den Text vor. Er sagte: »Sehr gut und absolut richtig, aber bitte schicke ihn nicht ab!« Da saß ich nun mit meinem Brief und habe ihn noch heute. Wahrscheinlich hätte er dem BKA auch nichts genützt. Einige einschlägige Blätter bezeichneten die BGS-Beamten, die den Einsatz vor Ort durchgeführt hatten, und das BKA als Mörder. Es entstand eine hysterische Hetzjagd auf die Exekutiv-Organe unseres Staates, und es gab keinen zuständigen Politiker, der das Kreuz hatte, sich vor das BKA zu stellen. Der Kanzler war im Ausland, der bisherige Innenminister war zurückgetreten, der neue noch nicht ernannt. Pausenlos wurden Rücktritte gefordert. Nachdem der Innenminister so »ehrenhaft« zurückgetreten war, bevor überhaupt der Sachverhalt geklärt war, wurde auch der Rücktritt der Justizministerin gefordert. Sie schickte den Generalbundesanwalt in den vorzeitigen Ruhestand und hatte damit wieder Luft gegenüber der Presse. Nun wurde aber auch das Haupt des BKA-Präsidenten gefordert.

Ich hielt telefonisch die Verbindung zu den Söhnen, um sie sofort zu informieren, wenn ich Neues über ihren Vater erführe. Täglich telefonierte ich einmal mit dem Stab und bat ihn, mich sofort anzurufen, falls Hans zurücktreten wollte. Ich wollte nicht, dass unsere Söhne es über die Medien erfuhren.

Am 8. Juli 1993 führte Hans ein Gespräch unter vier Augen mit dem designierten Innenminister Kanther, in dem er diesem seinen Rücktritt anbot, um den Start des neuen Ministers in Bonn nicht zu belasten. Aber beide kamen überein, erst einmal die Sachlage zu klären, bevor personelle Konsequenzen gezogen wurden.

Diese Ereignisse haben auch mein Leben entscheidend verändert. Nicht nur die äußeren Umstände änderten sich, auch meine Einstellung zu der Arbeit meines Mannes. Hatte ich ihn bisher mit vollem Engagement bei seiner Arbeit unterstützt, so war es jetzt mein Ziel, alles zu tun, damit er an dieser Tragödie nicht zerbrach. Denn das Amt war sein Leben!

BESINNUNG

Zum Glück besuchte mich Ingrid Kolb, damals Autorin beim *Stern* und heute Leiterin der Henri-Nannen-Journalistenschule, für drei Tage in Bad Füssing. Sie hatte die Aufgabe, für den *Stern* einen großen Artikel über Isabells und mein Buch zu schreiben. Die Gespräche mit ihr halfen mir sehr, über diese belastenden Tage hinwegzukommen. Sie besaß vor allem zwei Eigenschaften: menschliche Sensibilität und politisches Interesse. Sie arbeitete damals in der Redaktion *Deutschland aktuell.* Ich fasste sehr schnell Vertrauen zu ihr, das von ihr auch nicht missbraucht wurde. So führten wir intensive und immer offener werdende Gespräche über das Buch, über Isabell, über mein Leben, aber auch über Bad Kleinen, über die grenzenlose Macht der Medien und die daraus resultierenden Gefahren für unsere Demokratie. Das war riskant, denn die drei letzten Themenkomplexe durften sich in ihrem Artikel nicht wiederfinden. Hans und ich hatten uns fest vorgenommen, bei der Veröffentlichung das Buch und seine Rolle als BKA-Präsident nicht miteinander zu vermischen oder zu verbinden. Das Buch sollte nicht von seinem Ansehen profitieren. Außerdem hatte er nicht als BKA-Präsident eine Rolle in Isabells Leben gespielt.

Schon Wochen zuvor hatten Hans und ich zwei Konzertkarten für *Die Schöpfung* in einer wunderschönen Barockkirche bei Passau besorgt. Da Hans nach Wiesbaden abgereist war, ging ich mit Ingrid Kolb dorthin. Sie hatte das Buch ihrem Mann, dem Schriftsteller Hermann Piwitt, zu lesen gegeben, bevor sie mich besuchte, und er hatte ihr seine Gedanken dazu auf einen Zettel notiert. Diese privaten Zeilen vom 8. Juli 1993 zeigte sie mir nun. Er hatte geschrieben: »... besonders dieser letzte Brief [von Isabell Zachert] ist von ›unergründlicher Besonnenheit‹ – so Schubert einmal über die Musik von Beethoven –, und vielleicht kann man solche Briefe überhaupt nur schreiben, wenn man sehr jung und am Ende ist, oder alt und weise und geläutert und am Ende.«

Am Samstag machten Frau Kolb und ich eine Dampferfahrt auf der Donau von Passau bis zur Schlögener Schleife und zurück. Das Wetter war trübe, der Dampfer leer, und wir hatten Ruhe zum Reden. So habe ich auch in diesen schweren Tagen versucht, aus meinem Leben das Beste zu machen.

BARFUSS GLEICHZEITIG AUF ZWEI HEISSEN KOCHPLATTEN STEHEN

Als ich am 14. Juli allein aus der Kur nach Hause kam, standen vor unserem Wiesbadener Haus zwei Polizisten mit schussbereiter Maschinenpistole. Der Polizeipräsident von Wiesbaden hatte auf Weisung des hessischen Innenministeriums angeordnet, dass unsere Wohnung permanent bewacht wurde. Man installierte in den folgenden Wochen einen Wachcontainer vor dem Haus, in dem sich uniformierte Beamte der hessischen Polizei aufhielten und die Bewegungen vor und um unser Haus pausenlos beobachteten. Auch wurden Videokameras installiert, um die weniger einsehbaren Stellen hinter dem Haus zu observieren. Damit hätte ich noch irgendwie leben können, aber nicht mit den persönlichen Angriffen, die jetzt auch noch durch eine Bürgerinitiative Wiesbadener Nachbarn gegen uns in der Presse geführt wurden. Eine Mieterin aus dem Haus, die sich fast mit allen Mitbewohnern zankte, und ein alter, kranker Mann, der gerade seine wunderschöne Jugendstilvilla restauriert und dem man diesen Wachcontainer direkt vor die Nase gesetzt hatte, waren die Initiatoren der Bürgerinitiative, und Mitläufer gibt es natürlich immer. Durch den *Wiesbadener Kurier* wurden wir aufgefordert, woanders hinzuziehen. Als ich diesen Artikel las, ging ich mit einem sehr schönen Rosenstrauß zu der Villa des alten Herrn, um bei der Familie um Verständnis zu werben. Ich konnte seinen Groll ja verstehen, aber er rief nur aus dem Fenster, ich solle mich wegscheren. So schenkte ich den Blumenstrauß einer Dienst habenden jungen Polizistin im Wachcontainer.

In einer Umgebung, in der man mich öffentlich aufforderte wegzuziehen, fühlte ich mich nicht mehr zu Hause. Der Wiesbadener Polizeipräsident erörterte mehrfach mit Hans, dass wir uns eine neue Wohnung suchen sollten, vielleicht ein Einfamilienhaus, um dadurch besseren Schutz und weniger Ärger mit den Anwohnern zu haben. Als ob das so einfach gewesen wäre! Fraglich war auch, ob ein Einfamilienhaus besser zu schützen gewesen wäre als eine Obergeschosswohnung in einem Mehrfamilienhaus. Ganz abgesehen von den immensen zusätzlichen Kosten aus Steuergeldern. Für mich hatte dieser Vorschlag reine Alibifunktion, um im Falle eines Anschlags auf Hans sagen zu können: »Wir haben ja alles Menschenmögliche getan!«

In jenen Wochen und Monaten stand auch das Buch immer wieder im öffentlichen Interesse. Mitte August erschien der *Stern*-Artikel, der eine große Resonanz fand, zwei Tage später kam das Buch in den Handel. Am Morgen dieses Tages war ich live in Berlin im *Frühstücksfernsehen* bei SAT.1, am Abend im SFB in der Fernsehsendung *Live am Alex*, am Tag darauf in Köln bei *Stern-TV* und anschließend in Mainz im ZDF-*Mittagsmagazin*. Dazwischen galt es noch jede Menge Radio- und Presseinterviews zu bewältigen. Für den Erfolg des Buches war die Pressearbeit besonders wichtig, und ich war kooperativ, aber nur unter einer Bedingung: dass Bad Kleinen und die Rolle meines Mannes kein Thema in den Interviews sein dürfen, auch nicht in den Livesendungen. Obwohl ich wusste, dass viele meiner Gesprächspartner brennend gerne danach gefragt hätten, hielten sie sich an diese Abmachung.

Anfang September hatte ich die erste Lesung in der größten Buchhandlung in Bonn. Was mich riesig gefreut hat, war, dass auch Hans trotz seiner vielen Termine aus Wiesbaden kam. Mitte September, vier Wochen nach Erscheinen des Buches, rief der Gustav Lübbe Verlag an und informierte mich, dass in der nächsten Ausgabe des Branchenblatts *Buchreport* Isabells und mein Buch das erste Mal auf der Bestsellerliste stehen werde. Das war für mich ein unerwarteter und außerordentlicher Erfolg.

In diesen Wochen und Monaten war ich stark gefordert, da ich gleichzeitig von zwei höchst unterschiedlichen Themenkomplexen betroffen war. Beide Bereiche musste ich mit Disziplin versachlichen und streng voneinander trennen: mein Buch und das dienstliche Schicksal von Hans! Es war, als stünde ich barfuß gleichzeitig auf zwei heißen Kochplatten.

DIE MACHT DER MEDIEN UND DIE ANGST DAVOR

Nie ist mir die Macht der Medien so bewusst geworden wie in diesen Wochen und Monaten. Klaus Bednarz behauptete vor seinen Zuschauern, dass er eine eidesstattliche Erklärung seiner Zeugin habe, die aber in Wirklichkeit nur ein von ihr unterschriebenes Stück Papier war – also ohne Rechtsverbindlichkeit –, und Hans Leyendecker vom *Spiegel* konnte schreiben, dass sich ihm ein Zeuge offenbart habe, der die Abläufe in Bad Kleinen genau beobachtet haben wollte. Dass es wahrscheinlich nur ein anonymer Telefonanrufer war, der dies behauptete, hat Leyendecker den Lesern geflissentlich vorenthalten und hat sich dafür auch nie öffentlich entschuldigen müssen.

Auch ich habe negative Erfahrungen mit der Presse machen müssen. So hat die *Bild*-Zeitung ohne Absprache mit mir in einem Bericht über das Buch Isabell mit Sätzen zitiert, die sie nie gesagt oder geschrieben hatte. Dieser Bericht hat mich tief verletzt, doch das war nicht so schlimm wie die beiden oben erwähnten Beispiele, die den Behörden in der Öffentlichkeit erheblich geschadet haben. Medien sollen das wachsame Gewissen einer Demokratie sein, aber nicht ihre Richter. Merken sie denn nicht, wenn die Freude darüber, öffentlichen Einfluss ausüben zu können, zum Machtmissbrauch führt? Übersehen sie die Gefahr, von missgünstigen, enttäuschten oder rachsüchtigen Informanten oder charakterlosen Denunzianten selbst missbraucht zu werden? Bei den heutigen rasant zunehmenden Möglichkeiten der Informationsübermittlung erzeugt diese unkontrollierte Macht der Medien Angst, nicht nur bei den Politikern, sondern bei allen Menschen, die etwas zu verlieren haben, sei es ihren guten Ruf oder ihre Zukunft. Damit die junge Generation zu mutigen und verantwortungsbewussten Menschen heranwachsen kann, die bereit sind, in unserer Gesellschaft Aufgaben und Pflichten zu übernehmen, bedarf es jedoch eines Klimas der Fairness und der Rechtsstaatlichkeit.

In dieser Zeit habe ich jede Möglichkeit genutzt, um mit Journalisten über diese nicht nur von mir empfundenen Ängste zu sprechen. Mit einer *Spiegel*-Autorin habe ich drei Monate nach Bad Kleinen auf einem privaten Fest hart diskutiert, ob denn die Datenschutzbestimmungen, die die Polizei einhalten muss, auch von den Medien respektiert würden. In dieser Branche gehöre es wohl zur journalistischen Pfiffigkeit, um jeden Preis an Informationen heranzukommen – notfalls unter Umgehung der Datenschutzbestimmungen.

Im Juni 1994 begleitete ich meinen Mann auf eine AG-Kripo-Sitzung nach Düsseldorf, auf der er einen Vortrag zum Thema »Polizei und Medien« hielt, an den sich eine Diskussion mit Medienvertretern anschloss. Den damaligen Polizeipräsidenten, Dr. Lisken, bat ich, bei dieser Sitzung ausnahmsweise als Zuhörerin teilnehmen zu dürfen. Als die Medienvertreter hörten, welche Verunsicherung und welches Misstrauen unter den

Beamten des Bundeskriminalamtes entstanden war, hörte ich immer wieder: »Das haben wir nicht gewollt, das haben wir nicht gewusst!«

Minister Kanther hielt im Dezember 1994 einen Vortrag an der European Business School mit der Möglichkeit, anschließend Fragen zu stellen. Ich hörte mir seinen Vortrag an und wollte hinterher von ihm wissen, was er tun würde, um der Entwicklung des Machtmissbrauchs der Medien Einhalt zu gebieten. Er bedauere die Entwicklung, meinte er, aber das war alles! Kein Politiker in einer Demokratie wird sich dieses Themas annehmen, denn jeder möchte wieder gewählt werden. Und das geht immer nur mit Unterstützung der Medien. Die Medien selbst müssen sich daher eigenverantwortlich einem funktionierenden Berufsethos verpflichten.

»SIE DÜRFEN SIE NICHT NUR DRUCKEN, SIE DÜRFEN SIE AUCH DRÜCKEN«

Mitte September 1993 war das japanische Kaiserpaar zu einem Staatsbesuch in Deutschland. Aus diesem Anlass lud das Bundespräsidialamt ausgewählte Gäste zu einem Staatsbankett in das Schloss Brühl. Auch meine fünfundachtzigjährige Schwiegermutter, Hans und ich wurden eingeladen. Für mich war es ein besonderes Erlebnis – vom offiziellen Begrüßungsdefilee bis hin zu den herrlich mit Blumen und Kerzen geschmückten Räumen des Schlosses. Als wir unsere Tischkärtchen für das anschließende Galadiner erhielten, stellten wir fest, dass wir nicht nur an unterschiedlichen Tischen, sondern auch in unterschiedlichen Räumen saßen. Mit großer Freude und Überraschung registrierte ich, dass mein Tischherr zur Linken Gustav Lübbe war. Mir gegenüber saß der japanische Generalkonsul aus Frankfurt. Die Gespräche am Tisch waren interessant und liefen rund.

Gustav Lübbe und ich waren in heiterer Stimmung, da wir beide kurz zuvor von dem Bestsellererfolg des Buches gehört hatten. Natürlich interessierte sich auch der japanische Generalkonsul dafür. Als wir von dem Festessen aufstanden, sagte Herr Lübbe zu mir: »Jetzt muss ich Sie aber erst einmal drücken«, und nahm mich im Beisein aller Gäste in die Arme, worauf der Generalkonsul spitzbübisch und originell bemerkte: »Sie haben es gut, Herr Lübbe, Sie dürfen Frau Zachert nicht nur drucken, Sie dürfen sie auch drücken!«

Beschwingt begaben wir uns in die anderen Säle, in denen Kaffee und ein Digestif gereicht wurden. Paarweise reihte man sich ein. Hans begleitete Frau Lübbe, Herr Lübbe reichte mir seinen Arm. In einem Raum spielte ein Wiener Salonorchester einen Straußschen Walzer. Herr Lübbe konnte der Versuchung nicht widerstehen und tanzte mit mir, ganz außerhalb des Protokolls, ein paar Takte Walzer, bis Ursula Lübbe und mein Mann uns zur protokollarischen Ordnung riefen. Hans' Mutter wurde vom japanischen Kaiserpaar noch zu einem persönlichen Gespräch gebeten. Auf mich kam der damalige Herausgeber des *Stern*-Magazins, Herr Schmidt-Holtz, zu und beglückwünschte mich zu meinem Erfolg. Auch Hans wurde vom japanischen Protokoll aufmerksam wahrgenommen, was ihm sehr gut tat. So war es ein besonderer Tag für die ganze Familie.

Ich hatte im vergangenen Geschäftsjahr zum ersten Mal den Top-Wettbewerb der Global gewonnen. Zehn der erfolgreichsten Mitarbeiter wurden im September 1993 mit ihren Partnern zu einer achttägigen Amerikareise eingeladen. Leider konnte Hans mich nicht begleiten. Einerseits war noch viel zu viel nach Bad Kleinen aufzuarbeiten, und andererseits stand die Interpol-Generalversammlung an, diesmal in Aruba, einem kleinen Inselstaat in der Karibik. Hans sollte in das dreizehnköpfige Exekutivkomitee dieser Weltorganisation gewählt werden. Das Innenministerium hatte ihn dafür im Januar 1993 für vier Wochen auf ein Sprachtraining für Konferenzenglisch nach London geschickt. Das war die erste Sprachreise, die vom Ministerium finanziert wurde.

So flog ich allein mit meinen Kollegen und ihren Frauen nach New York, Washington, New Orleans und Orlando. In New Orleans blutete mir das Herz, dass Hans, der Jazzliebhaber, nicht dabei sein konnte. Von Orlando aus flog ich dann zu ihm nach Aruba. Ich wusste, diesmal war es für ihn ganz besonders wichtig, dass ich dabei war, hatte ich doch in den Jahren zuvor viele internationale Kontakte zu den übrigen Damen geknüpft und dadurch Sympathien für das BKA erworben. 1989 war ich in Lyon dabei gewesen, 1990 in Ottawa, 1991 in Punta del Este in Uruguay, 1992 in Dakar im Senegal, und nun wollten wir 1993 in Aruba die Früchte ernten.

In diesem Jahr war es besonders schwer für einen Deutschen, in einem internationalen Gremium, in dem rund hundertachtzig verschiedene Länder aus allen fünf

Kontinenten vertreten sind, für eine herausragende Position gewählt zu werden. Die innenpolitischen Themen Rassismus und Fremdenfeindlichkeit waren auch im Ausland allgegenwärtig. Der Brandanschlag von Solingen 1993 war der internationalen Polizei wohl bekannt. Hans' Gegenkandidat für diesen Posten war ausgerechnet ein Türke. Jede Hospitality Lounge wurde von uns besucht, jede Gelegenheit zum Gespräch genutzt. Schließlich wählte man Hans, und mit ihm die deutsche Polizei, mit überwältigender Mehrheit. Überschwänglich wurde ihm, der ganzen Delegation und mir gratuliert. Aus Deutschland kam kein Glückwunsch, nur ein kleiner lapidarer Schmäh in einem *Focus*-Artikel, dass der Präsident des BKA dem Ärger von Bad Kleinen entflohen sei, um sich am Rande der Interpol-Tagung am Strand der Karibik zu sonnen. Dieser Artikel war noch nicht einmal namentlich gezeichnet.

»PUPPCHEN, AUS DIR WIRD NOCH WAS!«

Als wir aus Aruba zurückkehrten, war gerade die Frankfurter Buchmesse eröffnet worden. Das Buch stand seit vier Wochen ununterbrochen auf der *Spiegel*-Bestsellerliste mit steigender Tendenz und hatte in den Medien große Aufmerksamkeit erregt. Für die Präsentation eines Buches hätte es kein besseres Timing geben können.

Ich fuhr mit dem Zug von Wiesbaden nach Frankfurt. Es war die erste Buchmesse, die ich überhaupt besuchte, und ich arbeitete mich durch die Vielzahl der Menschen, durch Hallen und an Ausstellungsständen vorbei bis zum

Stand des Lübbe Verlags. Isabells Porträt, das von uns geliebte Glatzköpfchenfoto, schmückte die ganze Front des Standes in voller Höhe, und Isabells Augen schauten mich an. Das schmerzte im ersten Moment und beglückte mich zugleich. Die Ausstattung war vom Verlag sehr liebevoll gestaltet worden. Man hatte alle meine Termine mit interessierten ausländischen Verlagen, mit der Presse und Fotoanfragen von Agenturen koordiniert. Die nächsten zwei Tage waren damit ausgefüllt. Ein polnischer Verleger hatte bereits die Rechte gekauft und wollte das Buch schon im Dezember in Warschau herausbringen. Er fragte mich, ob ich zur Präsentation nach Polen kommen wolle. *Reader's Digest* wollte einen großen Bericht machen. Die Aussichten, dass dieser Artikel dann auch in anderen internationalen *Reader's-Digest*-Ausgaben in der ganzen Welt erscheinen würde, war groß. Das österreichische Fernsehen ORF machte Aufnahmen mit mir am Stand. Für den Lübbe Verlag stand ich zwei Tage im Mittelpunkt des Interesses – und genoss es sehr.

Am Sonntag kamen auch Christian und Matthias. Der Fotograf des Verlags machte viele Fotos und kam dabei auf die Idee, dass die ganze Familie sich vor Isabells Porträt aufstellen sollte. Isabell nahmen wir sozusagen in unsere Mitte. Da legte Hans voll Stolz seinen Arm um meine Schulter, schaute auf mich herab und sagte in präsidial-gönnerhafter Art: »Puppchen, aus dir wird noch was!« Diesen Satz sagte er leicht daher, aber für mich wog er schwer.

Abends war ich von Herrn und Frau Lübbe zusammen mit Hans – diesmal war *er meine* »Begleitung« – zum festlichen Dinner im Frankfurter Hof eingeladen. Ich war das erste Mal zu dieser traditionellen Veranstaltung gebeten worden, zu der viele bekannte und bedeutende Gäste kamen. Hans und ich saßen, ehrenvoll platziert, am Tisch von Gustav Lübbe. Ich war seine Tischdame zur Linken; mir gegenüber saß Bundesminister Blüm. Nach der Vorspeise hielt Gustav Lübbe eine sehr schöne Rede, in der er die Höhepunkte und Erfolge des Verlages im letzten Jahr vor den Gästen Revue passieren ließ. Er berichtete unter anderem von dem Abend mit dem japanischen Kaiserpaar im Brühler Schloss und erwähnte voll Stolz als jüngsten Bestsellererfolg des Verlages *Wir treffen uns wieder in meinem Paradies.* Ich selbst hatte das Gefühl, dass ich an der Seite meines lieben Mannes schier größer wurde! Nach dieser sehr humorigen Rede wurde die Suppe serviert. Alle Gäste ließen es sich schmecken. Ich fragte Minister Blüm, ob er die Dankesrede halte. »Aber nein, machen Sie das doch!« Es wurde abgeräumt und der Hauptgang serviert. Gustav Lübbe unterhielt sich charmant mit mir und fragte, wie es mir denn gefalle. Ich war voll des Lobes, aber doch etwas irritiert, und fragte ihn: »Hält denn keiner der Gäste eine Rede?«

»Ich weiß es nicht, aber wollen Sie es nicht machen?« Hans, der zu meiner linken Seite saß, bekam das mit und fragte: »Was willst du sagen?« – »Mein Herz ist voll Freude!« – »Dann geh ans Mikrofon und sag es so.« Ich ging. Als ich oben stand, sahen mich drei- bis vierhundert Menschen erwartungsvoll an. Ich erzählte ihnen humorvoll, in Ergänzung zu dem, was Gustav Lübbe schon vom Abend mit dem japanischen Kaiserpaar erwähnt hatte, zwei kleine Miniaturen, die eine vom »Drucken und Drücken« und die andere vom »unprotokollarischen Tanz«. Als ich das Podium unter Beifall wieder verließ, bemerkte ich, dass sich die Leute an den Tischen fragten: »Wer ist denn diese Frau?«

Gustav Lübbe erwartete mich unten an der Treppe des Podiums, nahm mich in die Arme und meinte: »Ich muss Sie doch noch einmal drücken.«

Als ich wieder am Tisch Platz genommen hatte, stand Phillipp Vandenberg, einer der erfolgreichsten Autoren des Verlags, auf und begab sich ans Mikrofon. Er hielt eine brillante Rede. Mir wurde klar, dass das von langer Hand mit dem Verlag abgesprochen war. Wieder einmal kam mir meine Mutter in den Sinn, die so oft zu mir gesagt hatte: »Puppi, sei nicht so vorlaut« – aber ich, die Puppi, war überglücklich.

DIE ERSTE MILLION IST IMMER DIE SCHWERSTE

Als ich Ende 1993 einen Nachbarn traf, von dem ich wusste, dass er die Mildred-Scheel-Stiftung mit aufgebaut hatte, gratulierte dieser mir zum Erfolg des Buches. Ich erzählte ihm, dass ich gern die Situation tumorkranker Kinder und ihrer Angehörigen durch die Gründung einer Stiftung oder eines gemeinnützigen Vereins verbessern würde. Er war ein »Stiftungsprofi« und klärte mich über den langen Weg der behördlichen Genehmigungsverfahren auf. Ich erfuhr, dass eine Stiftung nur über die Erträge des Stiftungskapitals verfügen dürfe. Das Stiftungskapital selbst müsse wertstabil erhalten bleiben. »Eine Stiftung bekommen Sie unter einer Viertelmillion kaum genehmigt.« Das war viel Geld! Wenn ich darauf warten soll, bis ich das Stiftungskapital zusammenhabe, ist es vielleicht mit der Aktualität des Buches vorbei, dachte ich bei mir. Da kam mir Frau Dr. Bode, die Leiterin der Deutschen Leukämie- und Forschungshilfe, DLFH, zu Hilfe. Sie hatte mich bereits im Dezember 1993 eingeladen, eine Lesung im Elternhaus der Bonner Kinderklinik zu halten, eben jenes Krankenhauses, bei dem uns die Ärzte 1981 abgeraten hatten, Isabell zur Behandlung dorthin zu geben. Ich war positiv überrascht, als Frau Dr. Bode mir das Elternhaus und all die engagierten Mitarbeiter des Förderkreises vorstellte. In zwölf Jahren hatte sich auf dieser Kinderonkologie-Station die Situation vorbildlich verändert. Herr Professor Dr. Bode war Ende 1982 als erfahrener Kinderonkologe aus Amerika zurück nach Deutschland gekommen und an die Bonner Klinik berufen worden. Seine Frau baute einen Dachverband aller deutschen Elterngruppen tumorerkrankter Kinder auf, die Anfang der Achtzigerjahre entstanden sind. Ich konnte 1993 meine Lesung in einem Gebäude halten, das in unmittelbarer Nähe der Klinik Wohnungen für die Eltern krebskranker Kinder zur Verfügung stellte. Das Engagement dieser Elterngruppen beeindruckte mich sehr, und in meinem Kopf nahm der Wunsch, eine Isabell-Zachert-Stiftung zu gründen, immer mehr Gestalt an.

Mithilfe der DLFH konnte ich innerhalb von Stunden ein zentrales Stiftungskonto mit meiner Wunschnummer 3366 – Isabells Geburtsdatum: 3.3.1966 – bei der Commerzbank in Bonn einrichten. Das war ein großes Glück, denn zum einen wurde im März 1994 gerade die achte Auflage des Buches gedruckt, zum anderen war auch der Bertelsmann-Buchclub, der eine Lizenz von Isabells und meinem Buch erworben hatte, gerade dabei, sechzigtausend Exemplare zu drucken. Bei Bertelsmann hielt man die Druckmaschinen an, um meinen Stiftungsaufruf hinzuzufügen. Das war ein erster großer Schritt für den finanziellen Aufbau der Isabell-Zachert-Stiftung.

Seit 1993 bekam ich viele, viele Leserbriefe und habe jeden einzelnen beantwortet – bis heute mehrere hundert Leserbriefe aus allen Bildungsschichten, durch alle Alters- und Lebenssituationen, von Männern wie Frauen. Viele Schicksale sind mir anvertraut worden, manche Anerkennung habe ich erfahren und auch viel Unterstützung für die Stiftung. Von nun an informierte ich auch jeden Briefschreiber über die Isabell-Zachert-Stiftung.

Der Lübbe Verlag erhielt sehr viele Anfragen aus allen Teilen Deutschlands, in denen ich um Lesungen gebeten wurde. Dies kostete mich jedes Mal nicht nur viel Zeit, denn mit Hin- und Rückfahrt waren es fast immer zwei Tage, sondern auch mehr emotionale Kraft, als die Hörer mir anmerkten. Jedes Mal aufs Neue musste ich mich der Erinnerung stellen. Aber ich habe viele junge Menschen angeregt, über ihr Leben nachzudenken, so manche trauernden Eltern getröstet und ihnen die Hoffnung gegeben, dass das Leben weiterhin einen Sinn haben kann. Seit Erscheinen des Buches habe ich bestimmt über hundert Lesungen gehalten.

Auf den Lesungen spreche ich auch über die Isabell-Zachert-Stiftung. Und mancher Zuhörer kommt am Ende nicht nur zum Signieren des Buches, sondern lässt sich auch einen Überweisungsträger geben, um eine Spende zu veranlassen. Die ersten zehn Mark hatte mir eine junge Frau im November 1993 in Ravensburg in die Hand gedrückt, als ich nach der Lesung den Zuhörern von meinem Plan berichtete, eine Isabell-Zachert-Stiftung zu gründen. Sie kam hinterher auf mich zu und sagte: »Ich habe nicht genug Geld dabei, um ein Buch zu kaufen. Ich habe meine Schwester durch Krebs verloren, bitte realisieren Sie diese Stiftung.« Dies alles spornte mich sehr an. Ich hielt Lesungen an Schulen, in Buchhandlungen, im Audimax in Heidelberg vor vierhundert Gymnasiasten, Studenten, Ärzten und Schwestern, in Kirchen, in Volkshochschulen sowie bei der Industrie- und Handelskammer in Bonn vor dreihundert Gästen der Winterakademie – unter ihnen waren auch Bundestagsabgeordnete. Das half alles nicht nur der Stiftung, sondern auch meiner weiteren Entwicklung.

1995 wollte der Verlag das Buch als Taschenbuch herausbringen. Darin sah ich eine weitere Chance für die Stiftung. Ich regte an, dass ein Teil der Honorare direkt in die Stiftung fließt. Um den Verlag auch dafür zu interessieren, bot ich ihm an, Fotos von Isabell und der Familie zur Verfügung zu stellen und noch wesentliche Ergänzungen im Text einzufügen. Professor Bode erklärte sich bereit, als Onkologe ein Nachwort zu schreiben. So konnte ich den Verlag überzeugen. Ich verzichtete auf Teile meines Honorars, der Verlag auf Teile seines Gewinns – und die Isabell-Zachert-Stiftung wuchs und nahm Gestalt an.

Im November 1996 war ich anlässlich einer Vortragsreise von Hans – auch seine Honorare fließen zum großen Teil in die Stiftung – in Wien im Sankt-Anna-Krankenhaus, einem der ältesten Kinderkrankenhäuser Europas und richtungweisend in der psychosozialen Betreuung von krebskranken Kindern. Einen ganzen Tag habe ich mich dort informiert und mir Anregungen geholt. Viele dieser Ideen werden an der Bonner Kinderklinik schon umgesetzt, aber die öffentlichen Gelder werden immer stärker gestrichen, und gerade auf dem Gebiet der psychosozialen Betreuung ist man immer dringender auf privates Engagement angewiesen. Die Idee, an der Bonner Kinderklinik eine ambulante Kinderkrankenschwester zu finanzieren, die tumorerkrankte Kinder auch zu Hause betreut, ist dort geboren worden. Ich sehe, dass noch ein großes Betätigungsfeld vor mir liegt. Das Stiftungskapital beträgt jetzt beinahe eine drei viertel Million. Die erste Million ist immer die schwerste!

WO EIN WILLE IST, DA IST AUCH EIN WEG

Mein bisher größter Erfolg fand seinen Niederschlag im Erwerb und der offiziellen Einweihung von zwei Siemens-Gamma-Computertomographen (CT) im größten Warschauer Kinderkrankenhaus. Dies verdankte ich drei Umständen. Ich hatte alle ausländischen Verlage, die die Lizenzrechte an dem Buch erworben hatten, gebeten, doch auch in ihrem Land eine Kinderonkologie zu unterstützen – eine Idee, die einige Verlage aufgriffen, als erster der polnische. Man sprach mit dem Leiter der Radiologie dieses Warschauer Krankenhauses, mit Professor Toth. Ein weiterer Umstand, der mir zu Hilfe kam, war ein Abendessen beim niederländischen Botschafter, bei dem mein Tischherr der deutsche Diplomat Dr. von Studnitz war. Er war damals Mitglied des Komitees der »Stiftung für Deutsch-Polnische Zusammenarbeit«. Wir sprachen über das Buch, über die Isabell-Zachert-Stiftung sowie über die polnische Übersetzung und mein Bemühen, auch der polnischen Kinderonkologie zu helfen. Er schlug mir vor, einen Antrag auf Zuschuss bei seiner Stiftung zu stellen. Als ich die Anträge an Professor Toth nach Warschau schickte, hatte ich noch keine Ahnung, dass er sich einen neuen Computertomographen, der 1,2 Millionen Mark kostete, für das Krankenhaus wünschte. Zweieinhalb Jahre bemühten wir uns intensiv um die Verwirklichung dieses Wunsches. Briefe und Telefonate gingen hin und her. Das Buch schickte ich im Original oder in polnischer Übersetzung an die zuständigen Damen und Herren, um sie zu überzeugen. Das Entscheidende aber war, dass Siemens große Rabatte beim Kauf dieser Apparate einräumte, sodass es gemeinschaftlich gelang, dem polnischen Kinderkrankenhaus sogar zwei solcher Geräte zur Verfügung zu stellen. Siemens und das Warschauer Krankenhaus luden Hans und mich im Dezember 1996 zur offiziellen Übergabe ein.

Nur eine Tatsache machte mich traurig: Es war niemand von der deutschen Botschaft dabei. Auch fanden unsere gemeinsamen Bemühungen keinen Niederschlag in der polnischen Presse. Ich verstehe einfach nicht, dass es der polnischen Bevölkerung nicht mitgeteilt werden kann, wenn von deutscher Seite eine solch großzügige Unterstützung geleistet wird.

Die vielen Interviews, Fernseh-Live-Auftritte und Lesungen stellten neue Herausforderungen an mich, die es zu bewältigen galt. Aber nicht nur dort, auch bei meiner beruflichen Tätigkeit in der Finanzberatung musste ich mich nicht nur ständig weiterbilden, sondern auch weiterentwickeln. Hans hatte mir früher immer scherzhaft gedroht, wenn ich eine höhere Karrierestufe anstreben sollte, nämlich die der Regionaldirektionsleiterin, dann würde er sich von mir scheiden lassen. Das gehe entschieden über seine Toleranzgrenze hinaus.

Aufgrund europäischer Richtlinien wurden neue Qualifikationsnachweise für Finanzdienstleister gefordert. Die Global bot ihren langjährigen Mitarbeitern Lehrgänge in Zusammenarbeit mit der Industrie- und Handelskammer und dem Berufsbildungswerk der deutschen Versicherungswirtschaft, BWV, an. Jetzt hieß es auch für mich, wochenweise den ganzen Tag die Schulbank zu drücken: Finanzmathematik, Handelsrecht, Versicherungsvertragsgesetz und was es sonst noch zu lernen gab. Im Alter von vierundfünfzig Jahren war es gar nicht einfach, alle Klausuren und Prüfungen erfolgreich abzulegen. Ich danke meinen jungen Kollegen für die moralische Unterstützung, die sie mir zuteil werden ließen, und meinem Mann für sein Verständnis. Im September 1994 wurde ich als erste Frau in unserer Gesellschaft zur Regionaldirektionsleiterin ernannt.

Und er ließ sich doch nicht scheiden!

»VON HEUTE AN SIND ES NOCH TAUSEND TAGE«

Zum Ende des Jahres 1993 drängte der Wiesbadener Polizeipräsident immer stärker auf eine Verlegung unseres Wohnsitzes, um einen verbesserten Objektschutz gewährleisten zu können. Hans lehnte es ab, drei Jahre vor seiner planmäßigen Pensionierung noch eine weitere

Wohnung mit neuen Schutzvorrichtungen ausstatten zu lassen. Hatten wir doch auch beschlossen, uns nach seiner Pensionierung wieder nach Bonn in unsere eigene Wohnung zurückzuziehen. Er kam mit den zuständigen Sicherheitsbehörden überein, unsere Godesberger Wohnung sobald wie möglich zu sichern, um dadurch flexibel zu sein und die Wohnsituation für Terroristen nicht berechenbar zu gestalten. Hans kündigte daraufhin unseren Mietern in Godesberg unter Nennung der Gründe und Einhaltung einer sechsmonatigen Frist. Was wir nicht einkalkuliert hatten, war der Druck, den die Mieter daraufhin mithilfe des Mieterschutzbundes auf uns auszuüben versuchten. Sie wiesen die Kündigung zurück und drohten uns im Gegenzug mit einer Anzeige wegen Mietwuchers auf Mietrückzahlung von achttausend Mark mit der dezenten Bemerkung, es wäre ja wohl nicht in unserem Interesse, dies gegebenenfalls öffentlich zu machen. Ein Vergleich wäre doch angeraten. Nichts hätte uns in dieser Situation nach dem Medienspektakel von Bad Kleinen mehr schaden können als die Schlagzeile »Präsident des Bundeskriminalamtes wegen Mietwuchers angezeigt«. Hans übergab diese Mietsache einem Rechtsanwalt. Es war das erste Mal in unserem Leben, dass wir einen Anwalt bemühen mussten. Der Mieter seinerseits zog aus unserer Wohnung Ende August 1994 aus, nach einer Vorankündigung von nur einer Woche. Welch eine »Rechtsgleichheit«.

Jetzt konnte die Wohnung mit Alarmanlage, Sicherheitsfenstern und einer schusssicheren Wohnungstür ausgestattet werden. Da kam die zweite, vorher von uns nicht für denkbar gehaltene menschliche Enttäuschung. Ein Miteigentümer im Haus hatte nunmehr Angst, dass seine alte Mutter, die seit sechsundzwanzig Jahren unsere Nachbarin war, durch Hans' Einzug gefährdet sein könnte, und schrieb an Innenminister Kanther einen Brief, in dem er den Minister darauf hinwies, dass der Präsident des BKA nicht seiner »Residenzpflicht« nachkomme und jetzt häufiger in Bad Godesberg übernachte! Statt seine unbegründeten Ängste mit Hans zu besprechen, schrieb er hinter unserem Rücken diesen infamen Brief. Das Beste wäre wohl gewesen, wir hätten uns in Luft aufgelöst! In Wiesbaden waren wir unerwünscht, und in Bonn sollten wir genötigt werden und wurden denunziert. Und dies widerfuhr einem Mann, der mit ganzer Kraft und persönlichem Einsatz verantwortungsvoll unserer Gesellschaft diente.

Auch gestaltete sich die Zusammenarbeit zwischen Hans und Innenminister Kanther nicht gerade einfach. Der Bericht der Bundesregierung zu Bad Kleinen wurde mit einer Umorganisation des Amtes gekoppelt. Hans hatte schon unter Minister Seiters eine Verschlankung des BKA vorgeschlagen. Diese Pläne kamen jetzt unter großem Zeitdruck neu auf den Tisch. In dieser Situation hätte das Ministerium einen fachkundigen und erfahrenen Innenstaatssekretär mit dem menschlichen Format des ehemaligen Amtsinhabers Neusel gebraucht. Dieser hätte sicherlich versucht, zwischen der Amtsleitung des BKA und dem Minister zu vermitteln. So wurden das Amt und an seiner Spitze der Präsident immer fester an die Leine genommen. Das Ministerium forderte pausenlos Stellungnahmen zu Zeitungsmeldungen und Berichterstattungen zu irgendwelchen Arbeitsvorgängen an, sei es zur Frage der organisierten Kriminalität, zur Nuklearkriminalität, zu den Ermittlungen in Solingen, zum Lauschangriff oder zu anderen aktuellen Fragen der inneren Sicherheit. Besonders Interviews zu diesen sehr komplexen Bereichen wurden schikanös hinterfragt und kritisiert – in der Absicht, das Amt zum Schweigen zu bringen. So habe ich es jedenfalls empfunden!

Mitte 1994 gab Innenminister Kanther dem Redakteur der *Süddeutschen Zeitung*, Dr. Heribert Prantl, ein Interview, das in der Überschrift gipfelte: »BKA-Chef Zachert entmachtet!«

Mich wunderte es nicht, dass bei Hans Ende 1994 Herzprobleme auftraten, die es bis 1993 noch nicht gegeben hatte. Zwei Mal musste er 1994 ins Krankenhaus, und ich bin Professor Töbellius dankbar, dass er sich ihm gegenüber durchgesetzt hat und eine Untersuchung mit einem Herzkatheter veranlasste, um eine genaue Diagnose zu erstellen. Das Ergebnis war eindeutig. Ich besprach mit Hans, ob es nicht sinnvoller wäre, vorzeitig aus dem Dienst auszuscheiden, aber Hans wollte zum einen nicht in Zeiten des Sturms das Schiff verlassen, und zum anderen hofften wir alle auf die Hessen-Wahl im Frühjahr 1995. Denn wenn die CDU bei der Landtagswahl gewonnen hätte, wäre der Bundesinnenminister als Ministerpräsident nach Hessen gegangen. Aber der Wähler entschied anders.

Anfang August 1994 überraschte mich mein Mann in unserem Urlaub mit dem Ausspruch: »Von heute an sind es noch tausend Tage!« Das versetzte mir einen Stich ins Herz. Noch ein Jahr zuvor hatte er gesagt, er würde das BKA auch leiten, ohne Geld damit zu verdienen, doch jetzt zählte er die Tage, die er noch im aktiven Dienst vor sich hatte! Für mich gab es nur noch ein Ziel: Wenn er ging, sollte es ohne Bitterkeit sein.

Für den Sommer 1995 drängte ich auf eine Kur.

Matthias legte sein zweites Staatsexamen ab. Als Eltern hatten wir unser Ziel erreicht, und Hans als Präsident sein Berufsziel schon lange. Er merkte immer deutlicher, dass er dem Bundeskriminalamt den größten Dienst erweisen würde, wenn er den Weg für einen neuen Anfang vertrauensvoller Zusammenarbeit zwischen Minister und BKA freimachte, und bat Ende Oktober 1995 den Bundesinnenminister um ein Gespräch unter vier Augen – die erste persönliche Unterredung seit Juli 1993. Der Minister setzte den Termin auf den 30. November 1995 fest. Als Hans im Laufe dieses rund eineinhalbstündigen Gesprächs erkennen musste, dass die jeweiligen Standpunkte nicht vereinbar waren, bat er den Minister um schnellstmögliche Demission. Die beiden Herren kamen überein, dass dies aus gesundheitlichen Gründen – politisch geräuschlos, aber dienstlich in allen Ehren – vonstatten gehen solle. Unter der Voraussetzung, dass der Amtsarzt die gesundheitliche Dienstunfähigkeit bestätigen würde, plante man damals den Tag der Verabschiedung bereits zum 28. März 1996, einem Tag, an dem der Minister Zeit hatte, persönlich die Verabschiedung vorzunehmen, so, wie Hans es sich wünschte. Beide Herren vereinbarten strikte Vertraulichkeit, sodass lediglich der neuernannte Innenstaatssekretär Dr. Werthebach ins Vertrauen gezogen wurde. Der Minister sagte Hans zu, die endgültige Entscheidung den Angehörigen seines Amtes selbst und als Erster mitteilen zu können.

Hans hatte mich in diesen Entscheidungsprozess eingeweiht. Anfang Februar 1996 bekam er eine schwere fiebrige Bronchitis und wurde für eine Woche krankgeschrieben. Da ich zwischenzeitlich die große Godesberger

Wohnung auch renoviert und möbliert hatte, konnte ich Hans in Godesberg pflegen. Ich war in der letzten Zeit kaum noch in Wiesbaden gewesen. Der 6. Februar war ein sonniger erster Frühlingstag. Hans holte mich um vierzehn Uhr in der Zentrale ab, wo ich zur Schulung war. Wir gingen auf der Sonnenseite der Rheinpromenade spazieren. Als wir nach einer Stunde zurückkamen, sagte der Kommandoführer, Hans solle das Innenministerium anrufen. Wir fuhren nach Hause, und Hans rief Dr. Werthebach an, der einen Anruf des Ministers ankündigte. Herr Kanther teilte Hans mit, dass das Attest des Amtsarztes eingegangen sei und seiner vorzeitigen Pensionierung nichts mehr im Weg stünde. Er habe das Kabinett, die Fraktion und die Presse über sein Ausscheiden bereits informiert. Dann nannte er den Namen des künftigen BKA-Präsidenten Dr. Kersten. Hans hatte keine Chance, seine Mitarbeiter und die Söhne persönlich zu benachrichtigen. Nachmittags um sechzehn Uhr war die Neuigkeit bereits über die Rundfunksender gelaufen. Selbst der Vizepräsident wurde davon überrascht. Im Amt, im Stab, im Kommando schlug diese Nachricht ein wie eine Bombe. Man fühlte sich vom Präsidenten im Stich gelassen und nicht ins Vertrauen gezogen. Als Hans am 8. Februar, zwei Tage nach der Presseveröffentlichung, wieder in den Dienst gehen konnte, informierte er in einer Sonderpersonalversammlung seine Kollegen erst in Wiesbaden und dann in Meckenheim von seinem Rücktritt. Deren Bitterkeit, zuerst über die Medien informiert worden zu sein, war groß, aber nicht mehr zu ändern!

»DAS FÄHNLEIN DER SIEBEN AUFRECHTEN«

Jetzt hieß es, sich auf den Abschied vorzubereiten. Hans hatte in den darauf folgenden Wochen zahlreiche offizielle Verpflichtungen. Ich wollte seinen Abschied aus dem Amt mindestens mit ebenso viel Freude und in ähnlich festlichem Rahmen begehen, wie wir seinen Start im BKA gefeiert hatten. Diesmal aber mit seinem vollen Wissen.

Die offizielle Feier wurde vom Amt würdig gestaltet. Bundesinnenminister Manfred Kanther hielt eine Ansprache und zeichnete Hans anschließend mit dem großen Bundesverdienstkreuz aus. Viele Gäste aus dem In- und Ausland kamen, um ihm zum Ende seiner beruflichen Laufbahn ihre Reverenz zu erweisen. Raymond Kendall, der Generalsekretär von Interpol, und seine Frau Antoinette kamen aus Lyon. Er, Generalbundesanwalt Kai Nehm und andere würdigten mit Grußworten Hans' berufliches Lebenswerk.

Hans' Mutter ging nach der Veranstaltung zufällig neben dem Minister zum Empfang und brachte ihm gegenüber mit asiatischer Höflichkeit, aber unmissverständlich zum Ausdruck, was viele dachten, aber nur wenige zu sagen wagten: Wie kann man einem so kompetenten und engagierten Fachmann erlauben, frühzeitig zu gehen!

Nach dem offiziellen Empfang hatte ich wieder etwa siebzig Gäste in das Ingelheimer Zimmer im Schwarzen Bock zum letzten Linsengericht eingeladen. Dr. Boge, Hans' Vorgänger, konnte nicht kommen, schrieb mir aber einen sehr lieben Brief. Darin hieß es, er habe gehofft, dass sein »Sohn im Amt« die Zeit bis zum nächsten Jahr durchstehen würde, doch habe er volles Verständnis dafür, dass die Gesundheit vorgehe.

Anwesend waren Freunde, die Familie, Verbündete, Wegbegleiter, alte Sportkameraden, das Kommando und Kollegen. Ich hatte sie eingeladen als »Fähnlein der Sieben Aufrechten« und begrüßte sie in dieser kleinen privaten Feier mit folgenden Worten:

»Liebe Gäste, liebes Fähnlein der Sieben Aufrechten, lieber Hans!

In diesem Raum, dem ehrwürdigen fünfhundert Jahre alten Ingelheimer Zimmer, haben wir am 30. Oktober 1968, vor siebenundzwanzigeinhalb Jahren – anlässlich deines Examens – den Start zu deiner Karriere beim Bundeskriminalamt gefeiert. Hier wollen wir auch das Ende dieses Lebensabschnitts ausklingen lassen.«

Auch Matthias sprach ein paar Sätze:

»In der Novelle von Gottfried Keller *Das Fähnlein der Sieben Aufrechten* wird eine festliche Situation beschrieben, in der einer aus der jüngeren Generation das Wort ergreift, um die gemeinsamen Tugenden dieser aufrechten Freunde zu verdeutlichen. Zu nennen wären hier vor allem Zuverlässigkeit, Menschlichkeit und eben die besagte Aufrichtigkeit!

So möchte auch ich zu dieser festlichen Gelegenheit – auch im Namen meines Bruders – das Wort ergreifen, um mich nicht nur bei Ihnen, sondern insbesondere auch bei unserem Vater, meiner wichtigsten Bezugsperson, für das Vorleben dieser Tugenden zu bedanken. Beruflich sich so zu verwirklichen, wie du es geschafft hast, wird für mich und Christian schwierig sein, wenngleich es einen großen Anreiz darstellen wird. Einen noch viel größeren Anreiz sehe ich darin, auf dem vor mir liegenden beruflichen Weg diese Tugenden der Zuverlässigkeit, Menschlichkeit und Aufrichtigkeit nie aus den Augen zu verlieren und ihnen stets so die Treue zu halten, wie du es, lieber Vater, getan hast. Wie in der Novelle von Gottfried Keller beschrieben, schreiben daher auch wir, sozusagen als Repräsentanten der jüngeren Generation, uns ebenfalls diese vorgelebten Tugenden auf unsere Fahnen, um sie fortan mit derselben Aufrichtigkeit zu tragen.«

Was war unser Vater stolz auf seine Familie und glücklich über den harmonischen Abschied!

ICH NEHME ANLAUF ZU MEINEM ZWEITEN BUCH

Hans hatte sein Lebenswerk vollbracht, aber mir ging sein »Puppchen, aus dir wird noch was« immer noch im Kopf herum. Bevor ich meine Pläne aber in Angriff nehmen konnte, musste ich erst noch Hans helfen, sich im Alltag zurechtzufinden. Damit kein großer Abschiedsschmerz aufkommen konnte, lud ich ihn zu einer dreiwöchigen Weltreise ein. Im Herbst 1995 hatte ich bei einer Wohltätigkeitsveranstaltung, bei der wir sehr viele Lose gekauft hatten, den Hauptgewinn gezogen. Zwei Lufthansa-Flugtickets der Business-Class nach Hongkong. Gezogen hatte das Glückslos unser Bundespräsident Roman Herzog. Damals ging ich voll Freude und spontan zu ihm und sagte: »Zuerst muss ich mich bei meiner Glücksfee bedanken.« Er antwortete schlagfertig und charmant: »Warum soll ich nicht Ihre Glücksfee sein, wo Ihr Mann doch mein Schutzengel ist!« Das zweite, was mir half, war, dass ich in diesem Jahr wieder den Top-Wettbewerb der Global gewonnen hatte, eine einwöchige Kalifornien-Rundreise. Ich verband Hongkong mit Kalifornien, und dazwischen besuchten wir außerdem noch San Francisco. Es war eine Reise vom Feinsten: Wir wohnten über den Dächern von Hongkong und flogen im weiten Westen Nordamerikas mit den kleinen Maschinen über und durch den Grand Canyon. Wir entdeckten beide eine völlig neue Welt, die uns bislang verborgen geblieben war.

Als wir zurückkamen, fing der Alltag wieder an. Hans stand immer noch unter dem Schutz des Kommandos. Er hatte zwar schon darum gebeten, dass es verkleinert werde, aber es war eben immer noch nicht das normale Leben. Schon im Mai schrieb Hans an den neuen Präsidenten des BKA, Dr. Kersten, und bat um Einstellung des Personenschutzes. Das bedeutete auch Verzicht auf Panzerwagen und Fahrer.

Am 1. Juli hatte er auch den letzten Schritt ins Privatleben vollzogen. Jetzt musste er manches neu lernen. Zum Beispiel das Autofahren. Da er noch Mitglied des Exekutiv-Komitees bei Interpol war, hatte er 1996 noch zwei große offizielle Termine wahrzunehmen: Im Juli eine Sitzung in Lyon und im Oktober die Generalversammlung in Antalya. Ich schlug Hans vor, mit mir in meinem BMW-Cabrio nach Lyon zu fahren. Im Sommer nach Frankreich in meinem offenen Auto und mit meinem Mann, das war all die Jahre mein Traum gewesen.

Hans lernte das Autofahren schneller, als ich dachte, und seiner Meinung nach so gut, dass er wieder das Recht für sich in Anspruch nahm, mich, wenn ich denn mal mit meinem eigenen Auto fahren durfte, pausenlos in meinem Fahrstil zu kritisieren. Wir schafften es aber, bis Lyon zu kommen, ohne uns scheiden zu lassen. Es waren die anstrengendsten Autokilometer meines Lebens. Nach der dreitägigen Sitzung in Lyon lud Hans mich zum Abschluss seiner internationalen polizeilichen Tätigkeit, zum Dank, dass ich ihn immer dabei unterstützt hatte, drei Tage in ein Traumschloss ein: in das Hotel Château de Bagnols in den Weinbergen des Beaujolais. Dort nahmen wir beide ganz privat Abschied von einem überaus anstrengenden, aber auch berauschend schönen, gemeinsamen Lebensabschnitt, und die weiche Landung aus den Höhen eines Präsidentenlebens im bürgerlichen Alltag eines Honorarprofessors war uns gelungen.

Als wir nach Hause kamen, luden wir noch einmal das gesamte Kommando zu uns in die Wohnung ein. Ich kochte selbst für die Jungs, und sie genossen es sehr, mit ihrem »Alten« und ihrer »Chefin« Abschied zu feiern.

Nun hatte ich meinen Kopf frei. Ich meldete Hans und mich zum Enkelmann-Seminar in Marokko an. Dort wollte ich mich einstimmen – auf diese Reise in meine Vergangenheit! Unmittelbar danach fuhren wir am 18. September 1996 auf die Riffelalp, und ich fing an, dieses Buch zu schreiben.

Zu Weihnachten 1995 gab Matthias den Anstoß, als wir mit den beiden Söhnen zum Skilaufen auf der Riffelalp waren. Es war nach langer Zeit das erste Mal, dass wir alle wieder für eine Woche zusammen waren. Wir saßen im Wintergarten der Augstkumme und kamen ins Erzählen, von früher, von meinen Eltern und wie das Leben damals so war. Ich merkte, wie wenig meine Kinder von mir wussten, von dem, was mich geformt hat und was mir wichtig ist.

Hier reifte der Gedanke – im Angesicht des »steilen Zahns«, wie Hans sagte, oder der »Zermatter Spitze«, wie Christian den Berg taufte, oder »Aug in Aug mit dem großartigen Matterhorn«, wie ich die Situation empfand –, dass ich mich dieser Aufgabe stellen wollte.

Ich mietete die Wohnung für den Herbst des nächsten Jahres, denn ich spürte ganz genau, hier war der richtige Ort, jetzt war der richtige Augenblick, Bilanz zu ziehen über das bisher Erreichte und über das nachzudenken, was mir wichtig war, aus meinem Leben das zu erzählen, von dem ich denke, dass es mich zu dem gemacht hat, was ich heute bin. Mich der Fakten und Ereignisse zu erinnern, die es wert sind, weitergegeben zu werden. Die rechte Auswahl zu treffen war nicht immer einfach, auch nicht nur unterhaltsam – es reizte mich aber ungemein.

In meinem Kopf, mehr noch in meinem Herzen, dachte ich darüber schon drei Jahre nach. An dem Tag, an dem Hans auf der Buchmesse zu mir gesagt hatte, »Puppchen, aus dir wird noch was«, hatte ich damit angefangen. Hatte mein Vater nicht gesagt: »Mädchen, was die Jungs können, kannst du schon lange!« – und das zu einer Zeit, in der ich noch nichts war, noch nichts geleistet hatte, das Leben noch wie ein ungeschriebenes Buch vor mir lag. Und jetzt, beinahe fünfzig Jahre später, sagte mein Mann mir, dass aus mir noch etwas werden würde. Konnte ich nicht schon auf ein erfülltes Leben zurückblicken, hatte ich nicht drei Kinder mit Freude und Schmerz großgezogen, ihnen und meinem Mann familiäre Geborgenheit gegeben, in der jeder sich entsprechend seinen Begabungen entwickeln konnte, und hatte ich nicht selbst in meinem Beruf als Finanzberaterin Karriere gemacht?

Das wollte ich ihm doch zeigen! So schrieb ich mit großer Energie und Freude die nächsten zweieinhalb Jahre an diesem Buch. Nun ist das Schreiben eines Buches so eine Sache. Man muss die Kraft und Ausdauer eines Gipfelstürmers haben, der keine Schwierigkeiten scheut, den Mut des Kletterers, der dem Gipfel fest ins Auge schaut, der aber trotzdem schwindelfrei in den tiefen Abgrund sehen kann und die Weisheit einer Äbtissin, die Wichtiges von Nebensächlichem unterscheidet. Hier im Angesicht des Matterhorns, hier wollte ich es versuchen.

Dieses Buch nunmehr geschrieben zu haben, bedeutet mir so viel, als hätte ich diesen grandiosen Gipfel selbst bezwungen. Wer mich kennt, weiß, dass dies ein Lebenstraum für mich war. Vier Mal bin ich in den letzten zwei Jahren mit Hans auf die Riffelalp gefahren. Hier, am Fuße des Matterhorns, umgab mich eine faszinierende Stille, und ich fand zu der notwendigen Konzentration, um in die tieferen Schichten der beinahe verschütteten Erinnerungen einzudringen. Das gesamte Manuskript habe ich hier geschrieben. Schon morgens um sieben bin ich jeden

Tag gejoggt. Ich habe den Berg zur Tages- und Nachtzeit beobachtet, bei Vollmond und sternenübersätem Himmel, bei herrlichstem Sonnenschein und tobendem Sturm.

Ich genoss die ruhigen, aber intensiven Tage mit Hans unsagbar. Wir lasen gemeinsam Hunderte von Briefen, werteten alte Kalender aus. Am kostbarsten waren mir aber unsere Gespräche, die unser gemeinsam gelebtes Leben wieder gegenwärtig werden ließen. Den Teil, der für mich von Bedeutung war, den versuchte ich auf dem Papier festzuhalten. Gespräche verflüchtigen sich so schnell. Wir erkannten zusammen unsere Fehler, die auch wir gemacht hatten, und sahen unsere Schwächen, mit denen wir leben mussten und die jeder Mensch hat. Uns beglückte aber auch die Erkenntnis, dass wir beide aus unserem Leben bisher etwas gemacht haben und dass wir beide Stärken und Begabungen besitzen, die wir auch zum Nutzen anderer eingesetzt haben. Heute weiß ich, dass es wichtiger ist, sich auf seine Stärken und Begabungen zu konzentrieren als auf seine Fehler und Schwächen. Wenn man Erstere trainiert, werden Letztere immer bedeutungsloser. Das Leben ist großartig, wenn man es nutzt.

Ich bin meinem Vater sehr dankbar für die Worte: »Mädchen, was die Jungs können, kannst du schon lange!«

Noch vor ein paar Monaten half mir dieses Motto, als ich als einzige Frau unter meinen jüngeren Kollegen zu einem Überlebenstraining in die Schweizer Alpen fuhr. Neben verschiedenen Mutproben mussten wir auch an einem elastischen Seil von einer fünfunddreißig Meter hohen Eisenbahnbrücke in die Tiefe springen. Sicher, alles war von geschulten Bergsteigern bestens gesichert, aber so ganz ohne Selbstüberwindung ging es nicht! Obwohl es Dinge in meinem Leben gibt, die wesentlich schwieriger zu meistern waren, die mich mental stärker gefordert haben, erfüllte mich dieser Sprung mit einer großen, elementaren Freude, und ich wusste, dass der Ausspruch meines Vaters stimmte.

Das Zutrauen, das mein Vater mir für das Leben gab, möchte ich allen Mädchen und Frauen, die dieses Buch lesen, vermitteln. Ich bin fest davon überzeugt, dass das nächste Jahrtausend ein Zeitalter der Gleichwertigkeit zwischen den Geschlechtern wird. Zum einen haben die Frauen die Frage der Geburtenkontrolle heute selbst in der Hand, zum anderen haben unsere Mütter in der Kriegs- und Nachkriegszeit alle ihren »Mann gestanden« und diese Erfahrung an uns Töchter weitergegeben. Das Wichtigste aber ist, dass Frauen überdurchschnittlich stark über Begabungen verfügen, die in unseren demokratischen Gesellschaftsformen gebraucht werden. Wir Frauen haben die Begabung zu integrieren, unterschiedliche Interessen auszugleichen, und wir können gut im Team arbeiten. Dies haben wir über Jahrhunderte nach unserem alten Rollenverständnis trainieren müssen. Jetzt ist es zu unserer Stärke geworden. Wir müssen es nur erkennen, an unsere Begabungen glauben und sie zum Nutzen aller einsetzen. In Deutschland haben alle Mädchen die gleichen Bildungsmöglichkeiten wie Jungen, als Mütter können wir unsere Söhne zu den Ehemännern und Partnern erziehen, die wir uns für unsere Töchter wünschen. Im Berufsleben werden wir immer stärker gebraucht werden, nicht als Quotenfrauen, sondern aufgrund unserer Stärken. Wir selbst müssen versuchen, die Polarisierung zwischen den Geschlechtern zu überwinden, um zu einem gegenseitigen Miteinander im Interesse unserer Familien, unserer demokratischen Gesellschaftsordnung und einer glücklichen Zukunft zu finden.

Ich selbst hatte großes Glück. Ich habe die beiden wichtigsten Männer meines Lebens, meinen Vater und meinen Mann, in der richtigen Reihenfolge getroffen. Wie wäre mein Leben gelaufen, wie hätte ich mich anders entwickelt, wenn Hans mein Vater und Otto mein Mann gewesen wäre?!

Ich hatte früh in meinem Leben die richtigen Vorbilder, erfuhr das Leben in seiner Fülle schon in meiner Kindheit. Ich hatte meine Eltern nur neunzehn Jahre, aber in dieser kurzen Zeit haben sie mir die Werte vermittelt, die mich für mein Leben geprägt haben. Hans gab mir später Sicherheit und unerschütterliches Vertrauen in einen Menschen. Meine Kinder schenkten mir mein größtes Glück. Durch die Aufgabe, meinen Kindern bei ihrer Entfaltung zu helfen, habe ich mich in meiner Persönlichkeit am meisten entwickelt. Ich bin immer von den Menschen geliebt worden, die mir wichtig waren.

Fast alle Partnerschaften beginnen mit einer großen Liebe, aber viele enden mit einer Enttäuschung. Dass es bei uns gut gegangen ist, war uns beiden nicht in die Wiege gelegt worden, sondern harte Arbeit. Ich will es ganz deutlich sagen, auch wenn es schnulzig klingt. Für mich gilt noch heute der Satz aus meinem Verlobungsbrief an Hans: »... Dass es mein größter Wunsch ist, *Dich* immer glücklich zu machen.« Auch die Worte, die Hans in seinem Verlobungsbrief an mich schrieb, haben nach beinahe vierzig Jahren noch Gültigkeit: »Für jeden muss es höchstes Ziel sein, für den *anderen* da zu sein, ihn glücklich zu machen.« Und dieses gemeinsame Glück wächst wie die Jahresringe eines Baumes. Hans und ich haben es aber auch nur erreicht, weil wir die Tiefschläge, die Niederlagen, die Schmerzen und Enttäuschungen, die das Leben für jeden mit sich bringt, gemeinsam durchgestanden haben. Heute genießen wir jeden Tag, den wir zusammen verleben, und freuen uns über das Glück des Gleichklangs und der Zweisamkeit.

Dir, liebes Matterhorn, sei Dank! Du hast mich bis zum Schluss begleitet und motiviert. Ich habe dich betrachtet von allen Seiten, bei Tag und bei Nacht, bei Sturm und Sonnenschein. Ich habe oft gekämpft mit der Versuchung, dir auf den Pelz zu rücken, sei es nun mit Skiern oder mit Wanderstiefeln.

Falls die Umgebung in der Seele eines Autors ihre Spuren hinterlässt, dann muss das Buch ein gutes werden, und dafür danke ich dir.

Christel Zachert
im Januar 1998

NACHWORT

Liebe Leser, auch aus den Erlösen dieses Buches werde ich die Isabell-Zachert-Stiftung unterstützen.

»Die erste Million ist immer die schwerste!« Viele Leser meines ersten Buches *Wir treffen uns wieder in meinem Paradies* haben mir dabei geholfen. 80000 DM fehlen mir noch an der ersten Million.

Wenn auch Sie mich bei dieser wichtigen Aufgabe unterstützen wollen, können Sie auf das Konto der Isabell-Zachert-Stiftung einzahlen:

Commerzbank Bonn
Konto-Nummer 3366
BLZ 38040007

Das Ziel der Stiftung ist, tumorerkrankten Kindern und ihren Angehörigen Lebensmut und – soweit möglich – auch Lebenshilfe zu geben.

Bitte helfen Sie mir dabei!

Christel Zachert
Bonn, im Oktober 2001

INHALT